Hannes Hintermeier · Die Aldi-Welt

Hannes Hintermeier

Die Aldi-Welt

Nachforschungen im Reich der
Discount-Milliardäre

Karl Blessing Verlag

Umwelthinweis:
Dieses Buch und der Schutzumschlag wurden auf
chlorfrei gebleichtem Papier gedruckt.
Die Einschrumpffolie (zum Schutz vor
Verschmutzung) ist aus umweltfreundlicher und
recyclingfähiger PE-Folie.

Der Karl Blessing Verlag ist ein Unternehmen der
Verlagsgruppe Bertelsmann.

1. Auflage
© Copyright 1998 bei
Karl Blessing Verlag GmbH, München
Umschlaggestaltung: Design Team München
Satz: Uhl + Massopust, Aalen
Druck: Wiener Verlag
Printed in Austria
ISBN 3-89667-050-6

Für S. L. H.

INHALT

»Die Unternehmen der Aldi-Gruppen sind nicht zur Publizität verpflichtet.«

Theo Albrecht

»Gegessen wird immer, auch in Amerika.«

Karl Albrecht

»Überall ist Ware, aber dahinter vielleicht doch noch, unbehelligt, das Wunder.«

Karl Kraus

Aus grundsätzlichen Erwägungen...

Vor 150 Jahren erschien das *Kommunistische Manifest* der Herren Marx und Engels. Seither hat sich weltgeschichtlich einiges ereignet, das sich diesem Aufruf zu Freiheit, Gleichheit und Brüderlichkeit verdankt. Abgesehen von diesen Nebenwirkungen der Schrift, ist vor allem ihr einleitender Satz vom Gespenst, das in Europa umgehe, zu einem Zitat-Klassiker geworden. Damals war das Gespenst des Kommunismus gemeint. Heute, nach einigen anderen Gespenstern, die auf -ismus enden, geht nun ein neues Gespenst um in Europa. Dieses hat ausnahmsweise nichts mit politischen Ideologien oder religiösem Fundamentalismus zu tun, sondern mit dem blanken Fressen und Gefressen werden. Es wuchert an vielen tausend Stellen in Deutschland, und sein Spinnennetz wird von Tag zu Tag feinmaschiger. An Entkommen ist nicht mehr zu denken. Längst hat es mit seinen Armen in andere Länder des alten Kontinents hinübergegriffen; und auch in der neuen Welt hat es sich erfolgreich niedergelassen. Und wie es sich für ein richtiges Gespenst gehört, ist es überall und nirgends. Kaum glaubt man es gesehen zu haben, ist es schon wieder verschwunden, hat es sich hinter den wohlbekannten Fassaden seiner spartanischen Tempel verborgen. Und doch hat das Gespenst eine Botschaft. Eine unmißverständliche, die sagt: Kauf bei mir, gib mir dein Geld, und du wirst es nicht bereuen. Eine Frohbotschaft? Das wird sich weisen.

11

Das Gespenst hört, wir wissen es längst, auf den Namen Aldi. Und wer glaubt, hinter diesen vier harmlosen Buchstaben mit dem verniedlichenden End-»i« verberge sich eine Discountkette mit wirklich billigen Angeboten, der hat recht und geht doch weit in die Irre. Aldi ist in Zeiten, in denen der Ruf nach der Nation wieder gilt, vielleicht der verkannte Einheitsstifter der Deutschen. Was vereint die Europäer neben ihrem Glauben an eine gemeinsame Geschichte und ein hehres Bildungsideal? Nicht die Sprache, noch nicht die Währung – es sind die Konsumgewohnheiten. Einkaufen müssen wir alle. Es ist der Supermarkt, der uns gleichmacht. Supermärkte sind überall gleich. Und doch gibt es einen, der gleicher ist als alle anderen. Kein anderer Lebensmittelhändler hat einen so hohen Bekanntheitsgrad wie Aldi, keiner wird in solcher Regelmäßigkeit von drei Vierteln der Bevölkerung aufgesucht. Noch gibt es Unbelehrbare: Sie sollen zu nichts überredet werden, denn Aldi steht mit allen seinen Klippen und Schroffen ganz für sich als ein Monument des bis ins letzte Glied vollstreckten Kapitalismus.

Aber Aldi ist, welch schöne Dialektik offenbart sich hier, in sich selbst zerrissen, und ist nur dann ganz bei sich, wenn es, vereint wie *Yin* und *Yang*, eine Einheit bildet: Aldi Nord und Aldi Süd, zwei sehr gleiche Brüder. »Immer das eine gegenüber dem anderen,« sagt der portugiesische Dichter Fernando Pessoa, immer Theo im Norden und Karl im Süden. Und doch fast immer das gleiche; denn jeder für sich wäre nicht das, was sie zusammen erreicht haben: Sie sind die reichsten Männer der Republik. Entgegen den Gepflogenheiten unserer Mediendemokratie haben sie es geschafft, unsichtbar zu bleiben. Niemand außer dem engsten Familienclan kennt sie wirklich. Und wenn doch, haben sich die Vertrauten stets penibel gehütet, die Albrechtsche Schweigewolke zu verlassen. Das ist bedauerlich; denn als Figuren der Nachkriegsgeschichte hätten sie einiges beizutragen zur Sozialgeschichte Deutschlands nach 1945, aber davon wollen sie nichts wissen. Ihr Reich ist längst bestellt, auch wenn dazu eine (allerdings durchlässige) Demarkationslinie nötig war. Karl und Theo Albrecht haben eine gespaltene Republik geschaffen, indem sie auf ihrem Weg vom Kleinkrämer zum Geheimniskrämer Deutschland entlang einer imaginären Linie geteilt haben. Diese beginnt auf der Höhe von Essen im Westen und zieht sich bis Görlitz an der polnischen Grenze nach Osten.

Und all die Aldi-Märkte, die die Landkarte sprenkeln, und all die Auslandsaktivitäten bescheren den verschwiegenen Brüdern einen Umsatz, den sie nicht preisgeben, den Fachleute jedoch mit 70 Milliarden Mark pro Jahr beziffern. Tendenz noch immer steigend. Jede vierte Mark, die in Deutschland für Lebensmittel ausgegeben wird, wandert in die Kassen der Gebrüder Albrecht. Das Ganze in äußerster Diskretion. Keine Konzernbilanz hat je das kompliziert verschachtelte Unternehmen verlassen, kein Interview, keine Stellungnahme ist aus den Konzernzentralen in Mülheim und Essen zu bekommen. Die vermutlich größte Erfolgsgeschichte der Nachkriegszeit vollzog und vollzieht sich unter Ausschluß der Öffentlichkeit.

Dieser Streifzug durch das Imperium der Discount-Milliardäre will denn auch eher auf das Phänomen hinweisen, als eine Enthüllung übler Machenschaften sein: Das ist Aufgabe der Nachrichtenmagazine, der Enthüllungsjournale, der Wirtschaftspresse. Doch die ist in einem Ausmaß stumm, daß einem dieses Schweigen schon beredt anmuten könnte. Selbst eifrige Leser der Wirtschaftsteile werden Mühe haben, auch nur eine substantielle Meldung über den Lebensmittelriesen zu finden. Natürlich verläßt keine Pressemitteilung freiwillig die Konzernzentralen in Mülheim und Essen. Was nicht heißen muß, es gäbe nichts zu berichten. Aber Verschwiegenheit ist in der Aldi-Welt keine Zier, sondern oberstes Gebot.

Aufgebaut wurde dieses Imperium mit einer einzigen Idee: besser und billiger als die Konkurrenz zu sein. Die Kosten dafür zahlen Zulieferer, Konkurrenten und Angestellte, der Kunde wähnt sich allzeit im Pfennigparadies. Einem Paradies freilich mit vielen Schattenseiten. Ein Paradies auch, das im Mangel des Auftritts den Überfluß suggeriert. Ein endloses Spiel, das nur von Samstagmittag bis Montagfrüh unterbrochen werden muß: Morgens sind die Regale gerammelt voll, und abends fegt der Filialleiter die traurigen Reste weg wie nach der Schlacht am kalten Büffet.

Wir sind, was wir essen; und weil vor dem Essen im Normalfall nicht mehr die Jagd oder die Ernte, sondern der Einkauf im Supermarkt kommt, sind wir ziemlich genau ein Abbild dessen, was uns die Gebrüder Albrecht als Speerspitzen industrieller Fütterung in wöchentlicher, schöner Regelmäßigkeit anbieten: Normierte Kostgänger in einer Gesellschaft, die alles nach Massen bemißt – von der Tierhaltung bis zur Sportart, vom Fernseheinerlei bis zur Übellaunigkeit. Aldi ist der Hoflieferant der Massengesellschaft. Das Discount gewordene Super-Gen des Konsumismus, offenbar schwer zu klonen, ist in seinem zurückweisenden Charme ein Bestandteil der Alltagskultur. Das hat auch das laue Lüftchen des Zeitgeists bemerkt, vor dessen Trendsuchradar niemand sicher ist: Aldi wurde in den Zeiten der neuen Bescheidenheit, als alles »lean« wurde – vom Management bis zur Produktion bis zum Arbeitsmarkt –, plötzlich »hip«. Sechzehn Jahre Kohl, das bedeutet auch 16 Jahre litaneihafte Kanzlerforderung, den Gürtel enger zu schnallen. Das hat dann doch seine Wirkung getan. Heute schnallt ein unfreiwillig rekrutiertes Millionenheer von Arbeitslosen und Sozialhilfeempfängern, die sogenannten unteren Einkommensklassen, täglich den Gürtel beherzt enger – und verköstigt sich der Not gehorchend bei Aldi. Aber auch der Mittelstand hat längst seine Zurückhaltung gegenüber den lieblosen Discounthallen abgelegt.

In dem Maß, wie der Sozialismus den Bach der Geschichte hinabgespült wurde, ist Aldi heute mehr denn je ein Modell, das jedem Sozialdarwinisten feuchte Augen bescheren würde: Auf einem zunehmend brutaler werdenden Weltmarkt, dem unter ständigen Absingen der heiligen Worte *Globalisierung* und *shareholder value* geopfert wird, sind die Hohenpriester des Pfennigfuchsens aus Mülheim und Essen längst auf der Siegerstraße. Von Aldi lernen, heißt siegen lernen: Die Aldisierung des täglichen Lebens wirkt wie ein Nervengift: Wenn seine Wirkung spürbar wird, ist es meist zu spät.

Und noch ein Vorspruch ist nötig, damit keine Mißverständnisse aufkommen. »Aldi informiert« (siehe Kapitel 2) ist ein Zitat aus der wöchentlichen Zeitungsannonce. Damit hat es sich mit der Information. Denn über diese Seite hinaus wird nicht informiert, sondern verschwiegen, verschleiert, vertuscht. Wirtschaftsjournalisten müßten von Berufs wegen davon eigentlich ein Lied singen können; aber wenn sie es denn tun, ist es ein sehr leises Lied, im Vergleich zu dem Brimborium, das um andere, glamourösere deutsche Handelshäuser und Industrieunternehmen veranstaltet wird. Die publizistischen Kniefälle vor Konzernlenkern als den wahren Herren dieser Republik sind gewiß auch für das Ego befriedigender, als ein Anruf bei einer Pressestelle, die es gar nicht gibt:

Anrufer im Nordreich werden bereits von der Dame in der Zentrale abgewiesen. Pressestelle? »Gibt es nicht.« – »Ich hätte aber gern ein paar Auskünfte.« – »Kriegen Sie bei Aldi gar keine.« – »Ja wieso denn nicht?« – »Die Herren möchten das nicht.« – Eine Etage weiter, im Sekretariat verschärft sich der Ton (der in der Zentrale neutral bis freundlich war). Die dortige Dame, jünger und ehrgeiziger, schnarrt routiniert: »Es gibt keine Presse- und Öffentlichkeitsarbeit.« Telefonisch schon gar nicht. Ein Fax könne man schicken. Mit schriftlichen Fragen. Ende der Durchsage. Ein Fax wurde geschickt. Einige

15

Tage später kam ein Brief. Absender Theo Albrecht sen., Mitglied des Verwaltungsrates der Aldi GmbH & Co KG. »Wie Sie schon wissen«, schreibt der Seniorchef, »veröffentlichen wir über unser Unternehmen keine Daten und machen auch sonst keine Angaben. Aus grundsätzlichen Erwägungen kann ich in Ihrem Fall auch nicht davon abweichen.« Daß die alte Postleitzahl 4300 für Essen mit Schreibmaschine ausgeixt und durch die neue, seit Juli 1993 gültige ersetzt wurde, bevor der Briefbogen in den Drucker gelegt wurde, ist eine andere Geschichte.

Die Welt als Aldi
und Vorstellung (I)

Ich bin verloren – denkt der Käufer, als er in einem Universum bunter Schachteln zu sich kommt. Sein Blick taumelt zur Decke, einem Geflecht aus weißen Quadraten, Mineralfaserplatten Odenwald, kein Hinweis. Eben war er noch in der Sicherheit seines Wagens gesessen. Abgebogen von der Umgehungsstraße, verkehrsgünstig angebunden, wie man so sagt, stand sie da, die nichtssagende Waschbetonschachtel. Keine Message, keine flatternden Fahnen, keine kilometerlangen Betonwände mit Riesenschriftzug, kein Leuchtmast, der ein »A« getragen hätte. Nur das stinknormale Grün-kaputt, die Versiegelung der Industriebrache, Gewerbegebiet. Die Architektur reduziert auf die Null-Semantik: Nichts, was anlocken würde; keine Geste, die besagt: Ein Eintreten unter mein Dach lohnt sich. Er hatte krampfhaft ein Markstück gesucht, als er über den Parkplatz auf den Unterstand mit dem metallischen Gitterwurm zusteuerte. Eine Mark, um den Einkaufswagen zu entriegeln. Eine Mark, um hineinzukommen mit einem Gefäß, das die Ware aufnehmen kann. Eine Mark nur, verflucht noch mal, ich hatte sie zu Hause doch extra eingesteckt. Da endlich, da war sie gewesen. Er hatte sie aus der Hosentasche gefischt, zusammen mit dem Einkaufszettel. Immer steckt sie irgendwo, aber niemals da, wo man gedacht hat. Einkaufswagen, niemals ohne Einkaufswagen. Immer nimmt er mehr mit, als er auf dem Zettel stehen hat. Immer gibt es Unvermutetes, Brauchbares, überaus Nützliches, Superpreiswertes. Gitter in Gitter geschoben, Plastikpürzel auf der Lenkstange. War da nicht mal was mit Möllemann gewesen? Die Pfandkästchenaffäre? So wie die Süssmuth nicht über die Dienstwagen- und Dienstflugaffäre gestolpert ist, mußte Möllemann, dieser schnauzbärtige Treibauf, seinen Hut nehmen. Endlich mußte mal einer gehen. Bleiben viel zu viele, tritt ja keiner mehr zurück. Müssen ja bleiben, denkt er, haben ja nichts anderes gelernt. Berufspolitiker. Funktionärsgelaber. Spricht am um über den Euro und seine Bedeutung für Aldi. Bestimmt nicht. Jedenfalls mußte Mölle damals – Briefbogenaffäre, das war's. Eigentlich ärgerlich, daß man immer wieder Möllemann denkt, bloß weil man eine Mark in so einen Plastikschlitz schiebt. Also los jetzt, den Wagen entriegelt, mit einem Ruck herausgerissen, ein Wunder wäre es, wenn er nicht klemmte, heraus aus dem ineinander gekeilten Gliederwurm, den Kopf noch einmal nach vorne gereckt und stracks auf die Tür zu, die mit einem Summen nach innen aufschwingt.

Aus dem Augenwinkel das Schild betrachtet: Wir müssen draußen bleiben. Kein Punkt, aber dennoch ein Befehl. Wir, das ist ein Deutscher Schäferhund in Sitzstellung. Alle anderen Lebensmittelläden haben irgendwelche trutschig-possierlichen Pudel auf dem Befehlsschild. Der deutsche Spitzendiscounter einen deutschen Schäfer. Vollschäfer. »Er ist ein echter Urenkel vom Adolf Hitler sein Hund«, heißt das bei Gerhard Polt. Wer ist mit diesem »Wir« gemeint? Der Chefarztplural (das Gegenstück zum Dienstboten-Du mancher jovialer Vorgesetzter: Sachma-machma-kannse-mal-sehen.): Wie geht's uns denn heute? Wir sehen ja schon viel besser aus. Als wüßten die Hunde, daß sie hier nicht erwünscht sind, sieht man selten einen in Wartestellung vor dem Aldi. Da geht die Tür auf, von elektrischer Hand bewegt, die Lichtschranke meldet mit seelenloser Akribie: Kunde, hopphopp, hinein. Schwenk auf Marsch Marsch! Innentür passieren. Aufgesogen, eingeatmet.

Da ist er, der Geruch. Wie mit einem Schlag ist er da. Dieser unverwechselbare, keinem anderen Gebäude innewohnende Muff-Geruch aus Scheuermilch, Seifenlauge, Bananenstauden, Gummi und Dosenblech. Parfüm des Sozialschwachen? Alltag by Calvin Klein. Er umfängt dich. Er grüßt dich. Sagt »Aldi« zu den Neurotransmittern im Hirn, vernetztes Ziepen, die Festplatte sucht nach der Datei mit dem Beutezugmuster. Mammutjagd. Schrappschrapp. Programm geladen. Die virtuelle Jagd beginnt wie im Flugsimulator. Mann gegen Mann, Frau gegen Frau. Alle sind gleich bewaffnet. Ellbogen zur seitlichen Verteidigung, Sprintstärke und Einkaufszettel zur Vorwärtsverteidigung, Einkaufswagen als Schutzschild gegen anstürmende, mit Kindersuchtrupps aufgerüstete Horden. Der Faustkeil fürs letzte Gefecht? Die Klappschachtel Marke »Curver«, die normalerweise erst nach dem Finale zum Einsatz kommt. Sie paßt zwar in den Wagen, aber nur schief, bei Überlast (und es ist fast immer Überlast) keilt sie sich am Ende fest und man hat Mühe, sie wieder aus dem Gitterschlund zu befreien. Die Begehung des Geländes ist wie ein Aufbruch in eine kontrollierte Wildnis. Der Treck nach Westen mit einer im Kopf gespeicherten Straßenkarte. Da ragen schon die ersten Warenberge steil auf, aber noch ist das Gelände halbwegs übersichtlich: Brot zur Linken, Toastbrot, Bauernbrot, alles in Folien, Kaffee und nochmals Kaffee, Albrecht Kaffee, kann man nicht trinken, Millionen tun es doch, gegenüber ragen die Getränkedosen, die Flaschenklippen. Palettenweise dieses Cola-Imitat mit dem Namen, den man sich nie merken kann, Mineralwasser in unanständig kleinen Flaschen mit blauen Plastikschraubverschlüssen, Zeugen der Epoche der Wegwerfkultur. Haben sich irgendwann auf dem Schrottplatz der Geschichte selbst entsorgt. Erstickt im eigenen Müll, abgehustet an den giftigen Schloten ihrer MVAs. Verniedlichung Emm-Vau-Ah! Müllverbrennungsanlage. Dioxinschleudern. Wie war das im schönen Städtchen Dachau mit der Westwindzone; wo die MVA so hübsch am Autobahnzubringer steht? Da weht ein giftiger Wind, und im Städtchen, sagen die Kinderärzte, hat's Pseudokrupp en masse. Aber wer will das schon wissen? Der Mensch erscheint im Holozän. Und verabschiedet sich kurz darauf wieder. Na, jetzt aber, du bist endgültig drin, absorbiert. Die Strömung hat dich ergriffen. Der Wagen läuft wie von selbst. Die Blicke wandern. Alles orange. Regale orange, Preistafeln aufgehelltes orange, rote Schrift, irgendwie bhagwanmäßig und echt Seventies. Preistafeln sortieren. Dreikorntoast 0,99. Becks 0,99. Selektive Wahrnehmung. An welcher Stelle gebietet der Einkaufszettel zum erstenmal einen Stopp? Cognac, Obstler, Weinbrand, Cognac, was war es gleich – Wein. Chianti 3,99, guter Chianti, Villa Alberti… was haben wir neulich gelacht, als wir rätselten, ob Alberti ein Witz auf eigene Kosten sei… gleich darauf die nackte Einsicht, daß den Brüdern wahrscheinlich der ganze Weinberg nebst Winzer und Fuhrpark gehört. Aber der Chianti ist gut; immer wieder schöne Erfolge erzielt mit Getränken von Aldi. Die Williamsbirne kredenzt nach einem üppigen Essen. Wie Schladerer, hieß es allgemein, und Christiane, die vom Schnapsbrennen auf der väterlichen Linie einiges gelernt hat, sagte sogar: besser als Schladerer. Na bitte. 17,99 gegen knapp 40 Mark. Sein Blick fällt in Bodennähe auf den obligatorischen Müller-Thurgau, dieser grauenvolle urdeutsche Urweinverschnitt, bloß weiter. Chilenischer Roter, kalifornischer Weißer. Einmal gab es, als die Pinot-Grigio-Welle Aldi gerade erfaßt hatte, einen Pinot aus dem Trentino. Autobahngewächs vermutlich, im Bleiwind der Abgase ducken sich die Rebstöcke neben der Ausfahrt Rovereto Sud; jedenfalls hatte er nach dem ersten Glas einen Anfall von allergischem Juckreiz bekommen. Manchmal hatten sie sich schon einen teuren Bordeaux gegönnt. Hatten »9,99

20

statt woanders bestimmt 20« gedacht. Dann entpuppte sich der Margaux als staubig, muffig, abgestanden. Plörre, überbezahlt. Anderswo, denkt er, würde einen Musik empfangen. Man würde in einen Musikteppich hineintreten. Jenes Gerieseln... »unsere Frischfleischabteilung empfiehlt heute... Putenbrust... 100 Gramm nur Einsneunzehn« ...hier ist nichts zu hören, kaum menschliche Stimmen, jeder rafft vor sich hin. Das Schlurfen der Schritte, das Rascheln von Tüten erzeugt eine sachliche Geräuschkulisse. Fernes Klicken der Kassentastaturen, Scharren von Käuferbeinen, Knistern von umgegrabenen Metallkörben mit Herrenhemden 1a-Qualität.

Ich bin verloren, denkt er wieder. Irgendwas ist mir abhanden gekommen. Mir ist, als hätte ich etwas vergessen. Der Einkaufszettel hilft nicht weiter. Er muß aus seiner Starre, die ihn vor dem Weinregal befallen hat, aufwachen. Zurück ins Leben. Einkaufen muß Freude machen. Mit einem abrupten Ruck dreht er sich um 180 Grad und sieht die Schachtel mit den Fakes, wie Fälschungen von Fisherman's Friend. Kann nie schaden, 1,79. Träge setzt er sich in Bewegung. Irgend etwas an der Rückenansicht der Frau vor ihm irritiert ihn. Schafsherden durchziehen unsere Discounter, mit hängenden Köpfen, ein leises Blöken bei den geschälten Dosentomaten, ein vorweggenommener Kötel vor der Kassenfrau. Was hineingeht, geht durch uns hindurch und wieder aus uns hinaus. Eine endlose Aneinanderreihung von Verdauungsprozessen. Die Reduktion des Sinnlichen auf das Organische. Die Frau wirkt wie eine schlechte Computeranimation in ihrem blinden Automatismus, Schokoladentafeln mit trägen Baggerbewegungen ins weit aufgerissene Maul des Einkaufswagens zu befördern. Die billigste Milchschokolade, nicht die weiße Crisp. Das Neonlicht läßt sie, als er sie im Profil sieht, grün und fahl aussehen. Es macht uns nicht schöner, denkt er, keinesfalls läßt uns ein Gang in diese Häuser vorteilhaft aussehen, und dennoch gehen wir immer wieder in diese Häuser hinein, weil wir gar nicht anders können, als uns aus diesen Häusern heraus zu verköstigen, uns das Lebensnotwendige, wie gesagt wird, dort zu besorgen, wo es bezahlbar und also erschwinglich für unsere schmaler werdenden Geldbörsen ist, weil der Einzelhandel, der vom aussterbenden bedrohte Tante-Emma-Laden, für unsere Geldbörsen über die Jahre zu teuer geworden ist, gehen wir hinein in diese Häuser mit den orangefarbenen Regalen und dem fahlen, alles entstellenden Neonlicht, wissend, daß es gerade diese Häuser sind, die unseren Kramerladen um die Ecke bringen, indem sie noch die billigsten Angebote so lange unterbieten, daß man an der Kasse nur noch einen symbolischen Preis zu zahlen hat, denkt er, als er der Frau nachstarrt, die mit ihrem Schafsrücken und ihrem Schafsgang soeben in die mittlere Gasse eingebogen ist. Und wie sie dort Richtung Zucker- und H-Milch-Palette verschwindet, wird ihm bewußt, daß er immer noch vor dem Rioja steht, unfähig zu entscheiden, ob er dem Spanier eine Chance geben soll; ausgerechnet dem Spanier, der auch mit Panschskandalen auf sich aufmerksam gemacht hat. Es waren ja nicht nur die Österreicher mit ihrem Glykol. Ein Räuspern dicht hinter ihm bringt ihn zurück in die Gegenwart. Er blockiert in seinem Zustand der Seinsvergessenheit, in seinem leeren Starren, den Zug der Schafherde. Und wie von einem imaginären Blindenhund – Schäferhund – angestupst, macht er sich weiter auf den Parcours. Glitzi-Spülschwamm heißt das Ziel, Dreierpack, extra stark.

Mit einem Mal verändert sich die Landschaft. Die letzten Kartons ziehen auf der Linken vorbei, der abscheuliche Veltliner bleibt zurück, der Asti Spumante, die Hügel werden sanfter, nehmen einen neuen Schwung und treten heraus aus den zackigen Klüften der Flaschenbatterien. Er taucht ein in ein wattiges Drogeriemarktgefühl, in eine Nische aus Damenstrumpfhosen, Müllbeuteln, Shampoo und Nachtcreme. Bunte Spülschwämme starren ihn an. Die hat er gern, obwohl immer zu viele der leicht verschmutzenden gelben Exemplare beigemischt sind, stets zu wenig blaue, immer dominieren diese häßlichen altrosafarbenen. Alle Bewegungen, die sich mit Spültüchern verbinden, sind immer gleich. Ein weiterer Automatismus, der unsere Tage strukturiert, dessen seinsbestimmenden Einschlag wir aber in keiner Autobiographie finden: Ich bekenne, ich habe gewischt. Ich habe Geschirr gespült (wenigstens die Töpfe, wenn den Rest die Maschine erledigte; dann aber Salz nachgefüllt), ich habe die Spüle gewischt mit Spülschwämmen und Scheuermilch, ich habe die Herdplatten geschruppt mit der grünen Seite des Spülschwamms. Natürlich schreibt das keiner, das wäre Literatur aus der Arbeitswelt und röche überdies nach kleinen Leuten. Anders als das Zähneputzen, dem die Industrie mit elektrischen Zahnbürsten zu Leibe gerückt ist, hat das mechanische Wischen von Arbeitsflächen, Küchenschränken und Spülbecken noch keine elektrische Konkurrenz bekommen. Die Lüge der Backofensprays. Die Chemiekeulenlüge. Aufsprühen – und der Dreck, die Fettspritzer verfügen sich ins Nichts. Zweiter thermodynamischer Hauptsatz. Und dann Mülltüten! Welch ein Luxus, welch ein Verpackungswahn, *wrapped rubbish*. Wir kleiden den Müll in ein durchsichtiges Gewand, um Transparenz im Treppenhaus herzustellen. Ist es ein Zeichen von angewandter Demokratie, wenn der Müll in durchsichtigen Plastiksäcken rumsteht, oder ein Signal für mangelndes ästhetisches Empfinden? Wir haben nichts zu verbergen, seht her, nur Hausmüll, der Rest feinsäuberlich sortiert, kein Fitzelchen Papier, kein Glas, keine Flasche, kein kompostfähiges Biomaterial, kein Grüner Punkt – eigentlich müßten unsere Mülltüten, denkt er, als er die Rolle mit 40 Tüten in den Wagen senkt, immer leerer werden. Müll-Entleerung. Ja, Leere, was war das für eine seltsame Leere, die ihn stets am Ende der ersten Gasse ergreift, wo es im rechten Winkel Richtung Klopapier, Windeln und Küchenrollen geht, wo das Kleinteilige der Drogerieartikel Blick frei macht auf weiße Zellstoffhöhen, eingeschweißt in schimmernde Folien, kalbende Windelgletscher als schreiend bunte Schlagschatten inmitten dieser majestätischen Achttausender, zu deren Füßen die Stiftung-Warentest-prämierten Waschmittel sich gruppieren: eherne Blöcke, Endmoränen des Persilzeitalters, das hier längst von Tandil abgelöst worden war. Aber bevor er die Frage entscheiden konnte, für welches Toilettenpapier er sich entscheiden sollte – dreilagig feisten Überfluß oder politisch korrektes, faxfähiges Recyclingpapier –, fällt sein Blick unwillkürlich nach rechts in die lange Gasse, die er insgeheim immer »Straße der finalen Materialschlacht« nennt. Klopapier kann warten. Wollen mal sehen, was heute so im Angebot ist. Computertisch aus Metall. Geeignet für Tower-PC, höhenverstellbar. 79,98 mit Sternchen über dem Preis: »Die Artikel, die unter der Bezeichnung ›ALDI-AKTUELL‹ angeboten werden, sind nur vorübergehend im Verkauf. Sollten diese Artikel trotz sorgfältig geplanter Angebotsmengen allzu schnell ausverkauft sein, bitten wir um Ihr Verständnis.« Schreibunterlage mit eingeschweißter Welt- Europa- oder Deutschlandkarte, Stück 3,99. Brillenputztücher »Alles klar!« 50er Packung 1,79. Alles klar. Versonnen wiegt er die 25 Doppeltücher in einer Faltschachtel bis ihm einfällt, daß er außer der Sonnenbrille gar kein Brillenträger… Feinbiber-Bettwäsche-Garnitur Komfortgröße, Bezug 155×220 cm, Kissen 80×80. 100% Baumwolle 28,98. Feinbiber. Oje, der Lieblingsstoff aller Großmütter, unsexy aber nierenschonend, stets winterlich im Abrieb und abtörnend wie ein Diaphragma in der Nachttischschublade. Immer alle Preise ohne den störenden Schnickschnack à la »DM« oder »Mark«, wozu auch. Noinznachtunoinzig. Zeit ist Geld, hier mehr als irgendwo sonst in einem Laden, denkt er, als er Richtung Ausgang schaut. Im Gegenlicht, weit vorne im neonverhangenen Glast liegen die Kassen. Aber hier ist das Gelände der Schnäppchenjäger, hier heißt es auch für den erfahrenen Jäger und Sammler den Urinstinkten freien Lauf lassen. Lautloses Brüllen setzt ein: Meins! Alles meins! Das kommt nicht aus dem Sprachzentrum des Hirns, das kommt von viel tiefer, dort wo der Jagdtrieb sitzt. Jetzt sind Ellbogen gefragt; den Wagen querstellen, zur Sicherung vor Zugriff von hinten verkeilen, mit der Linken stabilisieren und mit der Rechten hinein in die Kiste. Erst letzten Sommer hat er sich geärgert, als ihm in letzter Sekunde eine raffgierige Mittelalte mit unschön ausgewachsener Dauerwelle den Freizeitschuh in Größe 44 (12,98) aus dem Gitterkäfig gerissen hat, der Rest war Größe 39 und 47. Hier ist Lauern und Kreisen und schnelles Zustoßen gefragt, und schon im nächsten Moment hat man einen Spaten in der Hand, einen unheimlich solide wirkenden Spaten, für den man aber in der Mietwohnung wenig Verwendung hat. Die »Straße der finalen Materialschlacht« ist die Richtstätte. Hier entscheidet sich Erfolg oder Mißerfolg einer jeden Expedition in ein solches Haus, denkt er, den Grundnahrungsschmarrn gibt es immer, warum habe ich den Einkaufszettel zerknüllt? Hier gehen die wahren Aldianer aufs Ganze, die mit den geblähten Nüstern, die mit dem Was-hab-ich-heute-wieder-alles-gespart-Blick. Wo man doch nie wirklich weiß, wo ausgerechnet das Geld, das man bei Aldi gespart hat, letzten Endes versickert. Wo gibt man es aus? Im Schatten solcher Nichterkenntnis läßt er ab vom Gewühl, biegt zurück auf den ausgetretenen Pfad. Klopapier statt Kaffee-Automat 29,90. Ernüchtertes Rangieren, sachliche Blicke, die erste Attacke ergebnislos. Loslassen, Discount-Buddhist, das mußt du lernen. Erkenne dich selbst, und dann das Sonderangebot. Was soll die Jagd nach irdischen Gütern, solange es keinen Sarg bei Aldi gibt. Wäre doch eigentlich eine wahnsinnige Marktlücke, die Leute würden das Zeug kaufen wie blöd. Erstens: Kann man gut einlagern. Zweitens: wird immer mal wieder gebraucht. Kostet bei Trauerhilfe-Instituten Minimum 1500 Mark, gäbe es bei Aldi bestimmt für 599, einfache Ausführung allerdings, einfach aber solide.

Fichte, lackiert, Standardgröße, warum so elegisch heute? Praktisch denken, Särge schenken. Tod und Leben so nah beieinander. Wo Hoffnung keimt, ist das Rettende nah. Waren das wieder die Windeln, die es erst ab neun Kilo Körpergewicht gibt? Der Herr gibt's, der Herr nimmt's. Aber warum existieren für den Herrn Aldi keine Babys, die weniger als neun Kilo wiegen? »Trotz sorgfältiger geplanter Angebotsmengen?« Das Angebot auf Kundenseite wäre ja da: Und in den ersten Monaten kacken die Kindlein ja nicht unbedingt weniger oft als später. Wo ist denn da die unternehmerische Fürsorgepflicht? Oder bezieht sich Schnelldreher in Wirklichkeit auf Kleinkinder, weil Neugeborene sich noch nicht selbst drehen können?

Apropos gedreht: Neulich beim Spazierengehen durch eine discounterfreie Zone Hamburgs – das Viertel war auch von allen übrigen Geschäften befreit worden, bis auf ein paar Makler und Finanzverwaltungen – war die Rede darauf gekommen, wie man es drehen könne: Nein anders, was geschehen würde, wenn Aldi echte kubanische Zigarren anböte – der Zusammenfall von Kapitalismus und Sozialismus, eine historische Schnittstelle. Weltanschauliche Bedenken auf Seiten der Aldi-Einkäufer gäbe es bestimmt nicht, aber Lieferschwierigkeiten auf Seiten der Kubaner, die solche Mengen nicht beschaffen könnten. Während der Zellstoff nicht versiegen will. Die Küchenrolle, das überflüssige Wesen. Der ökologische Overkill, nix Zewa-wisch-und-weg, *no name*, dafür billig und genauso hinfällig. Diese Zellstoffecke, denkt er, hat mir noch nie gutgetan; bis auf die Servietten (nullnoinunnoinzig) ist das immer unsinnlich. Aber was heißt schon sinnlich in dieser Bude, mit Sex wird hier eh nichts verkauft, schon die Models auf den »Aldi informiert«-Anzeigen, falls jemals welche drauf sind, sehen immer aus wie ein jüngerer Klon von Carolin Reiber – als hätten sie noch nie etwas von unterschiedlichen Chromosomensätzen gehört. Das ist züchtig, und beim Aldi, da gibt's koa Sünd'. Erotik der Adenauerzeit. Alles prüde in Weißblechdosen gebannt, eingeschweißt und hinter PE-Folie kondomisiert. Die riesigen Salami-Dildos, solche Brummer, daß die ganze Familie eine Woche hinnagen könnte. Aus welcher Fleischfabrik die wohl kommen? Warum ausgerechnet da so zimperlich? Weil ihn im Geiste plötzlich Tiere ansehen. Aus den Schlachtviehtransportern, aus den Schlitzen der Lkw-Seitenwände, die die Tiere zu ihrer Endlösung fahren. Das Wort »Endlösung« ist verboten. Hat ja alles nichts genutzt, denkt er, all die Berichte, der ganze BSE-Wahn, Schweinepest; die Leute fressen das Zeug weiter, du auch, weniger als früher, aber dennoch noch immer. Geben Vegetarier so abschreckende Beispiele? Na gut, manche sind die Pest, Berufsmissionare, faulig schimmelnde Heiligenscheine über dem gasig dunstenden Haupt. Verfluchtes Fressenmüssen, »Eckzähn homo«, sagt der Dichter. Aber Dichter haben bei Aldi nichts verloren. Hier ist die Stätte der Pragmatiker. Hier kaufen die, die rechnen müssen oder rechnen können. Beide verbindet eine unheilige Allianz: Es hätte anders kommen sollen, aber da es nun einmal so ist, gehen wir durch dieses Fegefeuer und reinigen uns für das jüngste Gericht: Nudelfertiggericht, 1,49. Neulich wieder einen getroffen, der ganz verwundert sagte: »Äh, Aldi, äh, wie ist das denn da? Ich war noch nie dort.« Was fehlt einem, der noch nie bei Aldi war? Welchen Ausschnitt bundesdeutscher Wirklichkeit kennt ein solcher nicht? War der Pfälzer Riese, der Oggersheimer, jemals bei Aldi? Wie sähe die Politik aus, wenn die Koalition regelmäßig bei Aldi einkaufen würde; die Vorstandsvorsitzenden Schrempp, von Pierer, Wössner, Sommer. Ich stelle mir vor: Porsche-Chef Wendelin Wiedeking fährt mit einem 911er Turbo zu Aldi und versucht, einen Standardeinkauf in seinem Gefährt unterzubringen. Geht nicht. Am Montag überrascht er seinen Stab mit dem Vorschlag, einen Kombi zu entwickeln. Reichtum ist immer eine Minderheitenerscheinung. Erst wenn der letzte Baum gefällt ist, werdet ihr begreifen, daß man von Aldi nicht leben kann. Hochgestochenes Zeuchs, natürlich kann man von Aldi leben, und zwar so gut, daß Onkel Mac und Tante Gerda sagen: Hätte es Aldi nicht gegeben, hätten wir das Haus nicht bauen können. Haus und fünf Kinder. Tante Gerda serviert immer noch Gouda von Aldi, riesige Brocken Gouda, es ist in Ordnung so, das Aldi-Fax ist zwar nicht richtig verkabelt, aber da kann das Fax nichts dafür. Tante Gerda mußte immer hungrige Mäuler stopfen. Oma brilliert mit fünf verschiedenen Feinschmecker-Senfgläsern, nicht von Aldi. Sie will da nicht hin, weil sie ihre Würde verteidigt. Geld ist nicht alles im Leben. Die Moser-Tante sagt, sie habe im Moment nur fünf Mark für Lebensmittel am Tag. Und in ihrem Aldi im Wedding habe ihr neulich eine knochenfingrige Alte ein Tiefkühlhuhn aus dem Einkaufswagen gezerrt, mit der Begründung, sie habe es nötiger. Die Moser-Tante studiert Kunstgeschichte, aber sie hat Aldi nötiger denn je, weil sie in der Prüfungsphase keine Zeit hat, nebenbei zu jobben. Kein Geld, geh zu Aldi. Lasset die Kinder zu mir kommen.

In einer andern Sternzeit, denkt er, wird ein Gott herniederfahren, und mit einem Donnerkeil in diese Filiale fahren. Er wird einen Meteoritenhagel niederprasseln lassen und uns alle, die wir verschwitzt und abgehetzt sind, geplagt von der Mühsal des Tages, mit einem Schlag in das Jenseits befördern. Dort werden wir uns wiederfinden in einer endlosen Schlange, die darauf wartet, vor den Thron des Allmächtigen zu treten. Zu seiner Linken aber sitzet Theo, und zu seiner Rechten Karl, beide in dunklen Anzügen mit Staubmänteln darüber, und Gott wird anheben zu sagen: »Zeige mir deinen Einkaufswagen, und ich sage dir, was dich erwartet. Und wenn dein Einkaufswagen weniger als 50 Euro ausmacht, wirst du Fegefeuer zu gewärtigen haben!«, und die Albrecht-Brüder werden mit

28

einem schrillen Keckern ihre orangefarbenen Warentrennstäbe (für die es auch nach dem Jüngsten Gericht keinen Namen geben wird) aus den Staubmanteltaschen ziehen und dir damit den Scheitel polieren. »Doch siehe, wenn dein letzter Warenkorb die 100-Euro-Marke überschritten hat, wird deinem Antrag auf verkürztes Fegefeuer Rechnung getragen.« Und um dies mit einem amtlichen Prüfsiegel der »Stiftung Höllentest« zu zertifizieren, erhältst du nicht irgendeine CE-Prüfplakette, die womöglich Martin Bangemann unterzeichnet hat, sondern der Erzengel Gabriel tritt auf dich zu und spricht folgende verbindliche Worte: »Wir führen Buch und erleiden Verluste; wir ziehen die Summe und gehen vorüber; wir schließen die Bilanz, und der unsichtbare Saldo spricht immer gegen uns.« Aber bevor dich eine unsichtbare Donnerfaust vor den Augen des Allmächtigen hinwegfegt, geschieht etwas Absonderliches. Aus der Wolke zu Füßen der Beisitzer steigen Registrierkassen empor, und die Albrecht-Brüder beginnen in rasender Geschwindigkeit auf die Tasten einzuschlagen, eine Milliarde, zwei Milliarden, hörst du sie keuchen, und Gottvater sagt mit seiner Wolfgangseestimme: »Abba Bubb'n was solln dess, dreikommanull iss dreikommanull, die Gechichte wird uns rechtgeppn.« Aber die Buben hören nicht und steigern sich in eine Raserei, die himmlischen Heerscharen flattern immer aufgeregter, und in schrillem Discount gellt ein widerlicher Ruf: Ich glaube nicht, daß die, die damals gelacht haben, auch heute noch lachen. Die deutsche Discountidee wird… Preissenkung! Schweigen ist Gold! Gott informiert! Wer bei mir kauft, wird nicht allein sein bis ans Ende seiner Tage! Preissenkung! – Bis mit einem Mal, wie aus dem Nichts der Lagerhaltung kommend, Gottes Pressesprecher vor den Thron tritt und in betont sachlichem Tonfall in einen imaginären Strauß bunter Mikrofone spricht: »Aus grundsätzlichen Überlegungen wird keine Stellungsnahme abgegeben. Eine Dekoration wird nicht ausgeführt. Kein Kommentar. Schweigen ist Gold,

29

meine Damen, meine Herren.«In diesem Moment erreichen die ersten Meteoriten die orangefarbenen Regale, nachdem sie die Mineralfaserdecke durchschlagen haben und Sekunden später auf die Konsumgüter niederregnen. In diesem, die Ewigkeit für einen Augenblick ironisierenden Moment erschallt die Stimme Gottes: »Ich habe es nicht gewollt!«

Jäh, so jäh wie eine Aldi-Kassiererin die zu entrichtende Summe bekanntgibt, leidenschaftslos, präzise und schnell, holt ihn die Wirklichkeit aus diesem Tagalptraum zurück. Er hat sich quergestellt, hat den Weg der Arbeiterameisen zum Ausgang blockiert. Das ist nicht der Platz zum Träumen, das ist das Schlachtfeld, die *buying fields*, wer jetzt nichts kauft, wird lang alleine bleiben, wird in den Warengassen unruhig wandern, wenn die Kartonagen treiben. Und bräche nicht aus allen diesen Regalen ein Ruf: Denn da ist keine Stelle, die dich nicht sieht. Du mußt dein Leben ändern.
Das gewendete Dasein. Das Niemals-mehr-in-eine-Aldi-Filiale-eintreten-Müssen. Aber was sollten diese Allmachtsphantasien hier? Friß oder stirb, kauf oder verdirb. Du bist nicht hier, um klugzuscheißen. Kauf dein Zeug und sieh zu, daß du den Parkplatz räumst. Das hier ist eine Demokratie. Du bist nicht allein. Du bist nur ein »Arschgesicht« (Ludwig Wittgenstein) unter Millionen. Was bildest du dir ein? Konsumwichtel! Münzenlecker! Und noch einmal, kurz vor der Steilkurve in die Konservenwand, die Stimme des Stammtischphilosophen: »Wahrheit? – War heid a Gschäft?«
Ja, hier drin ist immer Geschäft, egal was sie draußen behaupten, an 52 mal sechs Tagen des Jahres (abzüglich konsumverhindernder Feiertage), bei Aldi ist immer Weihnachten, denkt er, als er sich der Bananenpalette nähert. Das Ding ist fast mannshoch, ein ideales Brotzeitformat für King Kong. Bananen sind Hirnnahrung, hatte die Mutter immer gesagt. Ja früher, da waren aber auch Nüsse noch Hirnnahrung, später

machten sie dann plötzlich nur noch dick, vor allem in der ge-
salzenen Variante. Aldi-Bananen scheren sich nicht darum, ob
sie euro- oder feindliche südamerikanische Kühlschiff-Import-
bananen sind, Aldi-Bananen sind immer gelb und eingeschweißt und superbillig. Jäher Erkenntnisschub beziehungsweise überfallartige Gewißheit: Es muß einen Zusammenhang
zwischen Staatswesen und Konsumverhalten geben. Er nimmt
sich vor, die Herkunft des Wortes »Banane« nachzuschlagen.
Nix doitsches, bestimmt. Wieso dann Bananenrepublik.
Deutschland ist keine Bananenrepublik, hat der Dicke irgendwann gesagt, er erinnert sich genau, weil sich der Dicke damals
so aufgeregt hat. Über die Birne, als die man ihn jahrelang ver-
spottet hatte, hat er sich auch aufgeregt, aber nichts gesagt,
weil er die Birne lieber ausgesessen hat. Merkwürdigerweise
hat kein Mensch behauptet, wir seien eine Birnenrepublik beziehungsweise eine Kohlrepublik (Weißkohl, Grünkohl, Rot-
kohl, nirgends ein Schwarzkohl) – es mußte diese auswärtige
Frucht her, die es doch bestimmt erst nach dem Krieg gegeben
hat. Daraus folgt doch zwingend, denkt er, einen in reißfestes
Plastik geknebelten Bananenfächer unauffällig durch Finger-
spitzendruck prüfend, daß die Entwicklungen in diesem unseren Staate neueren Datums sein müssen. War die ehemalige
Bundesrepublik eine Bananenrepublik gewesen, oder kam die
Krümmung erst durch die Übernahme der fünf neuen Länder?
Oder war das Kaiserreich möglicherweise auch schon eine Bananenrepublik? Kann eigentlich nicht sein, Reiche eignen sich
offenbar nicht, bananoide Züge anzunehmen. Obwohl er darauf wetten würde, daß Augstein höchstselbst Wilhelm Zwo
vom Bananisierungsvorwurf reinwaschen würde. Andererseits: Hitler war Vegetarier. Wo im Reich hätte aber die doit-
sche, die urdoitsche Banane gedeihen können? Höchstens auf
der Insel Mainau im Bodensee, das hätte nie zur Volksbanane
gereicht. Hitler? Bananen? Hirnnahrung? Gaubanane! Volksbanane! Eurasische Vollbanane! – Zum Glück gab es gleich ne-

benan, in der nächsten Schachtel, israelische Avocados, das rückte ihm die Sache wieder zurecht, das war gelebte Demokratie. Aber eben eine mit ein paar faulen Stellen, braunen Flecken. Nicht zu fassen, man müßte diesen Innen- und Außen- und Rundumminister, diese Abschiebefreaks und Globalisierungsaffen einmal einen Monat mit einem Sozialhilfesatz ausrüsten und zum Einkaufen schicken. Woher diese plötzliche, hochsommerliche Melancholie? Aus der Einsicht, daß die eingeschweißte Banane in einer zweiten Realität existierte, verborgen hinter einer Klarsichthülle, ihren Warencharakter, den wahren Charakter verbergend. Wußte doch jeder, wie so ein Bananenplastikbündel zustande kam. Er hatte es selbst gesehen, auf einem seiner welttouristischen Streifzüge, in einer mittelamerikanischen Bananenrepublik, im sogenannten Vorhof der USA, im Drogendurchgangsland, das sich nach außen mit den Bananenexporten arm, aber aufrecht gab. Ökotourismus in Regenwäldern. Faultiere in hohlen Baumstämmen, Kolibris, Kletteraffen und karibische Dünste aus Rasta, Shit und Rumdrinks. Kokosmilch. Und da waren sie gewesen, endlose Bananenplantagen, überdeckt mit blauen Plastikplanen, verwoben mit Netzen, um die Vögel abzuhalten. Der Hubschrauber sprüht die Staudenfelder mit Pestiziden ein, dann werden die Früchte grün, lang vor der Reife geerntet, Küstenmotorschiffe bringen sie zum nächsten Überseehafen, wo sie auf Kühlschiffe kommen und dann den Weg ins Endabnehmerland nehmen; in den stickigen Aldi-Markt. Da liegen sie dann in mannshohen Pappschachteln auf Europaletten. Schrumpfformen ihrer Vorfahren, die wirklich nach Banane schmecken, süß und schwer und sättigend. Ein sentimentaler Anfall inmitten eines Einkaufsgangs, der nichts mit »Dole«-Dampfern zu tun hatte, bis er auf diese Reminiszenz gestoßen war. Vielleicht waren ihm die dortigen Läden wieder erschienen, die so wenig mit den hiesigen Konsumtempeln zu tun hatten, gegen die sich selbst ein Aldi wie ein Schlaraffenland ausnahm. Dort gab es immer nur das Nötigste. Aber was war »das Nötigste« – Rasierschaum in Dosen (gab es bei Aldi nicht!), Rasierklingen, Kaugummis, Zigaretten, Mehl, Zucker, Waschmittel, Gebäck. Warum stoßen wir immer im Urlaub auf winzige Kramerläden, sagen wir, in einem Kaff auf dem Peloponnes, Kramerläden, die so gut wie leer sind, und die doch alles zu haben scheinen? Nicht jene Kabuffs, die auf dem Platz einer Einzimmerwohnung das Angebot eines durchschnittlichen Supermarkts haben, sondern diese winzigen Zimmer, vor deren Tür Postkarten gilben, ein paar Farbfilme bleichen und in deren Inneren Tomaten, Zwiebeln und eine Handvoll Flaschen Kopfwehweins so lagern, als seien sie niemals dafür vorgesehen gewesen, wirklich verkauft zu werden. Und dann und wann ein deutscher Segler, der den entscheidenden Stützkauf vornimmt: ungeahnte Mengen von Bier (in verschweißten Papp-Paletten), Gin und Tonic und Dosenfisch. Welch ein Unterschied zu den Gastarbeitern, die in seinem ehemaligen Stamm-Aldi in der Ganghofer Straße im Münchner Westend jeden Morgen in einer kleinen Schlange um 9 Uhr Einlaß begehrten, als gäbe es irgendwelche Preise zu gewinnen. Stapelweise, buchstäblich palettenweise, wurde da Pflanzenöl gebunkert, niemals das (vergleichweise teure) Olivenöl, immer das gelbe Plastikflaschenöl, so als müßte jedes Gericht in einem Bad aus kochendem Öl ersäuft werden. Wieso kein Ölivenöl, wo doch unsere Zeitungen voll von Nachrichten der gesunden mediterranen Ernährung sind? Herzinfarktrisiko runter, Knoblauch dazu, ungesättigte Fettsäuren, Leute sauft Olivenöl, eßt Fisch, trinkt Rotwein… ahh, denkt er, Aldi, Mamma Aldi, du könntest wie eine italienische Mutter zu mir sein oder wie ein griechischer Fischer oder ein türkischer Hotelier, du könntest mich bewirten mit den Kostbarkeiten des Mittelmeers, aber nix: kein Espresso (außer einem widerwärtigen Pappgetränk aus Tütchen, »Cappuccino« genannt, ein Hohn auf die historische Vorlage), kein *Greek coffee*, kein türkischer Mokka, nur dieser Albrecht-Kaffee. Eine Frau, sagt Benn, ist »Süden, Hirt und Meer«, davon ist keine Rede bei dir, mein Aldi. Du bist ein nüchterner Kotzbrocken, kein Eros, nur Thanatos. Eigentlich kann ich dich nicht ausstehen, du Aldi, aber ich brauche dich, weil du mir zeigst, daß ich ein windiger Lügner im Hause des Herrn und Vaters KONSUM bin. Ich könnte dich mit Lidl oder Penny betrügen, aber ich würde es nicht ertragen. Ich würde zurückkehren in deinen geklinkerten Schoß, in deinen Geburtskanal: Der schnelle Brüter, der Schnelldrehermutterkuchen, der Ursprung der Billigwelt.

Der Aufstieg eines Giganten

Die Geschichte der deutschen Nachkriegsjahre aus der Sicht der Wirtschaftskapitäne, der Aufstieg einer Republik aus den Ruinen in das Wirtschaftswunder hinein – diese Geschichte wird ohne die Brüder Albrecht geschrieben werden müssen. Kaum eine blasse Erinnerung wird es an sie als Person geben. Es ist ein merkwürdiger Umstand, der das Brüderpaar heute beinahe in einem geschichtslosen Raum zeigt: schemenhaft, eine Handvoll unscharfe Fotos existieren; beinahe verschwunden sind sie hinter ihrem Werk. Ist das angebrachte Vorsicht vor Erpressung, Entführung (das gewiß auch), oder absichtsvolle Nichteinmischung aus Bequemlichkeit? Natürlich sind sie irgendwann aus der Geschichte hervorgetreten, aber nur, um sogleich wieder in ihr zu verschwinden.

Sie waren einfache Kaufleute aus dem Ruhrgebiet, nicht besonders auffällig, nicht erkennbar prädestiniert für das Titanische. Die Keimzelle des Imperiums steht noch, in der Huestraße, im Essener Bergarbeitervorort Schonnebeck. Dort hatte Anna Albrecht, die Mutter der Brüder Karl und Theodor, einen kleinen Lebensmittelladen – Ironie der Geschichte: es handelte sich naturgemäß um jenen Typ Tante-Emma-Laden, dem ihre Söhne später so beherzt den Garaus machen sollten. Die Struktur des Einzelhandels sollte nie mehr so werden wie vor dem Krieg. Die beschaulichen Zeiten waren vorbei, und sie kehrten nicht wieder. Diesen Riecher müssen die Albrecht-

Brüder, gezeichnet von den Entbehrungen, gehabt haben. Nach dem verlorenen Krieg war die Gier nach Leben so enorm, daß es im alten Stil nicht weitergehen konnte. Wenn, dann groß. Und von allem bitte reichlich. So setzten die Brüder auf ein Grundnahrungsmittel als Lockmittel, das bis heute noch konkurrenzlos günstig in ihren Läden zu haben ist: Butter. Teilweise weit unter Selbstkostenpreis wurde das Päckchen angeboten. Das lockte die Kunden. Gespart haben die Albrechts an etwas anderem als am Preis. An der Kühlung. Anstatt teure Kühlgeräte anzuschaffen, ließen sie die Butter abends von ihren Angestellten in den Keller schaffen. Die schlechten Lagen ihrer Filialen machten sie durch Dumpingpreise locker wett; und so kam eine Filiale zur nächsten. Schon 1953 sind es 31. Das Tempo ist rasant, die Linie stimmt. Als aufstrebender Handelsherr hat Karl Albrecht 1953 auch einen seiner höchst raren Auftritte vor Branchenkollegen, was in etwa so häufig vorgekommen ist wie eine Papstreise nach Papua-Neuginea. Bei diesem Treffen redet Karl Albrecht. Von den Albrecht-Brüdern gibt es, aufs ganze lange Berufsleben gesehen, vermutlich weniger dokumentierte Zitate als von dem in Anonymität lebenden amerikanischen Großschriftsteller Thomas Pynchon. Pynchon hatte im Juni 1997 dem Nachrichtensender CNN ein »Interview« gegeben, in dem ganze zwei Sätze gesagt wurden. Einer davon lautet sinngemäß, es bedeute nicht, daß er, Pynchon, scheu sei, bloß weil er nicht mit Reportern reden wolle. Der Satz hätte von den Albrecht-Brüdern sein können.

Zurück zu jenem Satz, der aus dem Jahr 1953 überliefert ist. Damals sagt Karl über das Verkaufssystem, das er und sein Bruder entwickelt hatten: »Dabei handelt es sich nicht um ein normales Bedienen, sondern um Massenabfertigung.« Ein ganz und gar zeitgenössisches Konzept, in der Mitte eines Jahrhunderts, das alles nach Massen zu bemessen gelernt hat – Tierhaltung, Fortbewegung, Vernichtung.

Dieses simple, aber betriebswirtschaftlich hochrentable Rezept der Reduzierung fiel in den mageren Nachkriegsjahren auf einen fruchtbaren Boden. Für Schnickschnack war kein Geld da, aber die Menschen waren hungrig nach lange entbehrten Genüssen. Und so ging die Geschwindigkeit der Expansion in eine höhere Gangart. Bereits 1960 sind die Brüder bei 300 Filialen und einem Umsatz von rund 90 Millionen Mark angelangt. Dann folgt das Schicksalsjahr der Deutschen, 1961. Während alle Blicke nach Berlin, zum beginnenden Mauerbau, schauen, eröffnen die Albrechts in Dortmund den ersten Albrecht Discountladen, der ihre Ideen für ein minimalistisches Schachtelgeschäft umsetzt. Nach und nach werden die bestehenden Filialen umgerüstet. Jetzt steht das Konzept, und die Zeit der Experimente ist vorbei: In Ladengrößen von 300 bis 400 Quadratmetern wird ein kleines, überschaubares Sortiment von 450 bis 600 Artikeln angeboten. Diese sogenannten Schnelldreher, sich gut verkaufende Massenartikel des täglichen Bedarfs, werden ab Palette beziehungsweise aus dem Karton heraus verkauft. Selbstbedienung ist gar kein Ausdruck: Die Läden werden mit einem Minimum an Personal und Einrichtung betrieben. Frischwaren sind nicht im Angebot, neumodischer Schnokus wie Kühltheken oder Gefriertruhen fehlen. Dazu wieder ein Satz aus dem Munde des Firmengründers Karl Albrecht, dessen schlichte Eleganz den geborenen Rhetor erkennen läßt: »Dekorationen im Laden werden nicht ausgeführt.« – Natürlich nicht. Ein Aldi mit Dekorationen käme einem vor wie die Wüste Gobi mit einer Fata Morgana von der Bundesgartenschau. Das Konzept ist bald berühmt-berüchtigt. Berüchtigt bei der Konkurrenz, die mit den Niedrigpreisen nicht mithalten kann, berühmt bei den Kunden, die offenbar auch in den Jahren des Wirtschaftswunders gar nichts dagegen haben, sich mit günstigen Grundnahrungsmitteln zu versorgen.

Es ist nicht ohne historische Pikanterie, daß ausgerechnet

1961 zum Jahr der Discounteinführung wurde; das Jahr des Bruderzwists zwischen den beiden deutschen Staaten sieht auch noch eine Trennung im Hause Albrecht. Die Ursachen für das Zerwürfnis liegen im dunkeln; welcher Bruder dem anderen die Freundschaft gekündigt hat, darüber rätselte damals die Fachpresse. Ob nun Theo der weniger ehrgeizige oder Karl der beständigere, dafür später im Ausland engagiertere es gewesen ist – geschenkt. Es hat auf jeden Fall einen aparten Beigeschmack, wenn sich Welt- und Wirtschaftsgeschichte auf so schöne Weise kreuzen und die politische West-Ost-Teilung Deutschlands von einer wirtschaftlichen in Nord-Süd-Richtung begleitet wird. Unter Brüdern waren die Blutsbande dann aber doch zu stark, um den Erfolg im Großen durch Streiterei im Kleinen zu gefährden. Theo Albrecht gründete jedenfalls, nachdem er entschieden hatte, daß »die Einzelführung (…) der Kollegialführung vorzuziehen ist« in Herten die Albrecht KG, sein Bruder Karl tat das gleiche in Mülheim an der Ruhr. Die Grenzziehung erfolgte offenbar nach Kolonialherrenart. Da eine natürliche oder politische Grenze nicht zur Verfügung stand, wurde der Strich in Bochold an der niederländischen Grenze begonnen, und zwischen Essen und Mülheim durchgezogen, weiter durch das Ruhrgebiet, entlang der Sauerlandlinie bis ins hessische Zonengrenzgebiet hinein. Nach der Wiedervereinigung wurde die Linie weitergeführt bis an die polnische Grenze bei Görlitz. Zu dem Zeitpunkt war den Brüdern Deutschland aber längst zu klein geworden.

In dem Jahrzehnt des Vietnamkriegs, von Mondlandung und Studentenrevolte ging die Albrechtsche Zellteilung auf dem Inlandsmarkt ungebremst weiter. In der Dekade nach dem Mauerbau hat sich die Zahl der Filialen verdoppelt. Damit ist eingetreten, was die Legende noch einmal Karl zuschreibt, nämlich jenen Ausspruch, der quasi das Philosophem des Konzerns darstellt: »Unser Betrieb wird fast ausschließlich von niedrigen Verkaufspreisen dirigiert. Alle anderen Maßnahmen zur Belebung des Geschäftes stehen schon lange nicht mehr zur Debatte.«

Die Entwicklung der Discountidee hat Karl Albrecht recht gegeben. 1990, im Jahr der Vollstreckung der deutschen Einheit, sind es 2000 Filialen; und dank des Mauerfalls und der neuen Märkte in den neuen Bundesländern, deren Bewohner bedingungslos und ohne Wenn und Aber ja zu Aldi sagen, sind es im Jahr 1996 schon 2900 Filialen auf deutschem Boden (vom Ausland und den Dependancen wird gesondert die Rede sein). Noch wird das Netz enger und enger geknüpft, auch wenn Branchenbeobachter meinen, der Riese stoße langsam ans Ende des Wachstums. Beim derzeitigen Stand der Dinge versorgt eine Aldi-Filiale ein Planquadrat mit einer Seitenlänge von knapp elf Kilometern. So wenig Einzugsgebiet war nie. Andererseits, um ein wenig Statistik mit dem Faustkeil zu betreiben, versorgt eine Aldi-Filiale theoretisch 27 000 Bundesbürger – da ist noch Potential vorhanden.

Selbst ist die Familie

Sie sitzen wie die sprichwörtliche Spinne im Netz. In einem Netz, dessen Symmetrie, Schönheit und Perfektion sich nur dem Eingeweihten oder dem Kenner erschließt. Hier, wie nirgends sonst, gilt die bayerische Weisheit: Nix Gwiss woas ma ned. Außer, daß die Brüder bis heute alle entscheidenden Fäden des gewaltig angeschwollenen Handelsimperiums in den Händen halten. Es gibt mit Sicherheit kein Unternehmen dieser Größe in Deutschland, über dessen tatsächliche Gewinne – von Verlusten ist in unserem Falle eher seltener die Rede – so wenig bekannt ist wie im Falle Aldi. Neben dem Hang zur Sparsamkeit schlägt in diesem Punkt die zweite große Begabung der Albrechts, der Wille zur Verdunklung, am eindrucksvollsten durch. Wann immer sich Konkurrenz oder Presse um einen Vergleich mit Aldi bemühten, taucht bei Aldi ein hochgestelltes Sternchen nach der Zahl auf: »Geschätzt« heißt es dann in der betreffenden Fußnote. Diese Schätzungen, sagen Fachleute, seien ein ziemlich präzises Instrument – aber sie sagen es in dem Bewußtsein, auch ein wenig versagt zu haben. Da operiert mitten in Deutschland ein Konzern, der nach offizieller Lesart keiner ist, und alle scheinen sich damit arrangiert zu haben. Verschlußsache Aldi? *Die im Dunkeln sieht man nicht*, heißt ein Roman von Johannes Mario Simmel. Die bei Aldi kennt man nicht, könnte man anfügen.

Als sich die Wege der Brüder im Jahr des Bruderzwists gabelten, begann die Aufgliederung in regionale Gesellschaften. Die durften immer nur so groß werden, daß sie sich nicht zu einem Konzern (und damit zur Bilanzpflicht) zusammenrechnen ließen. Unterhalb der Grenze des Publizitätsgesetzes – dort läßt es sich gut operieren. Es scheint sich damals ein veritabler Wirtschaftskrimi abgespielt zu haben: je rascher das Wachstumstempo, desto schneller die Tarnmanöver. In den mittleren siebziger Jahren vollzog sich beides in dermaßen atemberaubendem Tempo, daß Banken und Lieferanten Hören und Sehen verging. Man wußte offenbar nicht mehr, wo sich das Schattenreich gerade ausdehnte. Die Registergerichte wurden scharenweise mit Auskunftswünschen überfallen. Heute hier, morgen dort, und die Albrechts waren immer fort.

Und während die Brüder eine Filiale nach der anderen eröffneten, arbeitete Theo Albrechts Ehefrau Cäcilie (Cilly) an der Unterfütterung mit Grund und Boden: Ihre Immobilienverwaltung ist eine Gigantin in punkto Landerwerb und Häuserkauf. Schon Mitte der achtziger Jahre munkelte *Capital* vom »Aufbau eines Immobilienimperiums zwischen Flensburg und Garmisch-Partenkirchen« und zitierte als Kronzeugen einen nicht namentlich genannten Makler mit dem Satz: »Die Albrechts sind als Bauherren und Hauskäufer eine Macht.« Der Mann wollte seinen Namen nicht in der Zeitung finden, weil er »im Geschäft bleiben« wolle. Kein Wunder, das lohnt sich; längst ist Aldi dazu übergegangen, die gewünschten Objekte zu kaufen beziehungsweise zu bauen. Die Emissäre der Cilly-Albrecht-Immobilienverwaltung sind keine schmusigen Geschäftspartner: Gemietet wird nur zu Bedingungen, die selbst diktiert werden können. So hat sich der Discounter nach dem Fall der Mauer erst einmal in zahlreichen Ostläden eingemietet, um dann, nach entsprechender Erfahrung mit dem Geschäftsgang, zu entscheiden, ob gekauft oder gekündigt werden soll. Die A+G Grundstücksvermietungs- und Verwaltungsgesellschaft mbH (mit Sitz in Herten) tritt mal als AG Grundstücksvermietung- und Verwaltungsgesellschaft mbH auf, mal als A+G GmbH Makler, die mit der Albrecht Immobilienverwaltung zu tun haben, wollen gerne, daß das so bleibt. Sie ziehen Diskretion vor.

In die siebziger Jahre fällt die Gründung der ersten Stiftungen. Das deutsche Stiftungsrecht ist einerseits altehrwürdig, zweitens aber sehr kompliziert. Es ist ein weitverbreiteter Irrglaube, Stiftungen würden von hochmögenden Reichen gegründet, die ihr Vermögen nach ihrem Tod für einen guten Zweck arbeiten lassen wollen. Die Gemeinnützigkeit ist viel seltener Gegenstand einer Stiftung; sehr häufig steht schlicht der Wunsch eines Familienunternehmens dahinter, sein Lebenswerk zu sichern beziehungsweise die Familie langfristig abzufedern. So sind weite Teile des Stiftungswesens zu einem -unwesen verkommen. Sie verschleiern mehr, als das Wort »stiften« zunächst vermuten ließe: Im ursprünglichen Wortsinn besitzt »stiften« von Anfang an eine religiöse und gemeinnützige Komponente. Stiften hat somit immer etwas mit Entäußerung zu tun – weggeben für einen karitativen Zweck. Die ursprüngliche Bedeutung ist Teilen der Hochfinanz offenbar verlustig gegangen. Wenn Stiftungen heute als Nebelwerfer für Vermögenstarnung gesellschaftlich noch immer respektabel sind, dann vermutlich deswegen, weil der Volksmund leichtgläubig dem Wortsinn anhängt. Dabei sind viele dieser Einrichtungen nur Schutz vor ungewollten Blicken – die Thuja-Hecken der Superreichen.

Im bayerischen Eichenau residiert die von Karl Albrecht ins Leben gerufene Siepmann-Stiftung. Deren Zweck ist laut amtlicher Bekanntmachung, »die gemeinsamen Interessen der Angehörigen der Familie Albrecht zu wahren und zu fördern«. Daß von Eichenau aus das finanzielle Wohlergehen eines der reichsten Männer Deutschlands überwacht wird, erfuhr der Bürgermeister der Gemeinde erst Jahre nach Gründung der Siepmann-Stiftung.

Die Maßnahme an sich ist nicht ungewöhnlich. Sie entspringt dem Bedürfnis, Familienunternehmen eine saubere Nachfolgeregelung zu verordnen, gerade wenn (wie im Falle Albrecht) die Nachkommen nicht bereit oder geeignet sind, in die Fußstapfen der Väter zu folgen.

Einer, der weniger Bauchgrimmen mit der Öffentlichkeit seines Tuns hat, ist der Schrauben-Multimillionär Reinhold Würth. Er ist mit seiner Firma vom Schraubengroßhandel zum Konzern gewachsen, dessen Geschäftsführung Würth auch für die Zeit nach seinem Abgang geordnet haben wollte. In einem komplizierten Verfahren, das abzuschließen acht Jahre dauerte, regelte Würth die Geschäfte so, daß der Konzern von fünf in Deutschland (und einer in der Schweiz) ansässigen Familienstiftungen kontrolliert wird. Ein Aufsichtsrat aus fünf Personen – in allen Stiftungen dieselben Leute – kontrolliert das Unternehmen: drei hat Würth testamentarisch bestimmt, zwei entsenden seine Nachkommen. Auf diese Weise hat Würth – so paradox es zunächst klingen mag – das florierende Familienunternehmen vor dem Zugriff der Familie geschützt. Es sei eine unerfreuliche Tatsache, klagte der Unternehmer in der *Frankfurter Allgemeinen Zeitung*, daß viele Firmen in der dritten oder vierten Generation veräußert werden müßten, indem ihnen über die Maßen Liquidität entzogen würde, weil einzelne Familienmitglieder »Kasse machen« wollten. Würths Stiftungsmodell sieht für Verwandte die Mitwirkung im Management durchaus vor, sofern »guter Wille, Einsatzfreude, gesunde Strebsamkeit und Lernbereitschaft« erkennbar seien. Ansonsten ist der Zugriff auf das Unternehmen für Familienmitglieder versperrt. Die Nachfahren müssen sich dennoch finanziell kein Kopfzerbrechen machen: Sie mußten zwar auf Erb- und Pflichtteil vorab verzichten, wurden aber großzügig durch die Familienstiftungen abgesichert.

Ein ähnliches Modell scheinen sich auch die Brüder Albrecht zurechtgeschneidert zu haben. Die *Wirtschaftwoche* zitierte 1992 einen Vertrauten Theo Albrechts mit der Aussage, per Stiftung solle verhindert werden, »daß die Junioren das eindrucksvolle Denkmal verscherbeln«. Kein Zufall: Der Vorstand der Siepmann-Stiftung heißt auf Lebenszeit Theo Albrecht.

Fachleute sind sich einig, daß mit diesen Stiftungen prima Geldtransfers verschleiert und Steuern gespart werden können. Die Siepmann-Stiftung beispielsweise ist mit rund 150 Millionen Mark der größte Kommanditist der Mülheimer Aldi Grundstücksgesellschaft mbH & Co. KG; Karls Frau Maria besitzt eine eigene Stiftung: Die Maria-Albrecht-Stiftung ist mit 28 Prozent an der Buckenmaier GmbH Mülheim beteiligt, die wiederum als persönlich haftende Gesellschafterin der Mülheimer Aldi GmbH & Co. KG fungiert; und so immer weiter.

Über Stiftungen, die ihren Namen im Sinne des Gemeinwohls auch verdienen, wird noch zu reden sein; vorläufig läßt sich nur sagen, daß von den Stiftungen der Familie Albrecht nicht bekannt ist, ob sie sich in irgendeiner Weise gesellschaftlich verdient machen. Immerhin gibt sich die im schleswig-holsteinischen Nortorf ansässige Markus-Stiftung von Theo Albrecht einen Tick populistischer als die des Süd-Bruders: Sie spendierte der Gemeinde in den späten siebzigern in der Vorweihnachtszeit jährlich einen Scheck in Höhe von 2000 bis 3000 Mark – für sozial schwache Bürger. Das ist tiefempfundene Nächstenliebe.

Für die Struktur des Firmenimperiums haben die Stiftungen eine zentrale Bedeutung: Sie halten die Mehrheiten an den verzweigten Regionalgesellschaften. Die Stiftungen gehören den Brüdern. Der Rest des Unternehmenspuzzles ist so kompliziert, daß selbst ein Branchenblatt wie die *Wirtschaftswoche*, das an sich mit viel Insiderwissen und Akribie zu Werke geht, ab und an nicht mehr ganz durchblickt. Da tauchen etwa in Nebensätzen der Branchenpresse ominöse Firmen wie die Fenten GmbH und die Mahlberg GmbH auf, deren einziges Ziel die Verwaltung des eigenen Vermögens sei. Da gibt es neue Seitenäste durch die Gründungen weiterer Gesellschaften unter der Ägide der Söhne Theo jun. und Bertold. So ist das Imperium in den achtziger Jahren noch verzweigter geworden. Und die Brüder und ihre Sippen konnten in diesem Gewirr aus Ästen so frei schalten und walten wie Calvinos Baron auf den Bäumen, der auch eines Tages beschloß, nicht mehr auf den Boden zurückzukehren.

Feststellen läßt sich zumindest, daß sich die Konzernstrukturen – Süd- wie Nordgruppe – wie ein Ei dem anderen gleichen. Das hat – wie auch anders? – selbstverständlich finanzielle Gründe. Der Essener Notar Ronkel darf beider Brüder Geschäftätigkeit beurkunden. Das senkt Kosten und schafft doch Verbindlichkeiten. Zum Dank durfte Ronkel bei der Aldi GmbH & Co. KG in Würselen neben Karl Albrecht eine Million Mark des Kommanditkapitals zeichnen. Und der Nord-Bruder verlieh dem tüchtigen Notar Sitz und Stimme in der Theo-Albrecht-Stiftung.

44

Selbst ist die Familie. Was du selber kannst besorgen, muß eine Fremdfirma nicht machen. So bleibt das Geld im Haus, wo es schließlich hingehört. Man denke an die Tausenden von Aldi-Lastern, die täglich zigtausend Tonnen Waren zu den Filialen karren. Warum denn an Speditionen geben, wenn es bei aus Übersee ankommenden Lieferungen auch die hauseigene Mickekeit & Co. KG in Hamburg so zuverlässig erledigen kann. Die Firma, an der maßgeblich die Theo-Söhne beteiligt sein sollen, hat zwar keinen Eintrag bei der Telefonauskunft, aber das verbindet sie höchstens mit vielen Aldi-Filialen. Mickekeit wickelt als Seehafenspediteur den Import ab, erledigt die Zollformalitäten und bringt die Ware aufs richtige Gleis. Theo Albrecht ist nebenbei auch ein Hühnerbaron. Daß nirgends sonst die Eier so billig sind wie bei Aldi, hängt auch damit zusammen, daß der Nordherrscher 120 000 Hühner sein eigen nennt – als einziger Gesellschafter der Geflügel-Hof Herten GmbH.

Und dann gibt es da ja noch die Nummer mit den hauseigenen Versicherungspolicen, die die Herren Albrecht ihren Mitarbeitern gleich im Paket anbieten. Die Alva-Verwaltung GmbH & Co. KG (Sitz Herten, zufällig unter derselben Adresse wie Aldi) makelt Versicherungsangebote »namhafter Versicherer«, wie die *Wirtschaftswoche* schreibt, »wie dem Haftpflichtverband der Deutschen Industrie, der Iduna/Nova, Gothaer, Nürnberger und der Bayerischen Beamtenversicherung AG.« Auf diese Weise erhalten Mitarbeiter von Aldi-Nord gleichsam aus der Zentrale in Essen das Angebot, sich rundum, von der Haftpflicht bis zur Lebensversicherung, via Arbeitgeber zu versichern – der dann gleich die Provisionen kassiert.

So clever die Errichtung des Firmenimperiums im einzelnen auch gelaufen sein mag, gibt es doch eine merkwürdige Koinzidenz, was die Patzer bei diesem Unternehmen angeht. Beinahe könnte man sagen: Wenn die Albrecht-Brüder einen Fehler machen, dann gemeinsam. In den späten siebziger Jahren verfügte der Bundesgerichtshof auf Antrag des Oberlandesgerichtes Hamm, die Umbennung der Albrecht Einkauf OHG in Aldi Einkauf GmbH & Co. KG – Hintergrund war der Rückzug der Brüder (als natürliche Personen) aus ihren offenen Handelsgesellschaften als uneingeschränkt haftende Gesellschafter (was immer auch das Privatvermögen meint). Statt dessen hatten die Albrechts eine Gesellschaft mit beschränkter Haftung als Gesellschafter installiert – eine Maßnahme, die nach BHG-Urteil gefälligst im Titel aufzuscheinen habe. Geschadet hat das Urteil den Brüdern nicht. Durch die gesellschaftsrechtliche Aufsplitterung und regionale Struktur gilt Aldi, wie bereits angedeutet, nicht als Konzern und muß deshalb keine Konzernbilanz veröffentlichen (von der Wahl eines Konzernbetriebsrates ganz zu schweigen, aber das ist eine andere Geschichte). Im Bedarfsfall wird eine neue Regionalgesellschaft gegründet. Anno 1984 ließ sich dazu ausnahmsweise Theo Albrecht vernehmen. In der Zeitschrift *Capital* gab er zum besten: »Die Unternehmen der Aldi-Gruppen sind nicht zur Publizität verpflichtet.« Deutsches Recht für alle. Bruder Karl läßt »aus grundsätzlichen Erwägungen« dazu gar nichts an die Öffentlichkeit, so wie sein Handeln grundsätzlich von grundsätzlichen Erwägungen bestimmt zu sein scheint.

Die Gewerkschaft Handel, Banken und Versicherungen hat, trotz verzweigter Verbindungen in der Aldi-Kette, nicht den letzten Durchblick durch den Firmendschungel gefunden. Geht man davon aus, daß Nord- und Südreich identisch aufgebaut sind, mag Theo hier als Modell dienen: Er ist Mehrheitseigner der Komplementär-GmbHs, die zur Geschäftsführung befugt sind, will sagen: Er kann direkt in die Regionalgesellschaften hineinregieren und Geschäftsführer seines Vertrauens bestimmen. Im Norden gibt es derzeit 25 (Stand 1996) Aldi GmbH & Co. KGs, bei denen zu jeweils 60 Prozent die Markus-Stiftung Kommanditist ist – den Rest halten Theo und Familienangehörige.

Wie heißt es so schön in Artikel 14, Absatz (2) des Grundgesetzes: »Eigentum verpflichtet. Sein Gebrauch soll zugleich dem Wohle der Allgemeinheit dienen.« Ist das Eigentum erst einmal auf eine Familienstiftung übergegangen, kann das Grundgesetz bleiben, wo der Pfeffer wächst. Denn die Stiftung dient dann – siehe oben – dem Wohle der Mitglieder einer oder mehrerer Familien. Wie gesagt, mit dem landläufig verbreiteten Stiftungsgedanken verträgt sich das nicht. Aber auch das könnte sich wieder ändern, denn auch der Inhalt, mit dem das Wort »Stiftung« gefüllt wird, hat seit der Antike mehrere Neudefinitionen erlebt: Maecenas, Stammvater aller Stifter, stammte selbst aus uraltem etruskischen Adel. Er war reich, nach heutigem Maßstab ein Millionenerbe; als Politiker war er nicht weniger unbrauchbar denn als Literat. Diese Beschränkung zur Kenntnis genommen und daraus die richtigen Schlüsse gezogen zu haben, ist noch heute als seine Primärtugend zu loben. Denn Maecenas verlangte für seine Unterstützung anderer Künstler keine Gegenleistung – mit Ausnahme der einen: Er war anfällig für das Lob des Kaisers Augustus. Wer ihm das verschaffen konnte, konnte sich seiner Unterstützung sicher sein.

Durch das Christentum bekam das nach dieser antiken Vaterfigur benannte Mäzenatentum eine neue Dimension. Das Gebot der Nächstenliebe forderte von den Stiftern gute Taten – vor allem für die Minderbemittelten, die Kranken und Waisen. Dem Seelenheil konnte solche Mildtätigkeit nur zuträglich sein. Ein Handel mit Gott, für den der Florentiner Bankier Cosimo de Medici sogar ein »conto per Dio« anlegte: mit Einzahlungen für mildtätige Zwecke. Aber schon mit Beginn der Neuzeit verlagerte sich der Aspekt noch mehr auf Hilfe zur Selbsthilfe: Eine soziale Einrichtung, wie sie etwa ein Jakob Fugger in Augsburg organisierte, ist bis heute beispielhaft. Fugger entwickelte den Prototypen des sozialen Wohnungsbaus (die nach ihm benannte »Fuggerei«). Ein Handelsherr mit

47

Weitblick, der begriffen hatte, daß man seinen Leuten auch geben muß, um sie richtig arbeiten zu lassen.

Nicht ohne Interesse ist in diesem Zusammenhang die Tatsache, daß in den Herzländern des katholischen Glaubens allgemein das Stiftungswesen schwächer ausgeprägt war: Die Hauptlast der *caritas* trug die Kirche selbst. Ob die gläubigen Katholiken Karl und Theo Albrecht dereinst in den Schoß der Kirche entsprechend nackt oder mit einem erheblichen Spendensäckel angetan zurückkehren, das wäre eine Marienerscheinung wert.

Nach dem Zeitalter der Aufklärung verschiebt sich das Motiv der Spender mehr ins Weltliche hinein, auf den Fortschrittsgedanken, auf das Vorankommen der Menschheit insgesamt. Bürgersinn zeichnet vor allem die großen amerikanischen Mäzene wie Rockefeller, Getty oder Ford aus, die sehr wohl nach der Maxime »Tue Gutes und rede darüber« agierten. Neuester und bislang unbestritten höchster Höhepunkt dieser Reihe öffentlicher Gutmenschen ist der amerikanische Medienunternehmer und CNN-Gründer Ted Turner. Der hatte seinen erfolgreichen Nachrichtenkanal an den weltgrößten Medienkonzern Time Warner verkauft – und dafür elf Prozent der Aktien des Branchenriesen (plus einen Sitz als Vizepräsident) erhalten –, was zum Zeitpunkt der Übernahme einer Summe von 2,2 Milliarden Dollar entsprach. Die Aktie brummte dermaßen, daß Turner innerhalb von nur neun Monaten eine Milliarde Dollar (rund 1,8 Milliarden Mark) dazuverdiente. Diese Summe gibt er nun zehn Jahre lang in jährlichen Happen von 100 Millionen Dollar an die Vereinten Nationen, damit sie Impfkampagnen, Flüchtlingshilfe oder ökologische Rettungsmaßnahmen durchführen können. Wie es der Amtsschimmel so will, der auch am East River wiehert, haben die Vereinten Nationen alle Mühe, die Spende in ihren Haushalt zu überführen. Ein Buchungsproblem.

Turner, der auch schon vor dieser Aktion ein großzügiger

Spender vor allem für Umweltorganisationen gewesen war, begründete seinen Schritt lapidar so: »Ich gebe (...) nur den Verdienst von neun Monaten her. Keine große Sache. Ich bin nicht ärmer als vor neun Monaten, und der Welt geht es viel besser.« Ihm selbst, also seinem stark ausgeprägten Ego, dürfte es auch bessergehen: Er hat mit seiner größten jemals geleisteten Einzelspende alle möglichen Konkurrenten in Sachen Wohltätigkeit weit hinter sich gelassen. Der Börsenspekulant George Soros mit seiner vergleichsweise geringfügigen 350-Millionen-Dollar-Spende für Osteuropa sieht neben Turner wie ein Waisenknabe aus. Er investiert in Ausbildung und unterstützt vornehmlich den Aufbau von Universitäten und anderen Bildungsstätten. Daß Turners Spende beinahe die Dimension des Schuldenbergs erreichte, mit welchem die USA anno 1997 bei den Vereinten Nationen in der Kreide stand, gab der Aktion nebenbei eine sehr politische Dimension. God bless America.

Mit zunehmender Durchdringung des Gemeinwesens durch staatliche Macht wuchs dem Stiftungswesen ein regulativer Charakter zu. Überall dort, wo der Staat versagt, schaffen Stiftungen – von denen es derzeit rund 10 000 in Deutschland gibt – Abhilfe. Andererseits hat sich der Grundgedanke bei manchem offensichtlich pervertiert. Der Poltergeist von Feldafing, Lothar-Günther Buchheim, forderte für seine Expressionistensammlung vom Freistaat Bayern wie selbstverständich die Errichtung eines Museums plus die Übernahme der laufenden Kosten für Betrieb und Unterhalt. Daß das gesamte Museum nach ihm benannt würde, hat er naturgemäß als Selbstverständlichkeit angesehen. So verschwindet das Stiftungswesen hinter einer Konstruktion, die man auf gut neudeutsch »Private-Public-Partnership« nennt.

Ein Blick auf zwei große Mäzene, die mit den potentiellen Stiftern Karl und Theo Albrecht die Zeitgenossenschaft gemein haben, kann die Unterschiede verdeutlichen. Der Wahlhanseat Kurt A. Körber hat sein Vermögen im Maschinenbau verdient. Als er 1992 starb, hatte er über 200 Millionen Mark für Kultur, Wissenschaft und Völkerverständigung gestiftet. Der in Hamburg weltberühmte Bergedorfer Gesprächskreis führt Wissenschaftler aus allen Ecken der Welt zum Dialog zusammen: Körber spendierte die Renovierung der Deichtorhallen, einem zentralen Kunstbau der nicht gerade überreich mit zeitgenössischer Kunst gesegneten Freien und Hansestadt. Was Körber aber, zunächst über das »rein Menschliche« hinaus, hier so interessant macht, ist die Tatsache, daß er – obgleich Jahrgang 1909, mithin fast eine Generation älter als die Albrecht-Brüder – erst nach dem Zweiten Weltkrieg darangehen konnte, sein Imperium zu errichten. Er fing buchstäblich nur mit einer Aktentasche voller Pläne an. Und er kam aus einfachen Verhältnissen. Joachim Fest hat in dem von ihm herausgegebenen Sammelband über *Die großen Stifter* darauf hingewiesen, »daß fast alle bedeutenden Stifter aus kleinen Verhältnissen kamen«. Gerade diese Herkunft sei es laut Fest gewesen, die einerseits zu »robuster Bedenkenlosigkeit« in der Umsetzung ihrer Ideen geführt habe; andererseits habe die Abstammung aus einfachen Verhältnissen offenbar ursächlich mit der »oftmals asketischen Lebensführung zu tun, an der viele selbst auf dem Gipfel ihrer Macht und ihres Reichtums festhielten.«

Körber verbindet mit den Albrechts noch eine ganz handfeste Vorliebe: Er wollte um jeden Preis unabhängig vom Geld der Banken sein. So wie sich Aldi stets geweigert hat, durch Ankäufe zu wachsen, so hat Körber Fremdfinanzierungen mit den Worten abgelehnt: »Der Anreiz, mit eigenen Ersparnissen unabhängig zu bleiben, das heißt einerseits, riskanter zu leben, aber andererseits die Chance zu haben, mehr zu verdienen, bewirkt die Suche nach Marktlücken, stimuliert die Erfindungsgabe und löst zusätzliche Produktionsimpulse aus.« Das hätte, theoretisch, von einem der Albrecht-Brüder stammen können, wenn die nicht »aus grundsätzlichen Erwägungen« es stets vorgezogen hätten, zu schweigen.

Bei näherer Betrachtung gibt es zwischen den Brüdern Albrecht, Kurt A. Körber und einer weiteren großen Stifterfigur der bundesdeutschen Nachkriegsgeschichte, Reinhard Mohn, ganz erstaunliche Parallelen. Mohn gründete 1977 die Bertelsmann-Stiftung. Auch er kam aus der Kriegsgefangenenschaft zurück, auch er begegnete 1947 Trümmern und Hoffnungslosigkeit. Fünfzig Jahre später hatte dank Mohns tatkräftigem Einsatz das »Haus Bertelsmann« (interne Bezeichnung) den Sprung zum drittgrößten Medienkonzern der Welt geschafft, Konzernumsatz 24 Milliarden Mark. Mit den Albrechts verbindet ihn zunächst wieder die Ausgangslage in der Nachkriegszeit – und die wohl aus dieser Zeit gerettete Erdung für die Anliegen der sogenannten einfachen Leute: Mohn sitzt heute noch lieber in der Kantine bei den Fahrern und Pförtnern, aus dem einfachen Grund, weil er dort sehr viel mehr über die Stimmung und Verfassung seiner Leute erfährt, als von den Managern, die in der hauseigenen Retorte herangezüchtet werden.

Aber Mohn hat gleichzeitig mit seiner glühenden Leidenschaft, stets noch besser zu werden, eine Denkmaschine angeworfen, die Resultate zeitigte. Die Bertelsmann-Stiftung zählt heute zu den wichtigsten Institutionen ihrer Art weltweit. Sie arbeitet (mit erheblichen Finanzmitteln ausgestattet) vordenkerisch für bessere Arbeitsorganisation, Mitbestimmung, Effizienz, die nicht auf Kosten des *human factors* geht. Mohn fühlt sich dem bereits erwähnten Artikel 14 des Grundgesetzes auf eine Weise verpflichtet, die von den Albrecht-Brüdern ganz offensichtlich ignoriert wird.

Stifter haben entweder den Hang, durch ihre Taten der Nachwelt erhalten zu bleiben, oder sie ziehen die Anonymität vor. Der fundamentale Unterschied zwischen den Gebrüdern

Albrecht und Reinhard Mohn: Der wählte für seine Stiftung den Traditionsfirmennamen, ohne sich und seine Rolle dahinter zu verstecken; Karl Albrecht wählte das Pseudonym Siepmann, während sich Theo hinter einem Evangelisten verbirgt. Der Prozeß, der zu dieser Entscheidungsfindung führt, ist bisweilen der gleiche. Noch einmal Joachim Fest: »Mitunter scheint es, als sei die Scheu vor der Öffentlichkeit, nachdem die eigene Person so ausdauernd hinter Firmennamen, Schachtelkonstruktionen, stillen Teilhaberschaften und Aktienpaketen verborgen worden war, geradezu habituell geworden.« Wo also ist die eigene Person geblieben? Verborgen hinter Schachtelbergen? Eingeschweißt in die Folie der Nichtzeitgenossenschaft? Stiften gegangen?

Gegessen wird immer, auch in Amerika

Aldi hat, was Verbraucher lieben. Keine europäische Verbraucherkultur hat sich nach Einschätzung des britischen Branchenkenners Mike Dawson, dem Discount made in Germany verschließen können. »Europas Verbraucher verstehen die universelle Botschaft von Discount auf Anhieb.« Man muß jetzt nicht allzuweit in die deutsche Geistes- und Ungeistes-Geschichte hinabsteigen, um dieser einen Hang zur universellen Botschaft konstatieren zu können. Und wer die Botschaft nicht auf Anhieb versteht, dem kann nachgeholfen werden.

Aldi ist auf einer anderen, weniger tiefschürfenden Ebene – wie die Fernsehserie Derrick – *der* deutsche Verkaufsschlager im Ausland. Nur hat im Inland von dieser Tatsache kaum jemand Notiz genommen. Der angestaubte, stets der finalen Beförderung entgehende Oberinspektor (»Fahr schon mal vor, Harry.« – »Ist gut, Stefan.«) gäbe ein prima Maskottchen ab für die wöchentliche Werbeblattaktion. Oberinspektor Derrick empfiehlt diese Woche: »Nudelgericht Grünwald, mit Bleikern, für zwei Personen, 1,49.« Nicht mit amerikanischem Glamour hat sich das Unternehmen nach oben gearbeitet, sondern mit bodenständiger Zielstrebigkeit, mit einem gewissen Muff und einem in letzter Konsequenz spießigen Habitus. Alles Sekundärtugenden, die auch zu Derrick passen; ja, die zu Deutschland schlechthin zu passen scheinen. Wie sonst erklärte sich der phänomenale Erfolg des TV-Kommissars in Japan, in Italien, in Lateinamerika? Und natürlich haben beide, Derrick wie Aldi, jenes Quentchen Glück, das sie stets auf die Gewinnerstraße setzt. Und Erfolg macht bekanntermaßen sexy.

Am deutschen Discountwesen wird dereinst die Welt genesen. Wenn da nicht die Konkurrenz wäre, auf die Aldi doch immer wieder mal stößt. In gewisser Weise begann der Discounter sich im kleinen Deutschland selbst auf die Füße zu treten. Anfang der achtziger Jahre war eine magische Grenze erreicht: Trotz ständiger Sortimentserweiterung und Gewinnmaximierung ließ das inländische Wachstumstempo nach. Ein unumstößlicher Grundsatz der Firmenphilosophie besteht in der Maxime: »Aldi – allein gegen den Rest der Welt.« Oder, um es mit Theo Albrecht zu sagen: »Es ist immer die Politik der Aldi-Gruppe gewesen, von innen zu wachsen.« Das schließt für den bundesdeutschen Markt den Zukauf von Konkurrenten aus. Wer weiß, ob dem Bundeskartellamt ein solcher Lebensmittelriese gefallen würde. Für das Ausland freilich erließen die Brüder andere Gesetze. Sie taten es, um mit Sinatra zu sprechen, auf ihre Weise. Irgendwohin mußte das viele Geld. Schließlich konnten die Pfennigfuchser im Jahr 1984 bereits auf einen (natürlich: geschätzten) Gewinn von 400 Millionen Mark blicken.

Sie blieben sich treu und begannen Europa unter sich aufzuteilen. Als erstes fiel Österreich – welch pikante Parallele – an den großen Bruder aus dem Norden. Dann war Dänemark dran, das sich Theo einverleibte.

Karl hatte aber wesentlich mehr Freude mit dem austriakischen Bruder. Anfang der achtziger kaufte er die junge Discountkette von Peter Hofer. Mit den im Piefke-Reich erprobten Methoden schmiedete er die Kette auf Erfolgskurs um. Dazu gehört auch, daß Karl Albrecht in ungewohnter Dezenz auf die Umbenennung verzichtete. Heute ist »der Hofer« (der bizarrerweise mit dem Aldi-Süd-Logo auftritt) mit über 190 Filialen das viertgrößte Unternehmen in der von deutschen Übernahmen nicht gerade verschonten Alpenrepublik.

Die Dänen, die sich bei der europäischen Vereinigung so unelegant quergelegt haben, ließen auch Theo Albrecht gegenüber die Muskeln spielen. Dänische Zeitungen schockierten Anfang 1984 ihre Landsleute mit Schlagzeilen wie »Das ist der Deutsche, der euch beherrscht«. Der Anlaß war eine Untersuchung des Kopenhagener Monopolaufsichtsamtes, das festgestellt hatte, der deutsche Lebensmittelgigant habe nach fünf Jahren Dänemark-Präsenz bereits einen Marktanteil von fünf Prozent (und einen Umsatz von 200 Millionen Mark). Theo reagierte gelassen – und preiswert. Er ließ auf die Fenster der dänischen Aldi-Filialen – von Schaufenstern zu sprechen, wäre übertrieben – Plakate folgenden Inhalts kleben: »Aldi versteht sich in Dänemark als dänisches Unternehmen.« Punkt. Und wem das nicht reichte, sah sich auf eine Erklärung Theo Albrechts verwiesen, der den Dänen bedeutete, ihre immensen Exporterfolge Richtung Deutschland hingen nicht zuletzt ursächlich mit Aldis segensreichem Wirken dortselbst zusammen.

Man muß vielleicht in diesem Zusammenhang an Image-Reparatur-Kampagnen der jüngeren Vergangenheit denken, um ermessen zu können, mit welch unterkühlter Nonchalance (oder nennen wir es Abgebrühtheit) der Discountkönig solche Invektiven an sich abtropfen ließ. Was hat der Öl-Multi Shell nicht alles unternommen, um sein durch die Ausbeutung des nigerianischen Ogoni-Landes arg ramponiertes Image wieder aufzupolieren? In wie schlechtem Licht stand der Konzern da, als der regimekritische Dichter Ken Saro-Wiwa von eben jenen Zeloten hingerichtet wurde, mit denen Shell seit Jahrzehnten gute Geschäfte gemacht hatte? Da wurden deutsche Journalisten flugs hinein ins dunkle Herz Afrikas geflogen. Man setzte ihnen ein paar Potemkinsche Dörfer und einen Haufen wohlmeinender Einheimischer vor Laptops und Kameras. Die Berichte waren entsprechend. Dazu ganzseitige Anzeigen in sämtlichen großen deutschen Blättern, Reinwasch-Interviews mit dem Vorstandsvorsitzenden – genau wie im Falle Greenpeace versus Shell. Und obwohl die Greenpeace-Truppe im Kampf um Brent Spar die Gefahr, die von der schwimmenden Ölplattform ausging, deutlich übertrieben hatte, erlitt der Ölkonzern einen erheblichen Image- und Umsatzeinbruch. Bei Aldi erscheint eine solche mediale Bußaktion ganz ausgeschlossen. Red nicht, kauf, das ist die Botschaft; und wer sich beschwert, ist selber schuld.

Der amerikanische Bundesstaat Iowa zählt nicht gerade zu den touristisch attraktivsten Ecken des Kontinents. Daß sich Karl Albrecht ausgerechnet in den »Hawkeye State« – den Staat, der als Symbol das scharfsichtige Adlerauge führt – als Testgelände ausgesucht hat, zeugt von Weitsicht: 1979 machte sich der deutsche Discountkönig auf, von Iowa aus die neue Welt zu erobern. Er kaufte, ungewöhnlich genug, Anteile einer kleinen Lebensmittelkette namens Benner Tea of Iowa. Die Klitsche hatte lächerliche 25 Filialen und lief nicht so prächtig. König Karl betrieb die Umbenennung zu Aldi Benner, verfünffachte innerhalb von fünf Jahren die Zahl der Filialen und jubelte den Umsatz auf 200 Millionen Mark hoch. Hier wurde erstmals der Weg der Aldisierung durch Beteiligung beschritten. Und während die offiziell Reaganomics genannte Wachstumslüge in die goldenen achtziger führte, etablierte sich am

Bodensatz der Gesellschaft jener Ladentyp, der so gar nicht zu Amerika zu passen schien.

Denn gerade dort wurde Albrechts Discountidee anfangs eher mitleidig belächelt. Die Konkurrenz versuchte, das teutonische Schachtelgeschäft zu ignorieren. Im Land der opulenten Shopping-Malls, des freundlichen Einpackservice, in der Heimat der Dienstleistung, sollte dieser ärmliche Selbstbedienungsladen Kunden anziehen? Amerikaner sind an das »One-Stop-Shopping« gewöhnt, an einen Supermarkt, in dem sie alles kaufen können. In den uncharmanten Schachtelhöhlen von Aldi gab es weder die gewohnte Muzak-Berieselung noch Scanner an den Kassen, noch hilfsbereite Einpackhilfen. All dieses tat die Aldi-US-Pressestelle als »überflüssigen Firlefanz« ab. Immerhin: eine Pressestelle! Trotzdem war die Berichterstattung in den ersten Jahren mau. Erschwerend kam hinzu, daß ein Aldi-Zentrallager in der Nähe von Chicago Ende der achtziger Jahre für unliebsame PR sorgte: Die Food and Drug Administration beschlagnahmte von Ratten verseuchte Lebensmittel (im Wert von einer Million Dollar) und brachte die Aldi-Läden wegen mangelnder Hygiene ins Gerede. Da die Amerikaner in Sachen Hygiene annähernd so stark zur Hysterie neigen wie die Japaner, schlug die Stimmung schnell gegen die Aldi-Läden um, in denen – wie die Lokalpresse berichtete – kaum je ein Mitarbeiter mit Putzeimer und Lappen gesichtet werde. Aldi saß die negative Stimmung aus und etablierte sich im Gegenzug in Chicago als attraktiver Billigladen. So verläuft das Amerikaengagement eher auf leisen Sohlen. Der Aldisierungs-Druck wächst langsam, aber beständig. In Pennsylvania existiert bereits ein riesiges Zentrallager (eins von neun; Stand 1992), das gut und gerne 30 Ostküsten-Filialen versorgen könnte. Natürlich ist die Gesamtzahl der US-Filialen nicht bekanntgegeben worden. Das Imperium schiebt seine Grenze wie auf einem stetigen Treck nach Osten voran; in umgekehrter Richtung wie die Pioniere des 19. Jahrhunderts das taten. Die *new frontiers* liegen in den europäisch geprägten Ballungsräumen der Ostküste.

Sepp Herbergers unterbelichtetes Philosophem »Der Ball ist rund« ist den schlichten Wahrheiten des Karl Albrecht auffällig nah. Der sagte zu seinem US-Engagement nur den einen, den einzigen überlieferten Satz: »Gegessen wird immer, auch in Amerika.« Dagegen ist schwer anzugehen. Wo er recht hat, hat er recht. Und also zog er mit seinen Aldi-Benner-Filialen in die scheußlichen Vorstädte, in die Suburbs des unteren Drittels der Gesellschaft. Die Siegertypen dort waren offensichtlich froh über die billige Aldi-Konserven, je tiefer sie im Schlagschatten des *American dream* lebten. Daß eine reiche Nachbarschaft bei Aldi unbedingt erwünscht ist, zeigt sich etwa am Beispiels Polens. Dorthin wird Aldi nach momentanem Stand der Wirtschaftslage nicht expandieren – es fehlt die wohlhabende Gegenkultur.

Amerika ist zu groß, um es allein Karl zu überlassen, denkt Theo – und macht den Schritt über den sogenannten großen Teich, und sei's auch nur, um dort überschüssiges Geld unterzubringen. Der Nordbruder kauft sich im Staate Idaho ein. Nicht er, sondern die Markus-Stiftung aus Nortorf, naturgemäß. Elf Prozent beträgt deren Beteiligung an der Supermarktkette Albertsons Inc. Das ist im Vergleich zu Benner ein ziemlich großer Brocken, denn Albertsons ist in 18 Bundesstaaten vertreten, 400 Filialen erwirtschaften einen Umsatz von vier Milliarden Mark – die sechstgrößte amerikanische Supermarktkette. In diesem für die Aldi-Brüder goldenen und aufregenden Jahr 1984 besucht Theo auch die Hauptversammlung von Albertsons Inc. – und wird prompt vom Albertsons-Topmanager Robert D. Bolinder für »Klugheit und Geschäftssinn« gelobt.

Wer sagt denn, daß es immer nur Dosenware sein darf? Aldi

kann auch anders – und scheint gerade auf den Auslands-
märkten überraschend flexibel zu sein. Da wird das Konzept
schon mal den lokalen Gegebenheiten angepaßt, während daheim sich eher der Kunde verbiegen muß. Sogar Abstecher in
die Welt der Delikatessen haben im Aldi-Reich ihren Platz. Das
beweist das Albrechtsche Engagement in einer Kette, die so
ganz anders als das Stammhaus ist: Trader Joe's. Dieses Ge-
schenk von Theo an seine Söhne hat sich zu einer Kultbude
entwickelt. Es liefert Delikatessen, Bio-Gourmet-Ware – worunter in Amerika auch biologisch einwandfreie Nahrung gemeint ist – zu Discountpreisen, ab Palette. Zunächst nur an der
Westküste situiert (83 Filialen mit rund einer dreiviertel Milliarde Dollar Umsatz), ist Trader Joe's gerade auf dem Sprung,
die Ostküste zu erobern. Die Kette verknüpft den germani-
schen Discountgedanken mit der amerikanischen Vorliebe für
the real stuff: Im Angebot ungefähr auf ein Zehntel des üblichen Supermarktsortiments (20 000 Artikel) reduziert, hat
sich Trader Joe's eine geradezu fanatische Kundschaft herangezüchtet, die nicht davon lassen kann – vermutlich, weil die
Waren bis zu 50 Prozent günstiger als bei der Konkurrenz sind.
Die Kunden erhalten allmonatlich ein 24seitiges Magazin, das
über Waren und Angebote informiert. Diese Preise sind natürlich das Ergebnis harter Verhandlungen mit selbstbewußten
Erzeugern, die zwar gleich unter dem Label Trader Joe's exklusiv für die Kette liefern, sich ihre Qualität auch sofort cash
vergüten lassen (in Deutschland undenkbar, wie wir noch
sehen werden). John Shields, der Geschäftsführer des in South
Pasadena (Kalifornien) beheimateten Unternehmens, hat offenbar aus Deutschland wenig zu befürchten – solange er sich an
die einzige Direktive hält: Wachstum. Seit 1988 hat Shields
den Umsatz mehr als verdoppelt.

Theo Albrecht ist im Vergleich zum Südbruder eindeutig der
quirligere Auslandsaktivist. Während Karl sich neben Öster-

reich und USA derzeit noch auf dem als sehr schwierig geltenden englischen Markt versucht, hat sich sein Bruder auf dem Festlandssockel die Leckerbissen unter den Nagel gerissen. Er akquirierte im großen Stil in den Niederlanden. Die Aldi Inkoop umfaßt folgende Betriebsgesellschaften: Die Albrecht Culemborg BV (50 Filialen), die Albrecht Ommen BV (55 Filialen) und die Aldo Best BV (80 Filialen). Karl Albrechts Engagement beschränkt sich in Holland auf einen sechsprozentigen Anteil an der Supermarktkette De Boer Winkelbedrijven. Auch in Belgien hat der Aldi-Krake seine Fangarme ausgestreckt.

Aldisierung im Land der Austern, Baguettes und nobler Rotweinsorten? Mais oui. Das Engagement im Nachbarland Frankreich ist besonders reizvoll, weil den Teutonen auch dort keine Zukunft vorhergesagt wurde. Denn Frankreich galt seit jeher als supermarktfeindlich. Noch 1970 gab es bei unseren westlichen Nachbarn gerade mal 200 Supermärkte, worunter alles mögliche subsumiert wurde – Läden mit einer Fläche zwischen 200 und 2500 Quadratmetern. 1995 sah die Lage entscheidend anders aus. Über 7000 Supermärkte und mehr als 1000 sogenannte Hypermarchées mit durchschnittlich 5600 Quadratmetern Verkaufsfläche warben um Kunden. Diese Riesenläden bieten ein Sortiment zwischen 40 000 und 70 000 Artikeln – und haben ein Viertel des gesamten Lebensmittel- und Konsumgüterumsatzes gewonnen. Die damit verbundene Verwüstung der städtischen Landschaft, die optische Verhunzung der ohnehin schon wenig attraktiven Vorstädte, führte zwar Mitte der neunziger Jahre zu einer Regelung, nach der Läden über 300 Quadratmeter Verkaufsfläche gesetzlich genehmigungspflichtig sind, aber das Kind – die Einzelhandelslandschaft – war schon in den Brunnen gefallen. Freilich verschärfte sich dadurch auch die Konkurrenzsituation für den deutschen Discounter.

Aldi begann den Einstieg in den französischen Markt im

Nordosten, allerdings unter schwerem Beschuß durch den ebenfalls in Frankreich expandierenden Discounter Lidl, der Aldi in der Zahl der Filialen bereits 1993 um einiges übertraf; auch Norma ist seit damals mit im Rennen. Angeblich sei auf dem französischen Markt der Preis nicht das Entscheidende, sondern das Angebot an Frischwaren. Übereinstimmend haben jedenfalls alle drei deutschen Discounter erklärt, die französischen Verbraucher hätten Ansprüche, die man erfüllen müsse. Tatsache ist, daß Aldi auch in Frankreich fast ohne Werbung auskommt.

Durch einen Überraschungscoup im Sommer 1996 kam dann die deutsche Discountidee mit voller Wucht über die Franzosen. Aldi schluckte die Discountkette Dia, die bislang zu Promodès S.A. (Mondeville) gehört hatte – der drittgrößten Einzelhandelskette des Landes. Dia war mit 70 Filialen vor allem in Südfrankreich stark. Natürlich war über den Kaufpreis Stillschweigen vereinbart worden. Aldi machte durch die Einverleibung einen gewaltigen Sprung und steigerte seinen Marktanteil von 4,7 auf 11,5 Prozent (womit auch Konkurrent Lidl wieder in Bedrängnis geriet). Der Unternehmensberater Thomas Roeb, Mitarbeiter der Düsseldorfer Niederlassung von Roland Berger, begründete den Erfolg der deutschen Discounter mit dem ausgefeilten Know-how der Teutonen. Das Discountgeschäft sei – obwohl es einen anderen Eindruck vermittle – alles andere als leicht zu handhaben. Zu den hohen Anfangsinvestitionen gehöre auch der Aufbau einer rentablen Kostenstruktur, was wiederum ein ausgefeiltes Logistik- und Warenbeschaffungsprogramm voraussetze. Um einen Discounter effektiv und kosteneffizient aufzubauen, sollte er mindestens 100 Filialen haben, die straff zentralistisch geführt werden müssen. Mit anderen Worten: Die ungute deutsche Tugend der organisatorischen Aufrüstung ist gefragt. Nicht, daß die Franzosen es nicht selbst mit Discountläden versucht hätten. Aber im Clinch mit den aggressiven Deutschen hätten sie viel Lehrgeld zahlen müssen – und letztlich doch alt ausgesehen. Die Deutschen als Weltmeister, wenn es darum geht, möglichst viele Massenartikel auf möglichst wenig Platz möglichst schnell zu verkaufen.

Dabei hatten Branchenkenner, wie auch schon im Falle der USA, der Aldi-Idee bei den *savoir-vivre*-gläubigen Franzosen eine Pleite prophezeit. Die Franzosen seien es gewohnt, nur frische Lebensmittel vom Markt zu kaufen, und was der Klischees noch mehr sind. Unglücklicherweise haben aber auch in Frankreich eine Menge Leute einen schrumpfenden Geldbeutel. Aldi räumte zum Einstieg erst mal die Preise in den Keller. Bis zu 30 Prozent günstiger als die Konkurrenz, wer kann da schon *no, merci* sagen? Die Franzosen jedenfalls nicht. Gegessen wird immer, auch in Frankreich, n'est-ce pas?

Auch jenseits des Ärmelkanals wird gegessen, und wer es jemals tat, kennt die Unterschiede in der cuisine. Aldi hätte so schön zu den Kochkünsten angelsächsischer Durchschnittshaushalte gepaßt, wenn sich die Briten mal wieder nicht von ihrer stursten Seite gezeigt hätten. Baked beans auf Toast, das kriegt jeder hin, und die Zutaten gibt es bei Aldi. Aber, vermeldete die *Wirtschaftswoche* schon 1992: »Der Vormarsch stockt.« Bis zu diesem Stichjahr sollten bereits 200 Filialen auf der Insel Dienst tun, de facto waren es aber erst 38 geworden. What happened? Zunächst hatte es der Eindringling mit der üblichen Dumping-Masche versucht; in den mittelenglischen Ballungsräumen um Liverpool, Manchester und Birmingham – seinerzeit allesamt keine Boomtowns – schien die Rechnung auch aufzugehen. Aldi unterbot schamlos die örtliche Konkurrenz, bis diese zurückschlug und die deutschen Discountweltmeister sich gezwungen sahen, die staatliche Wettbewerbskontrolle einzuschalten: Aldi-Konkurrenten sollen ihre Großhändler bedroht haben, nicht länger an den deutschen Störenfried zu liefern, andernfalls… Tatsächlich sah sich Aldi gezwungen, in seinen Schaufenstern Plakate auszuhängen, auf denen sich die Firma für fehlende Produkte im Sortiment entschuldigte – einige Hersteller hätten die Zulieferung eingestellt. Die Konkurrenten wiesen jede Beteiligung natürlich von sich.

Dabei hatte eine von der in Bristol ansässigen Management-Beratungsfirma SRA veröffentlichte Studie dem deutschen Discounter große Chancen prophezeit: jeder zweite Kunde würde zu Aldi überlaufen. Gegen diese düsteren Phrophezeiungen mußten die heimischen Ketten sich wappnen. Aber auch von anderer Seite blies den Aldi-Eroberern der Wind ins Gesicht: Die dänische Kette Netto und die ewige Verfolger-K(l)ette Lidl hefteten sich auf Aldis Fersen. Lidl will der Branchenpresse zufolge in England mindestens 300 Filialen aufbauen. Aldi wählte deswegen einen anderen, untypischen Weg und ging eine Symbiose mit einem Wirtstier ein. Das hört auf den Namen Gateway und betreibt 700 Läden im Königreich. Dort mietete sich Aldi huckepack mit einem Anteil an Verkaufsfläche ein. Möglicherweise könnte das dem angeschlagenen Handelsriesen Gateway, der einen Schuldenberg in Milliardenhöhe vor sich herschiebt, über kurz oder lang die stille Übernahme durch die Deutschen bringen; eine nicht unelegante Variante. Andere Länder, anderes Geschäftsgebaren.

Nach dem Mauerfall gab es für Aldilogen ein seltenes Schauspiel, das in etwa mit dem Auftauchen des Kometen Hale-Bopp zu vergleichen ist: Man konnte Zeuge werden, wie sich der Discounter ins Ausland, das plötzlich Inland geworden war, vorarbeitete. Erstaunlicherweise verfielen die Manager nicht in einen Wiedervereinigungstaumel, sondern ließen die Kindlein erst einmal in aller Ruhe zu sich in die West-Filialen kommen. Das klappte so gut, daß die Nürnberger G & I Forschungsgemeinschaft für Marketing allein für das Jahr 1990 einen Umsatzuwachs von 1,5 Milliarden Mark errechnete – die

Akzeptanz des Discounters sei im Osten sehr hoch. Mit anderen Worten: Die Ostdeutschen waren wahnsinnig scharf auf Aldi. Die Frankfurter Unternehmensberatung M+M Eurodata gab 1991 als Ergebnis ihrer Analyse den Satz zum besten, die Ostdeutschen würden auf die Frage, was sie sich am meisten wünschten, antworten: »An jeder Ecke ein Aldi-Geschäft.« Da mußten sich die Neufünfländer gedulden, denn der Discount-Riese ließ sich Zeit, sondierte das Terrain und wartete ab, bis die Voraussetzungen für einen reibungslosen Geschäftsgang (Logistik, Immobilien) stimmten. Mittlerweile sind die deutschen Brüder aber im Geiste Aldis vereint, auch wenn noch nicht alle Landschaften blühen.

So selten etwas aus dem Dunstkreis der Geheimniskrämer nach außen dringt, einmal ist es in der letzten Zeit doch geschehen. Die *Wirtschaftswoche* berichtete jedenfalls Ende September 1996 von einer mysteriösen Seminararbeit, die das Herz eines Aldi-Granden erweichte. Eine Freundin der Tochter von Ulrich Wolters verfaßte diese Arbeit, deren heißer Kern ein zwanzigseitiges Gesprächsprotokoll ist. Ulrich Wolters freilich ist kein geringerer als der oberste Feldherr des Südherrschers Karl Albrecht. Um der Tochter einen Gefallen zu tun, gab sich Wolter einen Ruck und plauderte für die Studentin ein wenig aus dem Nähkästchen. Sage noch einer, Aldi habe mit Wissenschaft nichts am Hut: Das wie ein Geheimdossier gehandelte Papier offenbarte »erstmals Betriebsgeheimnisse wie die Expansionsstrategie des verschlossenen Familienkonzerns« (*Wirtschaftswoche*). Und wie wird expandiert? Schritt für Schritt, Land für Land. Abgestimmt auf nationale Eigenheiten. Es gebe, so Wolters, weder »ein vernünftiges internationales Sortiment« und also auch kein »identisches Grundsortiment für verschiedene Länder«. Sollte die Gleichschaltung im Zeitalter weltweiter Coca-Cola- und McDonaldisierung doch noch nicht soweit fortgeschritten sein, wie uns Kulturpessimisten in der Globalisierungsfalle gebetsmühlenartig leitartikeln?

Der Aldi-Manager Wolters setzt auf örtliche Hersteller und Lieferanten, hat sich aber vorsorglich die Handelsmarken europaweit schützen lassen. Aber so ganz überzeugt von der Europaidee scheint Wolters nicht zu sein, wenn er sagt: »Die Entwicklung zu einem Euro-Verbraucher wird sehr lange brauchen.« Solange heißt es für die Konzernlenker etwas Ungewöhnliches zu tun – dezentral verwalten. Ohne die Kenntnisse der nationalen Eigentümlichkeiten habe es keinen Sinn, ein nach deutschen Prinzipien genormtes Sortiment anzubieten; und auch die Preisgestaltung in den verschiedenen aldisierten europäischen Provinzen sei durchaus unterschiedlich: »Das Preisgefüge ist auf den nationalen Markt zugeschnitten. Es ist nicht grenzüberschreitend.« (Wolters). Der Einstieg gehe nicht ohne Opfer im Gastland ab: Aldi kauft eine Kette, nebst deren Manager und Läden, und krempelt sie nach seinem Vorbild um, um damit, so Wolters, »eine Basis zu haben, auf der man aufbauen kann«. So kann es schon vorkommen, daß Produkte unterschiedlicher Hersteller unter demselben Markennamen angeboten werden – die heimliche Umkehrung des Markentreueprinzips? Das scheint eine Frage der Zeit und des Organisationsschemas zu sein. Zentralisierung steht also doch bei den ausländischen Aldisierungsprogrammen an oberster Stelle. Die Regeln der Effizienz gelten auch jenseits der deutschen Grenzen.

Und Treue, das hat Wolters ebenfalls zu Protokoll gegeben – und damit indirekt bestätigt, was oben als »Grundehrlichkeit, Berechenbarkeit und Kontinuität« für einen guten Discounter reklamiert worden war –, ist für den Aldi-Kunden oberstes Prinzip. Es ist eine verschworene Gemeinschaft, die dem Markennamen Aldi verbunden ist, egal, was sich darunter verbergen mag: »Von allen Unternehmen, die im Konsumbereich werben«, habe Aldi »die größte Aufmerksamkeit«, freute sich Wolters. Im Gegensatz zum Konkurrenten Lidl nähmen 80 bis 90 Prozent der Konsumenten die Aldi-Werbung wahr.

Man kann die Aussagen dieses Topmanagers schon deshalb gar nicht hoch genug einschätzen, weil sie der dürstenden Fachöffentlichkeit als Offenbarung des heiligen Ulrich vorgekommen sein müssen. Wie wohl Kaiser Karl auf die Verlautbarung reagiert hat? Wie in allen guten Herrscherhäusern muß die Sache abgesprochen gewesen sein; ohne Karls Segen wäre die Chose nimmermehr ins Freie gelangt. Immerhin kann der Südlenker insofern zufrieden sein, als Adlatus Wolters seine Diktion perfekt beherrscht. Wolters hat zwischenzeitlich das Zepter übernommen; er ist auf den Stuhl von Karl Albrecht nachgerückt, als sich der aus Alters- und Gesundheitsgründen zurückzog. So wie es aussieht, ist mit Wolters ein in der Wolle gefärbter Aldianer ans Ruder gelangt. Alles andere wäre auch eine Sensation gewesen.

In welchem Labor wird der »Euro-Verbraucher« gezüchtet? Wer klont den *Homo europeensis supermercatus*? Wenn der Euro-Verbraucher aber erst einmal entwickelt ist, wird er das, was er braucht, bei Aldi kaufen. Vorausgesetzt, er hat die Möglichkeit sich überhaupt bis zum Aldi-Kunden zu entwickeln. Im europäischen Osten sieht es da zum Beispiel schlecht aus. Den armen Brüdern in Polen wird so mittelfristig die Aldi-Welt verschlossen bleiben, es sei denn, sie fahren zum Einkaufen über die Grenze. Ulrich Wolters gab jedenfalls zu Protokoll: »Discount braucht einen Gegenpol, und das ist der Supermarkt. Der Markt in Osteuropa funktioniert in dieser Breite nicht.« Nichts zeigt deutlicher, wie weit sich der Konsum aus sich selbst hervorbringt: Wegen der fehlenden Kaufkraft und der politischen Stimmung sei »Osteuropa auf längere Sicht kein Markt für Aldi«.

Damit widerspricht Wolters vehement der landläufigen Meinung, die Gleichung »Hauptsache billig, dann floriert der Laden« würde so einfach wie ein Naturgesetz aufgehen. Für den Discounter, scheint es, empfiehlt sich sogar eine gewisse Zweiklassengesellschaft, arm und reich in schönster Harmonie –

erst dann läuft die Sache wirklich rund. (Siehe den Erfolg der amerikanischen Aldi-Ableger, die sich gerade im Niemandsland zwischen arm und reich etablieren konnten.) Das hat etwas Befremdliches in einer Zeit, wo die Politik von links bis rechts nicht müde wird, vor einer solchen Spaltung zu warnen. Möglicherweise richtet man sich eben so ein, die einen der Not gehorchend, die anderen dem Kalkül.

So verschlossen die Geschäftsleitung sich sonst gibt, immerhin ließ Wolters durchblicken, daß neue Länder nur aldisiert werden, wenn mindestens ein Mitglied der Führungsriege die Landessprache hinreichend beherrscht. Die Konkurrenz müsse erst nervös werden, meinte Wolters, wenn er dabei ertappt werde, daß er einen Crashkurs in einer Fremdsprache absolviere. Dann freilich ist es für viele schon zu spät.

Aldi informiert

Mittwoch ist in Deutschland Aldi-Tag. Am Mittwoch erscheinen die ganzseitigen Anzeigen in den Tageszeitungen. »Aldi informiert…« – die schwarzweiße Seite mit den neuesten Schnäppchen und preisreduzierten Klassikern des Sortiments ist die einzige Visitenkarte des Unternehmens. Sie hat keinen Werbetext, bildet nur Produkte mit sachlichen Kurzbeschreibungen ab und weist darauf hin, daß manche dieser Artikel nicht allzu lange lieferbar sein werden. Bei Aldi liegt jeweils eine Woche, bevor das aufgefrischte Sortiment am Donnerstag in Kraft tritt, ein farbig gedrucktes DIN-A3-Blatt mit den Angeboten der kommenden Woche aus. Regelmäßige Aldi-Kunden verschaffen sich durch Mitnahme und häusliches Studium einen Informations- und Geschwindigkeitsvorsprung am Regal. Die Einkaufsroute kann noch gezielter geplant werden. Nur mit diesem traditionellen Medium tritt Aldi an die Öffentlichkeit. Ohne bewegtes Bild, ohne Ton, stumm und irgendwie archaisch. Keine Plakatwerbung auf Litfaßsäulen, keine Radiospots und schon gar keine Fernsehwerbung. Was du gedruckt in Händen hast, das kannst du anderntags getrost nach Hause tragen. Denn die eigentliche Botschaft ist der Preis.

Aldi ist Aldi, und wie die Fachwelt jenen Typus Geschäft nennt, ist den Kunden herzlich gleichgültig. Hauptsache billig. Da wir es bei Aldi, fachsprachlich gesehen, mit einem Discounter zu tun haben, lohnt es sich, die Merkmale einzukreisen, die einen solchen Discounter erst zum Discounter machen. In Italien, wo das moderne Banken(un)wesen erfunden wurde, dürften die Wurzeln der Discountidee historisch begraben liegen. Das unschöne neudeutsche Wort »Discounter« jedenfalls ist eine Schöpfung des 20. Jahrhunderts, eine Verballhornung des englischen Nomens »Discount« für »Rabatt, Skonto« – mit der deutschen Nachsilbe »-er« wie Macher, Durchsetzer, Verkäufer, Superreicher.

Daß die Sache mit dem Rabatt schon ein bißchen länger geht, beweist ein Blick in das deutsche Wörterbuch der Gebrüder Grimm, das (leider ohne historische Quelle) das Verb »discontieren« folgendermaßen definiert: »eigentlich abrechnen, abziehen; von dem ital. conto rechnung. einen noch nicht verfallenen wechsel, vor der ablaufszeit, gegen abzug bestimmter procente ankaufen oder verkaufen.«

Die Mutter aller Einkaufsschlachten

Heutzutage sind Discounter Geschäfte, in denen – o heilige Einfalt edler Definitionen! – das Discountprinzip konsequent angewendet wird: Dieses Prinzip meint begrenztes Sortiment, einfache Ausstattung des Ladens und niedrige Preise. Die durchschnittliche Größe eines Lebensmitteldiscounters liegt bei 400 Quadratmetern Ladengröße, als Großdiscounter gilt, wer 700 Quadratmeter sein eigen nennt und Frischware anbietet. Warum sind Discounter so billig? Erstens: Durch ein auf wenige Waren konzentriertes Angebot und eine starke Bündelung beim Einkauf lassen sich bei den Zulieferern günstige Konditionen aushandeln. Zweitens: durch konsequenten Verkauf von Eigenmarken. Aldi hat diesen Punkt von allen Mitbewerbern am erfolgreichsten ausgebaut. Was dort mit einem Phantasienamen verkauft wird, verbucht der Käufer insgeheim als Aldi-Marke, gleichgültig, was draufsteht. Hauptsache, der Inhalt geht in Ordnung. Spartanische Ausstattung der Läden, spartanische Ausstattung aber auch beim Personal. Führt zu einer, sagt die Betriebswissenschaft, großen Umschlagshäufigkeit, führt im weiteren zu den sogenannten Dauerniedrigpreisen, mit denen die Konkurrenz wie Supermärkte oder Selbstbedienungswarenhäuser nicht konkurrieren kann. Herstellbar ist das nur, wenn die Läden stark zentralisiert geführt werden, wenn Discounter als »straff geführte Filialketten« auftreten, wie eine Studie des Axel-Springer-Verlags aus dem Jahr 1994 feststellte. Und weiter heißt es dort lapidar: »Mit weitem Abstand ist Aldi die größte Discounter-Kette in Deutschland.« Ja, Aldi erwirtschafte allein die Hälfte des Umsatzes aller in Deutschland tätigen Discounter und sei deshalb ein »Hard-Discounter«. Hart ist Aldi bislang auch geblieben: Während die Konkurrenz fusioniert, aufkauft oder neue Betriebstypen entwickelt, geht Aldi mit unbeirrbarer Konsequenz seinen Weg. Die Brüder Albrecht bleiben bei ihren Leisten, experimentiert wird nicht mehr. In Zeiten, in denen der »Preis als Kaufentscheidungsparameter« (Branchen-Jargon) an oberster Stelle steht, gibt es dafür auch wenig Anlaß.

Aldi ist die Mutter aller Einkaufsschlachten. Im Mai 1996 veranstaltete die *Lebensmittelzeitung*, jenes Organ, das sich in Deutschland am kenntnisreichsten mit Aldi auseinandersetzt, zusammen mit einer Managementberatungsfirma ein gut besuchtes eintägiges Seminar, das sich der Frage widmete »Discount – Wohltat oder Plage?« Der Chefredakteur der *Lebensmittelzeitung* stellt dabei auf seiner Tour d'horizon durch die Discountgeschichte seit den frühen sechziger Jahren fest, Aldi habe ungestört »diesen vom Verbraucher gegen die herkömmliche Branchenmeinung akzeptierten Ladentyp beinahe im Alleingang« kultiviert. »Kultiviert« ist in diesem Zusammenhang ein Wort, das dem Orchideenzüchter Karl Albrecht bestimmt gefallen hat.

Chefredakteur Jürgen Wolfskeil weiter: »In Deutschland fällt der Aufstieg von Discount als Betriebsform zusammen mit dem Niedergang der Kultur des Vollsortiments.« Dann wurde er beinahe lyrisch: Der Vollsortimenter – also das herkömmliche, rundum als Lebensmitteleinkaufsquelle ausreichende Haus – beruhe auf der Balance zwischen Qualität, Auswahl, Service und Preis. Der Discounter setze dagegen ausschließlich auf den (niedrigen) Preis; eine nicht sonderlich intelligente, kreative Form des Verkaufs. Durch die verheerende Dumpingpreis-Politik stünden die Hygienestandards und Qualität der Waren auf dem Spiel. Ein Redakteur der *Lebensmittelzeitung* wagte gar die These, die Ausbreitung des Discounts führe zu einer Minderung der Qualität: erst komme das Fressen, dann die Moral.

Naturgemäß war kein Vertreter der Firma Aldi bei dieser Veranstaltung zugegen, jedenfalls nicht als offizieller Referent. Immerhin ein Dissident des Imperiums berichtete von seinen Erfahrungen. Ex-Aldi-Manager Thomas Roeb widersprach der These, Discounter schielten allein nach Niedrigstpreisen, sondern suchten ihr Finanzheil in der Optimierung des Preis-Leistungs-Verhältnisses. Was im Klartext heißt: Discounter kann faszinierend sein, wenn er ein Einkaufserlebnis bietet. Und das tut der Discounter nicht durch opulente Inszenierung, sondern durch den Sog der Schnäppchen. Thomas Roeb: »Die Fülle von unterschiedlichen, ständig wechselnden Artikeln ist genauso erstaunlich wie die Preise und beschert den Konsumenten immer wieder glänzende Augen.« Wer hätte das gedacht: glänzende Verbraucheraugen, glänzende Umsätze. So einfach kann Discount sein. Und weil dem so ist, hat der Discounter in den Augen der Kunden auch urgermanische Tugenden wie »Grundehrlichkeit, Berechenbarkeit und Kontinuität«, wie der Rewe-Manager Emil P. Heinz diagnostizierte. Über diese Diagnose wird noch zu sprechen sein. Lassen wir es vorläufig dabei bewenden und verlassen das Seminar, das die Discountvertreter zum Selbstlob und die fanatisierten Kritiker zur Schmährede nutzten. Glaubt man den einen, birgt der Discounter die einzig dem Kunden gemäße Form des Einkaufs: Vom Schmalspur- zum Schnelldrehersortiment, das Bedarfsdeckung erlaubt. Hört man auf die anderen, kaufen wir demnächst in zwar total billigen, aber auch ziemlich verdreckten Läden minderwertige Ware. Zu spät, zu spät, rufen wir elegisch, der Coca-Cola-Mann hat es schon richtig gesehen. Dr. Wolfgang Pschenny, Chef der Coca Cola Deutschland Verkauf GmbH & Co. KG, Essen (siehe da: Nachbarn der Albrechts!): »Nicht der Handel entscheidet, was eine Marke ist, auch nicht der Hersteller, sondern allein der Konsument – sei dies nun Coca Cola oder Aldi.«

Hugh, der Konsument wie du und ich hat gesprochen. Und die Marken wachsen mit den Margen in den Himmel. Denn alle Vertriebsformen im Einzelhandel haben rückläufige Tendenz, allein die Discounter wachsen und wachsen. Zehn Betriebe kontrollieren 80 Prozent des Inlandsgeschäftes, der viertplazierte Aldi-Konzern (hinter der Metro-Gruppe, Tengelmann und Rewe) hat zwar kein rasantes Wachstum mehr, legte aber 1996 immerhin noch vier Prozent Umsatz zu. Und noch eine Vergleichsgröße, die die Position dieses unabhängigen Marktriesen dokumentiert: Jede vierte Mark, die im deutschen Lebensmittelhandel ausgegeben wird, landet in der Kasse der Brüder Albrecht.

Champagner für alle

Und doch: Discounter sind auch nicht mehr das, was sie mal waren. In den sechziger Jahren war es nach heutigen Standards nachgerade armselig, was da in den lieblosen Schachteln offeriert wurde. Vor zehn Jahren, 1988, baute Theo Albrecht in seinen Filialen massiv die Tiefkühlkostangebote aus; damit erweiterte er nicht nur das Kernsortiment um fast das Doppelte, er gewann auch in punkto Image. Wer heute auf der Südseite der Demarkationslinie der Reiche lebt – sagen wir in Bonn –, kennt den anderen Aldi wohl. Eingefleischte Aldi-GeherInnen haben bestätigt, sie bedauerten es, nicht dem Nordreich anzugehören wegen des sehr viel umfangreicheren Angebotes.

Die Wirklichkeit ist nicht ganz so hart. Selbst Aldi Süd hat in seinen neueröffneten Märkten einen Zug ins Gelassene bekommen – freilich immer auf bescheidenem Niveau: Wer heute einen Aldi-Markt betritt, wird vieles vermissen, was in der bunten Warenwelt anderer Häuser selbstverständlich wirkt. »Bedarfsdeckung« ist angesagt, und die wird auch geliefert. Aber was der neuzeitliche Mensch so an Bedarf sich einbildet, ist sehr unterschiedlich ausgeprägt. Die toupierte Alster-Ente Eppendorfer Provenienz, die sich mit Büsumer Krabben eindeckt, um ihren Stammtisch billig abzufeiern, hat naturgemäß wenig mit dem Bedarf einer verwitweten Sozialhilfeempfängerin zu tun, die sich jahraus, jahrein auf Dosennahrung zurückgeworfen sieht. Sicher, man muß nicht in andere Läden, wenn man bei Aldi war – außer man hat partout ein Faible für frisches Fleisch, frischen Fisch, frische Milch. Und ein echter Fan von gesunder Ernährung wird erst einmal seine Berührungsangst überwinden müssen, bevor er den Konserventempel betritt.

Die Deutschen, hat *Der Spiegel* herausgefunden, verzichten aber lieber auf gesunde Ernährung als auf den Urlaub. Bevor man sich dem Horror vacui Balkoniens aussetzt, wird so lange billig gegessen, bis man dann im Urlaub auf Mallorca wie bei Muttern futtern kann. Da kommt Aldi gerade recht, mit seinem Schwerpunkt auf den traditionellen Linsen- und Bohneneintöpfen, zu dem sich erst in den letzten Jahren fertige italienische Nudelgerichte gesellt haben. Bei den Lebensmitteln wird auf ausländische Grundnahrungsmittel beziehungsweise exotische Produkte verzichtet – auch wenn einiges davon mittlerweile den Speiseplan der reisefreudigen Deutschen erobert hat. Das beginnt beim Espresso, den der Kaffeegroßhändler Albrecht wunderlicherweise noch immer nicht im Angebot hat (sieht man von den Cappuccino-Fertigmischungen ab), geht über Gewürze (kein Cayennepfeffer, kein Chili), über so gut wie alles Asiatische (Basmatireis, Sojasauce, Erdnußöl). Wobei sich hier viel getan hat: Den Wünschen der Kunden folgend, haben die Aldi-Einkäufer so manche Tür aufgemacht, die noch vor zehn Jahren zugenagelt geblieben wäre. Insbesondere sogenannte hochpreisige (welch' eisig' Wort!) Artikel locken kaufkräftige Kunden in die Läden: Graved Lachs, Krabben, Champagner, Grappa, Edelsalami, Bordeaux etc. Zu Preisen, die sich Otto Normalverbraucher leisten kann und Otto Besserverdiener zu schätzen weiß. Leute, die rechnen können, und Leute, die rechnen müssen – das sei die Kundschaft, hat ein langjähriger Aldi-Mitarbeiter seine Klientel definiert.

Im Grunde funktioniert Aldi aber noch immer *nicht* nach dem Verschwendungsprinzip: Dies offenbart sich auch schlagartig beim Betreten einer Filiale. Hier gibt es das, was man zum Leben braucht. Fütterung der Primärbedürfnisse. Sättigungsbeilagen, Brot, Nudeln, Reis, Kartoffeln, Molkereiprodukte, Konserven, Essig, Öl, Butter, Margarine, Zucker, Mehl. Der Rest ist schon Zugabe, Konzession: Das Kernsortiment umfaßt bei Aldi Süd noch heute 450 Artikel, und wer damit nicht auskommt, muß ein Verschwender sein. Aldi Nord setzt auf bis zu 600 Artikel, das ist vermutlich dem toleranten, weltoffeneren Norden zuzuschreiben, oder es ist einfach der Zug der Zeit, der nicht beim kargen Grundsortiment verweilen konnte. Die Präsentation des Angebots spottet in unserer bunten Konsumwelt jeglicher Beschreibung. Die Ware steht in Kartons auf orangefarbenen Stahlregalen. Zwar wird die Pappe aufgeschlitzt, aber wenn der Kundenandrang zu groß ist, besorgt diese Arbeit schon der Kunde selbst. Wer sich an die Anfänge der Aldi-Discounter erinnert, wähnt sich heute ohnehin in einem Einkaufsparadies. Der Nachkriegscharme hängt freilich quasi imaginär zwischen den Regalen; man bedenke, daß noch Anfang der achtziger Jahre keine frischen Waren im Angebot waren – so konnte auch nichts verderben. Das war Sache der Kollegen vom Lebensmitteleinzelhandel, die sich nach offizieller Lehrmeinung mit ihren Frische-Abteilungen deswegen gern in der Nähe von Aldi ansiedelten.

Bestimmte Artikel haben, je nach sozialem Umfeld, längst Kultstatus erlangt. Sozusagen eine der Aldi-Urkonserven ist der »Feuerzauber Texas«, in studentischen Haushalten ein unverzichtbarer Magenfüller, der sich souverän gegen die Maggi Ravioli behauptet hat. Wer mag schon umständlich Chili con carne einkochen, wenn der Büchsenöffner so nahe (und Mutters Kochkunst so fern) ist? Reißenden Absatz findet in bestimmten, aufgeklärten Kreisen das Olivenöl (Lorena, 5,59), das, mit dem Aufkleber »Stiftung Warentest: Sehr gut« versehen, in vielen modernen Küchen zum Standardöl avanciert ist. Das Waschmittel Tandil ist schon seit Jahrzehnten Legende, auch dieses Produkt schlägt in Preis und Qualität die Konkurrenz um Längen – sagen die Aldianer, die von Tandil nicht zu trennen sind. An der deutschen Rostbratwurst soll die Welt genesen; bei Aldi kommt sie nicht aus Thüringen, wie es sich für einen gesamtdeutschen Discounter eigentlich gehörte, sondern aus der Lebkuchenmetropole Nürnberg (12 Stück, 2,99). Dem Chianti Villa Alberti (3,99, nur bei Aldi Nord) sind schon selbsternannte Weinkenner auf den Lehmboden gegangen, und daß neuerdings Baumkuchen verkauft wird, läßt die Vermutung zu, die Tage des Imperiums neigten sich in den Zustand der Dekadenz hinüber. Darauf deutete als Warnsignal der sensationelle Erfolg des ersten erschwinglichen Champagners der Welt hin, den Aldi für 15,98 mit verächtlicher Geste unters Volk warf. Fehlte nicht viel, und das edle Getränk wäre zum Piccolo-Ersatz bei Kaffeekränzchen geworden. Nähern sich Festtage wie Weihnachten oder Silvester, tut man gut daran, sich rechtzeitig mit dem billigen Schampus einzudecken. Wer zu spät kommt, der erntet nur ein müdes Achselzucken (falls ein Filialleiter vorbeikommt) beziehungsweise ein – wenn ausnahmsweise das schiefe Bild erlaubt sei – deutliches Kopfschütteln des gähnend leeren Regals.

Für den echten Aldianer ist in den letzten Jahren immer mehr die Hardware ins Blickfeld geraten. Sachen, die man eigentlich nicht bei einem Lebensmitteldiscounter vermutet, die einem aber plötzlich als unbedingt erstehenswürdig erscheinen. Wer erinnert sich nicht gern an die Zeiten, als keine Woche verging, in der nicht die großen Computerhäuser wie Vobis, Media-Markt oder Escom mit Dumpingangeboten nur so um sich warfen. Riesenhafte rote Anzeigen, Beilagen und Prospekte quollen aus allen Tageszeitungen, Magazinen und Wochenblättern. Jetzt, da dieser Markt offenbar nicht mehr in dem Tempo mit Wachstumsraten gesegnet ist, fällt im Rückblick jene Aldi-Aktion von Anfang Mai 1996 als legendärer Verkaufsklopper ins Auge des Konsumhistorikers. Unter dem Namen »Medion« wurde ein 586er PC mit Cyrix-Prozessor angeboten, ein Riesentrumm Rechner, mit Monitor, Software und Spielen zum Preis von 1998 Mark. Fachleute erkannten darin sofort einen Markenrechner aus dem Hause Peacock. Die *Frankfurter Allgemeine Zeitung* widmete dem Volkscomputer aus dem Hause Aldi eine umfängliche Rezension im diensttäglichen Technikteil – und kam nicht umhin, das Ding kräftig zu loben. Ein besonderes Schmankerl war freilich der dazu angebotene Drucker, der unzweifelhaft vom namhaften Hersteller Epson zu stammen schien. Unangenehm stieß der Konkurrenz auf, daß Epson selbst einen höheren Verkaufspreis für das Modell angesetzt hatte, als es bei Aldi zu haben war: für 398 Mark. Deutlich über 20 000 Stück sind angeblich verkauft worden. Im Jahr darauf versuchte Tchibo, diese Aktion zu toppen. Vielleicht kein Zufall, daß mit der Aldi-Aktion die Zeit der gigantischen Tower-Rechner zu Ende zu gehen scheint. Jedenfalls ist es seither keinesfalls mehr chic, sich so eine Plastiktruhe ins Zimmer zu stellen.

Die Methode hat Methode. Im Frühsommer 1997 etwa wurden bei Aldi-Süd Trekking-Fahrräder »Patagonia« mit 21-Gang Grip-Shift-Schaltung von Shimano für 498 Mark angeboten: Nicht der übliche Sperrmüll, den es in Baumärkten als Pseudoschnäppchen gibt, sondern richtig ordentliche Fahrräder, die sozusagen rechtzeitig als Gipfel und Abschluß des Bike-Booms verhökert wurden. Wer jetzt kein Rad hat, kauft sich keines mehr. Ähnlich erging es einem Klassiker britischer Regentrotz-Kunst. Die gewachsten Baumwolljacken der Marke »Barbour« sind in Großbritannien und seinem eingeborenen Sohn, der Freien und Hansestadt Hamburg, Pflichtübung. Sobald sich der Himmel verdüstert (und wann geschieht das mal nicht wie nebenbei?), bleibt zwar das Cabriodach offen, aber die Wachsjacke wird übergestreift. Schade nur, daß die Dinger regulär jenseits der 300-Mark-Grenze angesiedelt sind. Nicht so bei den Modezaren von Aldi. Für 99 Mark waren im Jahr 1997 Imitate zu haben – gesetzt den Fall, man parkte das Cabrio im Halteverbot und stürmte die Filiale. Nur solange der Vorrat reicht. Also gar nicht lang. Wer jetzt nicht ungewachst durch das Aldi-Nordland streifen will, muß wieder auf das Original zurückgreifen.

»Dienstag, 9. Juni, 9 Uhr Balkonpflanzen« – ein schlichtes Schild, simpel wie ein Kartoffeldruck, von innen an die Ladentür geklebt, gibt Kunde von Unerhörtem. Wer sich für Balkonpflanzen interessiert, sollte an jenem Dienstag tunlichst überpünktlich zur Stelle sein: Das Schauspiel allein ist es wert, genossen zu werden. Da die Balkonpflanzen, eine hier nicht näher zu bezeichnende Geranienart, um mehr als die Hälfte billiger sind als auf Märkten oder im einschlägigen Fachhandel, kommt bei der anstürmenden Blumenkübelmeute nicht der grüne Finger, sondern die ausgefahrene Schnäppchenkralle zum Einsatz. Das ist ein Hauen und Stechen, da reißen sich gutbürgerliche und gutsituierte Damen fortgeschrittenen Alters die Paletten aus den Händen; besonders Dreiste versuchen schamlos, Verpaßtes aus fremden Einkaufswägen auszuladen. Gerungen wird mit Scheinfragen und Ablenkungsmanövern, mehr recht als schlecht von Ehemännern flankiert, denen dieses Schauspiel offensichtlich a) unwürdig, b) insgeheim peinlich, aber c) letztlich so was von wichtig ist, daß sie sich wie Kampfhähne zwischen die flatternden Weibchen werfen. Wer um 11 Uhr die Schlachtstätte betritt, steht vor den kümmerlichen Resten, ein paar mickrigen Restexemplaren, Spuren von Blumenerde auf dem Boden und der vermutlich vergeblichen Hoffnung auf einen Nachschlag noch in dieser Saison.

Adidas oder Aldidas

In den Neunzigern, als der radikale Chic der Bescheidenheit sich auch auf die Kleidung zu übertragen begann, etablierte sich Aldi auch im Jugendkult. Street Wear made by Aldi – vom Discounter so wohl nie beabsichtigt – war wegen seines Retro-Charmes plötzlich wahnsinnig en vogue. Die Frage hieß nicht mehr Nike oder Reebok, statt Adidas durfte es auch mal Aldidas sein. Etwa der Leinenfreizeitschuh mit der schicken Lederapplikation im Fersenbereich für 12,98. Er war Mitte der neunziger ein vielgesehener Gast in sommerlichen Vergnügungsstätten; damals kostete der nächste Markenkonkurrent noch mindestens 30 Mark, eindeutig zu viel für einen Schweißtreiber, der meist nur eine Saison getragen wird. Und alle, alle haben sich mit einem Blick zu Boden daran erkannt;

und manche haben sich gewundert, wer alles den Weg zu Aldi geschafft hatte. Witzigerweise tauchten zu dieser Zeit auch T-Shirts mit dem Aldi(Süd)-Logo auf dem Markt auf. Eine ziemlich raffinierte Alternative der Subkultur gegen den Markenwahnsinn, der Youngsters zu wandelnden Litfaßsäulen macht. Es hätte schlimmer kommen können. Andere Markenartikler werden in der T-Shirt-Verlautbarungskultur weniger zimperlich angepackt. Dem süddeutschen Sportmodehersteller »Windsurfing Chiemsee« ist folgendes widerfahren: Der fand sich auf Fake-Shirts unter der Bezeichnung »Windsurfing Gabersee« wieder – wobei Gabersee die Nervenheilanstalt im südlich von München gelegenen Haar bezeichnet, in Bayern aber als Synonym für Irrenhaus bekannt ist. Bei Aldi gab es offenbar nichts zu kritteln; so ändern sich die Zeiten: Wo in den späten siebzigern noch das punkige große A im Kreis (für Anarchie) verpflichtend gewesen wäre, prangte ein unreflektiertes Aldi-Logo, und das Medium war ausnahmsweise nicht die Botschaft.

Was der Deutsche in der kühlen Jahreszeit besonders gern trägt, sei es in der Freizeit oder bei der Schwarzarbeit, ist der Bundeswehrpullover, einfach, oliv. Auch den gab es schon bei Aldi, für wirklich günstige 47,98 (mit zwei Nationalitätsabzeichen zum Aufsteppen). Der Vertrieb der pflegeleichten Herren-City-Hemden (14,98), Kinder-Comic-Söckchen (3,98), von »Shamp« Aktueller Blouson mit passender Weste für Damen und Herren (69,98), von Damen-Hüftslips aus 100% gekämmter Baumwolle (3er Packung 7,98) – das alles kommt nicht von ungefähr, sondern macht bei Aldi mittlerweile auch schon wieder eine Milliarde Umsatz aus. Damit sind die Brüder Albrecht wie nebenbei und wie stets unauffällig unter die zehn größten deutschen Textilhändler aufgestiegen. Und sind doch wieder in vertrauter Gesellschaft: An der Spitze Metro, gefolgt von Karstadt und C&A. Daß in diesem Bereich noch etwas zu holen ist, beweisen die Aktivitäten des Kaffeerösters Tchibo, der sich in punkto Textilhandel auf den 15. Platz der deutschen Rangliste vorgeschoben hat – allerdings mit wesentlich höherem Werbeaufwand als die schweigsamen Brüder. Und wer gedacht hat, das Kulturgut Buch werde vernachlässigt, irrt. Von selbst wären die Herren Albrecht vermulich nicht auf die Idee gekommen, Bücher zu verkaufen. Aber die Konkurrenz der Kaffeeröster, allen voran Eduscho, hat es jahrelang mit Erfolg vorexerziert. Kein Wunder, daß bestimmte Teile der Buchbranche nervös wurden, als Tchibo den Eduscho-Konzern übernahm – die Sorge wuchs, daß im Zeitalter steigender Remissionen (zurückgeschickter Bücherberge) die großen Kaffeeröster in ihren Gebrauchsgütermärkten sich in Sachen Buch noch stärker engagieren würden. Diese sogenannten Nebenmarkt-Bücher, wie sie etwa von Naumann & Göbel oder Lingen vertrieben werden, erzielen Umsätze im zweistelligen Millionenbereich. Gerade bei Aldi tauchen in den Sommermonaten immer wieder mal Paletten mit gebundenen Unterhaltungsromanen für 5,98 Mark auf – wenn die aktuelle Pilcher auf 50 Mark zugeht, darf es für viele LeserInnen auch mal etwas Günstigeres sein.

Das hat schon im Jahr 1988 ein Coup deutlich gemacht, den der Bad Homburger Wirtschaftsjurist Dieter Heitbaum im Dienste der Aldi-Brüder mit dem Münchner Verleger Ulrich Staudinger eingefädelt hat. Bei Aldi-Nord lagen plötzlich stapelweise Romane von Autorinnen wie Utta Danella, Dorothy Eden, Evelyn Anthony und Evelyn Peters – gebunden, für 5,98 Mark. Staudinger, damals Verleger des Münchner Schneekluth Verlages, bekam von Heitbaum das Angebot, die Lizenzrechte für 14 Tage an eine große norddeutsche Lebensmittelfilialkette zu übertragen. Von Aldi war im Vertrag nicht die Rede gewesen. Heitbaum garantierte Staudinger einen Mindestabsatz von 50 000 Exemplaren pro Titel. Jedes Buch, das darüber hinaus verkauft werden würde, sollte einzeln abgerechnet werden.

Über die vereinbarte Handelsspanne hat sich Staudinger natürlich ausgeschwiegen; er räumte aber ein, sie habe sich im Bereich der sonst bei Taschenbüchern oder Buchclubausgaben üblichen Margen bewegt – also rund fünf Prozent des Ladenpreises. Staudinger lieferte der norddeutschen Filialkette die originalen Druckvorlagen. Als die Bücher dann bei Aldi lagen, konnte der Münchner Verleger nur feststellen, die Qualität entspreche nicht dem üblichen Angebot: »Das ist hochindustriell schlampig produziert, mit rasch brechender Trockenleimbindung«, gab er damals zu Protokoll. Staudinger kam dann doch ins Grübeln, als das Fachmagazin *Buchreport* spekulierte, Aldi habe nicht 50 000 Exemplare, sondern 150 000 verkauft. Bei Staudingers ursprünglicher Berechnung – er war von Herstellungskosten von 3,50 Mark pro Buch bei einer Auflage von 60 000 bis 80 000 ausgegangen – ist es offenbar nicht geblieben; Heitbaum hat jedenfalls damals noch zwei weitere Lizenzen angekauft (von Victoria Holt und Dorothy Eden).

Die Buchbranche geriet naturgemäß in das, wohin sie immer zu geraten pflegt, wenn das Kulturgut Buch bedroht ist: in einen Zustand öffentlicher Erregung. Gefährdet war vor allem die heilige Kuh des deutschen Buchhandels, die Preisbindung. Eine Keule, die in der Buchbranche mit schöner Regelmäßigkeit geschwungen wird. Aber Staudinger konnte damals zu seiner Verteidigung vorbringen, bei allen Büchern habe es sich um längst abgefrühstückte Ladenhüter gehandelt.

Im Rückblick läßt sich feststellen, daß die Aufregung damals umsonst war: Die Aldi-Ramschaktionen haben dem Buchhandel wohl weit weniger geschadet als eine andere Entwicklung, die damals begann: der Buch-Handel der großen Kaufhausketten wie Karstadt, Kaufhof und Hertie. Andererseits zeigt ein Blick ins Ausland, daß Discount und Supermärkte dem Buchhandel tatsächlich weh tun können. In England, wo 1995 die Preisbindung kollabierte, das sogenannte »Net Book Agreement«, sind die Supermarktketten wie »Woolworth« und »Sainsbury« die großen Gewinner. Sie verkaufen palettenweise die aktuellen Bestseller für teilweise 30 Prozent unter dem Preis, den eine traditionelle Buchhandlung dafür nimmt. Resultat für den Buchmarkt: Taschenbuch-Lesefutter amerikanischer Provenienz à la Grisham, Steele, Clancy boomt, das gebundene, anspruchsvolle Sachbuch fällt durch.

Ein Traum, den jeder (ernsthafte) Verleger träumt, ist, das Anspruchsvolle unter die Massen zu bringen. Die Vision »Suhrkamp meets Aldi« hat schon deshalb für einen Leser, der rechnen kann, enorme Sogkraft und beachtliches Überzeugungspotential. Einmal, zur Buchmesse 1981, schien diese Vision Wirklichkeit zu werden. Damals war eine Broschüre aufgetaucht, in der Dr. Dr. h.c. mult. Siegfried Unseld, der Suhrkamp-Verleger, eine Zusammenarbeit mit Aldi ankündigte. »Diese an sich unerwartete Kooperation«, schrieb Unseld, »zweier so verschiedener Unternehmer mag Fragen aufwerfen, kritische wie Verständnis heischende.« Aber warum nicht? Schließlich, so der selbstbewußte Kopf des vornehmen Verlages weiter: »Mit Brecht zu sprechen«, möge das gute Buch »demokratisch im weitesten Sinn sein«. Die exklusiv mit Aldi vereinbarte Reihe sollte »edition sual« heißen, 25 Titel umfassen und ausschließlich in Aldi-Märkten feilgeboten werden – in der dort üblichen Verpackung.

Nach dem Grußwort von Dr. h.c. Albrecht, das ausdrücklich die Verbrüderung von Geist und Geschäft begrüßte, wurde freilich schnell klar, daß es sich um einen Jux handelte. Peter Handke war beispielsweise mit dem Roman *Höchlichste Heimat* (»intrikate Prosa aus hohen Jahren«), der Psychoanalytiker Tilmann Moser mit *Die Syntax der Bohrung. Psychoana-*

lyse des Heimwerkers vertreten, und Kulturkritiker Fritz J. Raddatz war mit einem Band *Praktisch überall* (»Leinenimitation, 4,80 Mark«) angekündigt – Protokolle der »vom Autor ausnahmslos verlorenen Golfpartien mit Walter Scheel, die Horst Tappert (Derrick) für die edition sual aus dem Gedächtnis aufgezeichnet hat«.

Erfunden hatte die Schmonzette – zum Ärger des nicht übermäßig humoranfälligen Unseld – ein Mitarbeiter der linksalternativen Tageszeitung *taz*. Sarkastisches Ansinnen: der damals sich bereits arg jenseitig gerierenden Suhrkamp-Kultur (Paradigmenwechsel auf Zuruf) eine reinzuwürgen. Das gelang ganz gut und hatte Anfang der achtziger Jahre noch wesentlich mehr Witzpotential als heute. So zum Beispiel *Ein transformatives Kochbuch* aus der Feder des berühmten US-Linguisten Noam Chomsky, oder Roland Barthes Essay *Im Reich der Dosen* beziehungsweise das erste Gemeinschaftwerk des Psychiaters Felix Guattari und des Psycho-Historikers Klaus Theweleit: *Aldi-Ödipus*.

Der potentielle Megaseller sollte freilich aus dem Nachlaß des Philosophen Theodor Wiesengrund Adorno kommen: *Temperaturen. Studien zur Physiognomie der Feinbackkunst*. Darin heißt es »Im Feinbackwerk verdampft der Tauschwert zum Ornament dessen, worüber er zu herrschen sich einst anheischig gemacht hatte. Wer der Patisserie sich nicht stellt, weil er dem zerrütteten Begriff des Niveaus sich beugt, verfehlt das an der Kunst Wesentliche: ihre Verfallsgeschichte.« Das war erstens komisch und zweitens ziemlich auf den Punkt gebracht, was heute unverändert Geltung hat. Niemand kennt die Verfallsgeschichte des Konsums besser als die Herren Albrecht. Ihr Schnelldreherimperium ist naturgemäß auf den feinen Riecher angewiesen, der sogleich merkt, wenn ein Kulturträger in den Status der Ramsch-Würdigkeit tritt. Quod erat demonstrandum.

Nicht anders ist es dem Speichermedium CD-ROM ergangen. Es hat lange nicht das gehalten – im Absatz wie in der Durchdringung des Marktes –, was sich die Branche davon versprochen hat. Als 1996 bei Aldi Nord die »Top Collection« auftauchte – 13 CD-ROMs mit Ratgebern, Nachschlagewerken, Tierlexikon, City-Guide für 59,98 (Stückpreis 4,60) wurde das im *Buchreport* als Zeichen gewertet, das Medium gewinne »auch in der Breite« an Popularität. So kann man Verklappung von Überbeständen auch definieren.

Die Popularitäts- beziehungsweise Breitenwirkung hatte Aldi bereits auf dem Markt des deutschen Schlagers bewiesen. Anno 1996 wurden *Meisterwerke der Kelly-Family* und *Meisterwerke der Flippers* (4 CDs, 19,98) offeriert. Die Aufnahme in die Aldi-Regale, höhnte ein Anonymus im Streiflicht der *Süddeutschen Zeitung*, sei mit der Berufung eines Literaten in die Académie française oder eines Superstars in die Hall of Fame zu vergleichen. Aber, so der Kulturmiesepeter weiter, »in einem Land, in dem jedes McDonald's das Wort ›Restaurant‹ über seine Tore schreiben darf, in dem ein Atomreaktor sich als ›Neutronenquell‹ und eine SPD sich als Opposition verkauft, in so einem Land dürfen sich die Flippers wahrscheinlich auch Musiker nennen und Aldi ihre Songs ›Meisterwerke‹.« Wer wird denn gleich so moralinsauer mit dem Zeigefinger fuchteln? Nach solcher Abwehr war zumindest eines klar: Aldi war noch nicht reif für das Feuilleton. Dazu hätte schon die CD-Edition »Heiner Müller tanzt die Kindertotenlieder (Klavier: Pina Bausch)« an der Kasse liegen müssen.

Stiftung Alditest

»Jeder Artikel ist mit der umfassendsten Garantie ausgestattet.« – Das ist die Präambel zur Verfassung des Staates Aldi. »The pursuit of happiness«, das Streben nach dem persön-

83

lichen Glück, das die amerikanischen Verfassungsväter ihrem Gesetzeswerk vorangestellt haben, hat ungefähr so eine Bedeutung wie die Zehn Gebote zusammen. Diese Präambel konstituiert für Aldi den unbedingten und umfassenden Anspruch, der mit Sicherheit maßgeblich zum Erfolg der Discountidee beigetragen hat. Der Glaube an die Qualität der eigenen Produkte wird bis hinauf in die Zentralen in Essen und Mülheim gepflegt. Aldi-Manager sind verpflichtet, regelmäßig im Selbstversuch Lebensmittel aus dem eigenen Haus zu testen. Diese kostenlose Nebenbeikontrolle hält die Betriebswirte nah am Produkt – und die Lieferanten ziemlich auf Trab. Durch regelmäßige, stichprobenartige Kontrollen werden Lieferanten von Fertiggerichten überprüft, permanent gleichbleibende Qualität anzubieten. Tun sie es nicht, heißt es Abschied nehmen. Das fällt im Laden dann nur dem Eingeweihten auf, wenn während der Saison der Lieferant gewechselt wird.

Nehmen wir als Gewährsmann einen eher untypischen Aldi-Kunden. Der Textilfabrikant Wolfgang Grupp ist ein aufrechter Schwabe, der auf *shareholder value* und Globalisierung pfeift. Er läßt daheim, in Burladingen, seine Textilien Marke »Trigema« produzieren, beschäftigt 1100 Angestellte und setzte im Jahr 1996 über 150 Millionen Mark um. Wie es sich für einen Häuslebauer gehört, besitzt Grupp eine Prunkvilla im schwäbisch-maurisch-venezianischen Stil, läßt Mercedes 600 fahren und hat sich in eine gläserne Garage einen Firmenhelikopter gestellt, damit nur ja keiner die Insignien des Wohlhabenden übersehe. Grupp hat eine Baronesse aus der Steiermark geehelicht, ist leidenschaftlicher Jäger und Hinterdem-Komma-Rechner. Als solcher hat er Bekanntschaft mit den beiden Über-Ichs eines jeden Pfennigfuchsers gemacht – und zunächst den kürzeren gezogen. Grupp lieferte dem Discounter seine Trikotagen, bis der mal wieder an der Preisschraube drehte. Aber im Gegensatz zu anderen Lieferanten ging der aufrechte Schwabe nicht in die Knie. Er blieb bei seinem Preis, verlor den Auftrag und gründete postwendend eigene Verkaufsstellen. Ist Grupp geizig? Nein. Er haßt bloß, darin vermutlich allen erfolgreichen Selfmade-Männern und - Frauen verwandt, unnötige Verschwendung. Weswegen er als Privatmann weiterhin bei Aldi einkaufen geht. Einem rotgeränderten Hamburger Nachrichtenmagazin vertraute er an, Aldi sei »erste Qualität, ich bewundere die Unternehmer Albrecht«. Ganz zum Vorbild hat er sich die Brüder – zum Glück für seine Angestellten, wie gesagt werden kann – nicht gemacht. Grupp ist von unendlicher Zähigkeit, was die Treue zu seinen Leuten angeht. Er bezahlt sie gut, ebenso seine Lieferanten – manchmal sogar im voraus. Das führte bei Aldi zu Hysterie im Management.

Ähnlich ist Grupp den Brüdern Albrecht in seiner Leidenschaft für hohe Qualität zu niedrigen Preisen. Daß die Qualitätsbeteuerung nicht bloßes Sprücheklopfen ist, kann jeder Aldi-Kunde auswendig herbeten. Aber was ist, wenn die Produkte unter Laborbedingungen von unabhängigen Instituten getestet werden? Ein Streifzug durch die letzten Jahrgänge der Zeitschrift von »Stiftung Warentest« räumt schnell auf mit der Mär von dem billigen Klumpert der No-Name-Marken. Mit den Testergebnissen konnte Aldi seinen Kreditrahmen bei den Verbrauchern mit dem Siegel der Glaubwürdigkeit adeln. Denn was von der »Stiftung Warentest« gut besprochen wird, steht als eherner Glaubenssatz auf Jahre hinaus fest – zumindest bis zum nächsten Test. Das Berliner Institut hat einen ähnlich hohen Glaubwürdigkeitsfaktor wie sonst nur noch die schweren Zeichen deutscher Fortschrittskultur, TÜV und ADAC. Diese Ikonen deutscher Gründlichkeit, Verläßlichkeit und Wertarbeit haben eine Gewißheit von technischer Machbarkeit plus Sicherheit in den Hirnen verankert, die noch einer Interkontinentalrakete Unbedenklichkeit verleihen würde – sofern sie das entsprechende Prüfsiegel trüge.

Die Testergebnisse der »Stiftung Warentest« lassen sich auf

die für die Konkurrenz wenig schmeichelhafte Formel bringen: Es gibt keine Besseren zu diesem Preis (und umgekehrt). Dieses Ergebnis spiegeln jedenfalls die Untersuchungen aus den mittleren neunziger Jahren wider. Ohne im Detail Statistiken auszubreiten – die Verbraucherzentralen helfen Testgläubigen gerne weiter –, läßt sich folgendes Resultat extrapolieren: Bei Reinigungs-, Wasch- und Geschirrspülmitteln sind die Aldi-Produkte immer mit einem »Gut« dabei (wobei »Sehr gut« gar nicht vergeben wurde), und sogar in Charakterfächern wie beim Tomatenketchup macht der Discounter eine hervorragende Figur. Fanatische Anhänger der reinen Lehre – vulgo Jünger der Marke »Heinz« – werden zwar niemals von ihrem Ketchup abzubringen sein (Heinz = Amerika = Mutterland des Tomatenbreis), doch das »Aldi Delikato Tomatenketchup« schnitt im Testbericht 1/97 bei einem Preis von 24 Pfennig pro 100 ml mit »Sehr gut« ab – der besagte Konkurrent war nicht in dieser Kategorie.

Das Erstaunlichste sind die teilweise enormen Preisunterschiede innerhalb eines Produkttests. So erhielt im Jahr 1996 die »Aldi Ombra Pre-Sunshine Sonnenmilch« mit Lichtschutzfaktor 6–8 ein »Sehr gut«. Kostenpunkt je 100 ml: 92 Pfennig. Produkte bekannter Edelmarken, die teilweise mit sehr viel schlechteren Bewertungen eingestuft wurden, kosteten mehr als das Zehnfache.

Den größten Klassiker unter den Aldi-»Sehr gut«-Angeboten stellt zweifellos das bereits erwähnte Olivenöl Marke »Lorena« dar. Ein Dauerseller, der zunächst bei Aldi Süd im Sortiment war, dann aber nach dem Testerfolg auch im Norden das »Aldi Olearia« (Stiftung Warentest: »Gut«) ablöste. Aus dem Feld geschlagen wurden so renommierte Marken wie »Probare«, deren im griechischen Kalamata geerntetes Olivenöl bei einem Literpreis von 25 Mark (Test 6/94) nur ein »Gut« kassierte. Das »Lorena« kostete damals pro Liter 6,12, heute 5,59 (Stand Herbst 1997).

Der Preis allein macht es in unserer auf Distinktion zielenden Gesellschaft nicht mehr – es sind *Die feinen Unterschiede*, so der Titel einer berühmten Studie des französischen Soziologen Pierre Bourdieu. Selbstverständlich sind die Jahre des grünen Aufbruchs auch am Instrument Warentest nicht spurlos vorübergegangen. Und wo die Stiftung zu Berlin Preiswürdigkeit und Qualität achtet, setzt zum Beispiel die Zeitschrift *Ökotest* noch *ecological correctness* oben drauf. Entgegen den reflexartigen Unkenrufen berufsgrüner Bedenkenträger haben überraschend viele Aldi-Produkte vor den strengen Prüfblicken dieser Zeitschrift Gnade gefunden. Nehmen wir als Beispiel Vollwaschmittel (Test 4/97). Natürlich sind solche Grundwasserzerstörer noch immer nicht das Grüne vom Ei. Aber sie sind, nolens volens, ein Gegenstand des täglichen Bedarfs und im Falle der Aldi-Produkte »Tandil Ultra Plus« und »Almat Compact S« »eingeschränkt empfehlenswert«. Das ist, wohlbemerkt, Bestnote. »Weniger empfehlenswert« waren zum Beispiel »Dash futur« und »!Persil Megaperls«; nicht »empfehlenswert« (ausgerechnet!) »Frosch Waschmittel«, »Omo«, »Vizir« und »Sunil«. Einen Rückschlag dagegen bei den Maschinengeschirrspülmitteln: Da schnitt der »Alio Geschirr-Reiniger« (Aldi Süd, Test 3/97) mit »nicht empfehlenswert« ab.

Ausgerechnet da, wo man wegen Junk-Food keinerlei Ansprüche gestellt hätte, gibt es wieder die volle Punktzahl: bei den Kartoffelchips. Die Aldi-Marke »Ibu« war nicht nur am billigsten, sondern auch ökologisch am unbedenklichsten. Wer hätte das gedacht, angesichts der Tatsache, daß gerade bei Chips Glaubenskriege ausgefochten wurden, die denen der Ketchup-Fundis in nichts nachstanden. Ähnliche, nie vermutete Triumphe auch in früheren Tests für den »Albrecht Premium Kaffee – Der Feine« (500 Gramm für 5,98) – der ökologisch korrekte, weltanschauliche durchdrungene »Demeter Mexiko Hochland Kaffee Finca Islande« erhielt zwar ebenfalls bei *Ökotest* das Prädikat »empfehlenswert«, kostete aber für 500 Gramm schlappe 21,20 Mark.

Die größte Überraschung dürfte sich aber in der Kategorie Shampoo verbergen. Das Aldi-Produkt »Caribic Shampoo Aktiv« (im Nordbereich unter dem Namen »Kyrell« vertrieben), erntete ebenfalls ein »empfehlenswert«, bei einem Preis von 53 Pfennig pro 100 ml. Konkurrent »Crisan« bekam dieselbe Note, kostet aber viermal soviel. Und das »Fluance Extra Rich Milky Shampoo« von Lancôme kostete 11,60 Mark für 100 ml und war »nicht empfehlenswert«.

Diese Ergebnisse müßten auch grünen Fundamentalisten das Wasser in die Augen und sie selbst in die Aldi-Filialen getrieben haben. Daß Aldi dennoch nie ein Laden für eine genuin grüne Klientel werden kann, steht außer Frage: Da passen nicht bloß die Produkte nicht zusammen. Das Bewußtsein für Bewußtsein fehlt den Aldi-Managern vollkommen; vielleicht sehen sie es auch deshalb nicht ein, die *Ökotest*-Empfehlung auf die Waren drucken zu lassen.

Vielleicht ist das ja ein Signal aus einer fernen Galaxie, mit dem die Bodenstationen in Essen und Mülheim noch gar nicht umgehen können? Die halten sich derweil an Handfestes, an Hardware, wie sie sonst in Baumärkten zu finden ist. Und so locken sie die Millionenheere der Heimwerker mit Bohrmaschinen, Handkreissägen, Winkelschleifern, Gummibesen, Spaten, Gartenschläuchen, Schlüsselsätzen, Schraubensortimenten, Werkzeugkoffern und ähnlich männlichem Gerät in die Läden. Wer es gerne technisch ausgereift, aber preiswert hat, findet immer wieder Fotoapparate, Föns, Weltempfänger, Faxgeräte, Stereoanlagen, Fernseher – stets verbunden mit einer Einjahresgarantie plus Reparaturadresse. Das gibt es nicht einmal bei allen Geräten im Fachhandel.

Sie nehmen ihre Präambel mit der umfassenden Garantie ziemlich ernst, die Brüder Albrecht. So haben sie die Gewähr, wasserdicht zu arbeiten. Wo kein Kläger, da ein zufriedener Kunde. Ein solcher kommt gern wieder. Der sagt auch gern kostenlos und effizient weiter, daß er zufrieden war. Ein Selbstläufer, der nicht erkennen läßt, welch hoher Organisationsgrad sich hinter ihm verbirgt. Das paßt in gute wie in schlechte Zeiten, zu Traumhochzeiten und in sämtliche Lindenstraßen: Aldi ist einfach immer da.

Nachrichten aus dem Bauch
des Wals

»Wer nichtige Götzen verehrt,/der handelt treulos. Ich aber
will dir opfern/und laut dein Lob verkünden« – so fleht Jona,
im Bauch des Fisches zu Gott, seinem Herrn. Der Herr hat ein
Einsehen und befiehlt »dem Fisch, Jona ans Land zu speien«.
Früher war der Fisch ein Wal. Bis die Zoologie den Wal als Säu-
getier einstufte. So ändern sich die Zeiten. Das Bild des ver-
zweifelt in einem Riesentier gefangenen Menschen hat nichts
von seiner zeitlosen Modernität verloren. Sind wir als Mitglieder der Angestelltenkultur nicht alle »irgendwie« gefangen in
einer Peristaltik, die uns -- je nach Verdauung – mal hierhin,
mal dorthin (eher doch dorthin) befördert? Oder ist das ein
überholtes Bild, wo doch neuerdings auf uns alle das Schick-
sal des voll verkabelten Arbeiters wartet: moderne Nomaden
ohne Festanstellung, heute hier in Lohn und Brot, morgen
schon wieder wegrationalisiert. Bis zur Unkenntlichkeit flexibel und wetterwendisch, immer auf der Suche nach dem nächsten Claim, bis die Schürfrechte entzogen werden. Wer tief im
Walbauch sitzt, braucht schon einen sehr hellhörigen Herrn
und Meister, der obendrein gewillt ist, die lauten Klagerufe zu
hören. Solches ist im Konzept eines aufrechten Unternehmers
nicht vorgesehen. Wer bei fast fünf Millionen Arbeitslosen
nicht spuren will, sieht sich allezeit mit einem Ersatzkandida-
ten konfrontiert, es sei denn, er ist so hochspezialisiert, daß ein
Nachfolger nicht auf Zuruf auftreibbar wäre.

Für den gemeinen Arbeitnehmer, der sein Brot – sagen wir beispielsweise: – bei Aldi verdient, ist die Chance gering, als unersetzlich zu gelten. Also verhält sich dieser Jona sicherheitshalber ruhig; zumal er weiß, daß die Oberen nichts so sehr schätzen wie Diskretion. Das ist freilich nichts Aldi-Spezifisches, findet dort aber eine ausgesprochen hohe Wertschätzung. Wer opponiert, ist schon auf der Abschußliste, wer plaudert dito. Verschwiegenheit ist keine Zier, sie ist oberste Bürgerpflicht. Es gibt bis heute keinen wirklich aktenkundig gewordenen Überläufer, keinen, der sich anders als schweigend aus dem Bauch des Wals verabschiedet hätte.

Das Habsburger Modell der Personalführung

»Der Staat ist eine Pyramide: Wer ganz nach oben will, braucht einen kleinen spitzen Kopf«, befand der Schriftsteller Uwe Dick. Was bei »Vater« Staat noch gelten mag, in der Großindustrie hat der Umbau der starren Hierarchien längst begonnen. Dezentral und teamorientiert muß gearbeitet werden, das ist effektiver und fördert Kreativität und Motivation der Mitarbeiter. Dabei geht doch nichts über eine zünftige Hierarchie. Wenn Vorstände von Großunternehmen im kleinen Kreis klagen, nur genormte Karrieristen mit vorbildlichem Lebenslauf würden es in die höheren Ebenen schaffen, vergessen sie allzu gern, daß gerade in höheren Etagen willige Vollstrecker hoch willkommen sind. Konzernlenkern vom Schlage der Albrecht-Brüder stünden de jure ganze Stabsabteilungen im repräsentativen Büroturm zu, regelmäßige Interviews in den führenden Blättern, dreiteilige Schlafanzüge mit Seidenkrawatte und ein sprichwörtlicher Fahrer, der die Felgen des 600er Benz mit der Zahnbürste pflegt. Klischee? Dann werfe man mal einen Blick auf die Sonnenkönigattitüde von Automobilpäpsten wie Jürgen E. (E wie Elch?) Schrempp oder

Ferdinand Piëch. Schrempp (Motto: »Profit, Profit, Profit«) läßt, kaum zum Vorstandsvorsitzenden avanciert, von einem Journalisten seine Biographie schreiben (warum nicht gar die Tagebücher edieren?), gibt sich kämpferisch globalisierend, wenn er eben mal ein Traditionsunternehmen wie Fokker erst kauft und kurz darauf mit Handkantenschlag in den Orkus rammt; sorgt für Schlagzeilen, wenn er in bester Teutonenmanier nachts auf der Spanischen Treppe in Rom randaliert. Seine eckige Fred-vom-Jupiter-Brille spricht dann: Seht, ich komme von der Werkbank und habe es bis ganz nach oben geschafft. Dabei übersieht der Machiavelist in ihm permanent, daß er nur ein angestellter Manager ist. Ein Aktionärsknecht, der den flotten Otto geben darf, der bei angemessener Abfindung aber durchaus künd- und ersetzbar ist. Da können doch die wahren Herren des Geldes nur pikiert die Augenbrauen lüften. »L'Aldi – c'est moi.« Bei Aldi herrscht ein anderes Herrschaftsmodell. Das Sonnenkönigtum wird nicht nach außen getragen. Es existiert nur im Inneren des Wals. Von dort aber, Jona hin oder her, sind Klagerufe tabu.

Insider sprechen von einem »Habsburger Modell der Personalführung«: Jede Ebene erhält nur die Menge an Information, die sie unbedingt benötigt. Der persönliche Auftritt sei aber, auch das wird kolportiert, eher unauffällig, beinahe bescheiden. Der Herr Aldi, ein Normalo wie du und ich. Selbstverständlich verlangt ein so enger Zuschnitt auf jeweils einen Obersten ein treues Regiment von Vasallen. Die gibt es, aber sie sind so graumäusig unauffällig wie ihre Geldgeber. Ganz oben thront, in Süd wie in Nord, der Gottvater. Dann kommt erst einmal lange nichts, und dann folgen die Hierarchien.

Am Beispiel Aldi Nord wollen wir diese Pyramide von unten betreten. Dazu muß vorausgeschickt werden, daß die im folgenden verwendeten Kürzel ausschließlich im Konzern verwendet werden. Was der Bundeswehr der BWAküFi (der Bundeswehr-Abkürzungs-Fimmel) ist, hat bei Aldi einen kleinen

Bruder bekommen. Es beginnt mit einem V wie Verkäufer (vulgo Kassenfrau), setzt sich fort beim VFL, dem Vertreter des Filialleiters, der demnach als FL adressiert wird. Dem FL übergeordnet ist der BL, der Bezirksleiter, dem in der Regel sechs bis acht Filialen unterstehen. Dann verzweigt sich das Organigramm in die Linie OA für Objektanmietung. Dahinter verbirgt sich der Zweig der Cilly-Albrecht-Immobilien KG, einer Tochtergesellschaft für Landnahme. Auf gleicher Ebene angesiedelt sind PVL, LZ und E – womit im ersten Fall Buchhaltung, Personalbüro und EDV gemeint sind, im zweiten der Leiter des Zentrallagers (mit Warenannahme, Fuhrpark, Sammellager) und im dritten der Einkäufer, der all die schönen Dinge aus aller Welt herbeischafft. Darüber gibt es nur den VL alias Verkaufsleiter und ganz oben den GF, den Geschäftsführer.

Sämtliche Filialen der derzeit 33 Gesellschaften, die sich zu Aldi Nord fügen, operieren ausschließlich mit diesen Kürzeln; die Filialen heißen Verkaufsstellen, haben Nummern und werden im internen Verkehr nur mit dieser adressiert. Als ideale Größe einer Gesellschaft gilt im Augenblick eine Filialzahl zwischen 50 und 70. Wird diese Größenordnung überschritten, ist es an der Zeit eine neue Gesellschaft zu gründen – wegen Wahrung des Publizitätsgesetzes.

Formal gelten die Geschäftsführer als die Entscheidungsträger, in Wirklichkeit sind sie wohl eher die Befehlsempfänger der Essener Zentrale. Dort, bei der Aldi Nord OHG, versammeln sich die GF im Sechswochenrhythmus, dort nehmen sie auch die neuen Preislisten entgegen.

Die Einkommensverhältnisse sind für ein Unternehmen dieser Gewinnspanne eher schwachbrüstig. Geschäftsführer werden mit 250 000 bis 350 000 Mark pro Jahr entlohnt, die Ebene Verkaufsleiter, Leiter des Zentrallagers und Personalwesen bringen es auf 120 000 bis 180 000 Mark p.a. Einkäufer sind bei rund 110 000 Mark angesiedelt, ein Bezirksleiter erhält zwischen 70 000 und 100 000 Mark – plus Dienstwagen plus privates Telefon.

Ein Filialleiter liegt mit einem Grundgehalt von 5000 Mark im Monat knapp über dem Tarifgehalt; er bringt es im Jahr auf 68 000 Mark. Eine Aldi-Verkäuferin in Berlin hat derzeit (Stand Anfang 1997) ein Grundgehalt von 3188 Mark plus 400 Mark Prämie. Die Gehälter der oberen Ebenen werden jedes Jahr neu verhandelt und richten sich nach dem Ergebnis der Inventur. Diese alljährlich einmal im großen Stil durchgeführte Sichtung der Bestände hat im Einzelhandel rituellen Charakter; ein »Wegen Inventur geschlossen«-Schild ist jedoch an einer Aldi-Filiale schwer vorstellbar. Die Fehlbestände sind dort ohnehin – Ausfluß der extremen Kontrolle auf allen Ebenen – nicht anders als marginal zu nennen.

»Aldi-Süd sucht Management-Trainees.« Eine Anzeige mit diesem Text erscheint immer wieder mal in überregionalen Tageszeitungen; sie richtet sich an Absolventen von Hochschulen und Fachhochschulen und eröffnet einen »Karriere-Start im Einzelhandel«. Erwartet werden Bewerber nicht älter als Ende Zwanzig, die über deutlichen Leistungswillen und ausgeprägtes kaufmännisches Bewußtsein verfügen. Geboten wird ein sehr ordentliches Anfangsgehalt, ein neutraler Firmenwagen sowie gute Aufstiegschancen. 50 bis 60 Hochschulabgängern soll so im Schnitt pro Jahr die Chance einer Aldi-Laufbahn eröffnet werden – folgt man den Erkenntnissen der Branchenpresse, bleibt davon pro Jahrgang ein Berufseinsteiger übrig. Ein Großteil der Wirtschaftswissenschaftler kündigt bereits nach drei Monaten. Einstimmige Begründung: Die tatsächlichen Arbeitsbedingungen hätten mit der Stellenanzeige kaum etwas gemein. In vielen Fällen münde die Beschäftigung in körperliche Schwerstarbeit. Aldi – the hard way? Durchaus. Das Traineeprogramm sieht zunächst eine einmonatige Ausbildung durch einen Bezirksleiter vor. In einem dreiwöchigen Crashkurs werden die Frischlinge auf die Vertretung eines Filialleiters vorbereitet. Dann kommt die Feuerprobe: Der Trainee übernimmt drei Filialen in Eigenregie, jeweils für sechs Wochen. Daran schließt sich eine weitere Schulung durch einen Bezirksleiter und ein einmonatiges Gastspiel in der Zentrale an. Vier Monate des Traineejahres sind für Urlaubsvertretungen reserviert. Im Klartext: Nach kurzer Zeit muß der leistungswillige Berufsanfänger eine Aldi-Filiale leiten können, das heißt, er muß auch sämtliche Preise im Kopf und in der Hand haben (damit er sie an der Kasse blind eintippen kann). Auch sonst sollte der junge Mann/die junge Frau nicht allzu zart besaitet sein. Umgang mit dem Hubwagen für Palettennachschub wird ebenso vorausgesetzt, wie Regale nachfüllen, Boden wischen, Kassenabrechnung, Arbeitsplan etc. – nur die Einkaufswagen zusammenschieben muß man nicht können; das erledigt ja der Kunde selbst. Selbstverständlich werden keine Überstunden bezahlt, und von denen hat der Trainee (wie alle anderen ja auch) reichlich abzureißen. Wer das eine Jahr durchhält, wird in der Regel als Bezirksleiter eingesetzt, mit Aufsicht über sechs bis neun Filialen. Nach Meinung von Betroffenen ist es dann für die meisten mit der Karriere bei Aldi aber vorbei – nur die wenigsten schaffen den Sprung in die (zahlenmäßig dünn gesäte) nächste Ebene. Die Aufgaben des Bezirksleiters, da sind sich Insider einig, machen ein Hochschulstudium nicht unbedingt nötig: Ein BL kontrolliert das Erscheinungsbild seiner Filialen, koordiniert seine Filialleiter, führt Urlaubslisten, stellt Personal ein und aus, entscheidet über Reparaturen. Praktisch denkende und zupackend handelnde Einzelhändler sind dort eher gefragt als verkopfte Betriebswirte. Einen Trost haben Aussteiger aber auf jeden Fall: Sie waren bei Aldi. Wer durch diese harte Schule erfolgreich ging, ist für die Konkurrenz interessant. Es wird unterstellt, diese Leute hätten arbeiten gelernt. Sehr vermutlich zu Recht.

Hierarchen brauchen Schmusetiere in Form von Statussymbolen. Jedem Manager sein Tamagotchi aus Stahl, Leder und Gummi. Zu füttern mit Superbenzin und Mehrbereichsöl, regelmäßiges Schamponieren inbegriffen. Höchstes Ansehen genießt immer noch der fabrikneue Dienstwagen (und nicht die Grüne Karte für den Verkehrsverbund). Die Feinabstufungen im Dienstwagenwesen wären einmal eine Doktorarbeit in Kulturanthropologie wert. Das verästelte System der Mehrwertigkeit reicht bis in Details der Ausstattung hinein. Verzichtet einer auf das ihm zustehende Modell – sagen wir: ein Mercedes der S-Klasse – und will statt dessen die kleinere E-Klasse mit höherwertiger Ausstattung, beginnen die Probleme. Bei Aldi-Nord ist die Dienstwagenfrage naturgemäß strikt und einheitlich geregelt. Großen Spielraum gibt es nicht. Für die Geschäftsführer darf es ein Mercedes Benz 260 sein, wahlweise in den Firmenfarben dunkelblau oder weiß. Ein Autotelefon ist verpflichtend, Ledersitze dagegen gibt es nicht. Wahlmöglichkeit besteht noch zwischen Automatikgetriebe oder Gangschaltung. Die Ebene VL, E und OA chauffiert einen 220er Mercedes, eine Etage darunter gibt es dann eine Passat Limousine (früher Audi 80). Extrawünsche, wie etwa ein Holzlenkrad, gehen auf eigene Rechnung. Die Bezirksleiter müssen einen Passat Kombi fahren – wegen zu erwartender Materialtransporte zwischen den Filialen. Dieses Fahrzeug kann wahlweise mit Schiebedach oder Klimaanlage ausgestattet sein, beides zusammen ist nicht vorgesehen.

Wer wie die Brüder Albrecht selbst aus dem Nichts kommt, hat bei Aldi immer noch ganz ordentliche Chancen, sich im Rahmen des Systems nach oben zu strampeln. Vom V zum BL – eine solche Laufbahn ist durchaus drin: Arbeitswütige schaffen es vom Packer bis zum Passat Kombi, in seltenen Fällen auch weiter. Der Preis für den Aufstieg ist freilich nicht zu unterschätzen. Wer einmal diese starren Strukturen internalisiert hat, ist durch eine Art Gehirnwäsche gegangen, für die das

Label »corporate identity« eine unzureichende Bezeichnung wäre. In dieser Männerwelt sind Frauen nicht vorgesehen. Ihnen ist der Weg nach ganz oben, in die Ebene Geschäftsführer, (bislang) versagt geblieben. Das verhalte sich, gab ein Kenner des Hauses zu verstehen, ganz wie in der katholischen Kirche: Weibliche Priester gibt es nicht.

Management by Mißtrauen

Denn es wird kommen der Tag, da sich Gottvater herabläßt in die Niederungen seiner Gläubigen und einer Verkaufsstelle seines Reiches einen Besuch abstattet. Gefürchtet waren diese Besuche, wenn Theo oder Karl Albrecht sich aufmachten, mal wieder persönlich nach dem Rechten zu schauen. Damit die Parade auch festlich genug ausfallen konnte, erhielten solchermaßen erwählte Filialen einen gnädigen Hinweis aus der Konzernzentrale (wie das bei all den Verkaufsstellen funktioniert(e), die immer noch kein Telefon haben – per Brieftaube?). Es sollte die lieben Mitarbeiter ja nicht ganz unvorbereitet treffen. Und so wurde der Laden auf Hochglanz gewienert, damit der Allmächtige Wohlgefallen finde am Wirken seiner Schafe. Ob es da möglicherweise eine Parallele zu den Potemkinschen Dörfern gibt, die für die großrussischen Herrscher errichtet wurden, sei dahingestellt. Ein höfisches Ritual war es allemal, in einem ansonsten profan-merkantil regierten Reich. Bei solchen Gelegenheiten kam es schon vor, daß ein FL einen Rüffel von Herrn A. kassierte, weil er beim Büromittelbedarf ein paar Kugelschreiber zuviel angefordert hatte. Das wolle er, soll Theo Albrecht gesagt haben, schon mal genau wissen, wie man mit vier Stiften gleichzeitig schreiben könne.

Wer als niedriger Hierarchling dergestalt getreten wird, tritt allzugern nach unten weiter. Die Ideologie der starren Hierarchien, Mobbing als Führungsprinzip, führt zu einem überdeutlich ausgeprägten Respekt vor der nächsthöheren Ebene. Eine besonders wichtige Position besitzen im unteren Spektrum der Pyramide die Bezirksleiter, die meist aus der Filialleiterebene aufgestiegen sind. Das stellt sicher, daß ihnen jeder Trick aus der Schachtelperspektive bekannt ist, und peitscht sie gleichzeitig zu immer größeren Ausquetschungsmaßnahmen – das System ist seit den römischen Statthaltern hinlänglich erforscht. Es gibt Gewerkschaftsvertreter, die den Bezirksleitern unumwunden kriminelle Energie unterstellen, in der Art und Weise, wie sie Filialleiter gegeneinander ausspielen, wie sie Arbeitszeiten verlängern und Mitarbeiter unter Druck setzen. Zwei Instrumente stehen dem Bezirksleiter zur Verfügung: das »Kritikgespräch« und der »Besuchsbericht«.

In den personell chronisch unterbesetzten Aldi-Märkten wird ständig jede freie Hand gebraucht: zum Auspacken und Einräumen der frischen Ware, zum Nachsortieren und Wegschaffen der achtlos fortgeworfenen Umverpackung, zum Betrieb sämtlicher Kassen in Spitzenzeiten. Der Filialleiter ist da Mädchen für alles, der schon mal einspringt beim Bodenwischen, der aber auch dafür verantwortlich ist, daß die Tageseinnahmen – möglichst vor Einbruch der Dunkelheit und auf wechselnden Routen – die sichere Bank erreichen. Das ist kein Kinderspiel, seit in den letzten Jahren in großstädtischen Ballungsräumen die Gewaltbereitschaft zugenommen hat, sprich Überfälle auf derartig schutzlose Geldtransporte zugenommen haben.

Nach interner Sprachregelung arbeiten die Filialleiter lediglich die tarifvertraglich festgesetzte Stundenzahl 37,5 Stunden. Der Rest der (offiziell gar nicht geleisteten) Arbeitszeit wird als »FL-Eigeninitiative« verbucht, eine eher abstrakte Form der Einhaltung der Arbeitszeit. In Wirklichkeit sind 50- bis 60-Stunden-Wochen die Regel. Ein Knochenjob.

Und dann gibt es da noch die Schikanen, von denen ein ehemaliger Filialleiter folgendes berichtet. Bei Ankunft des Bezirksleiters, der gekommen war, um einen »Besuchsbericht« abzufassen, sei sein Laden blitzsauber gewesen. Dummerweise mußte, bei einsetzendem Nieselregen, soeben angelieferte Ware in die Filiale geräumt werden. Die feuchten Gummirollen des Hubwagens verursachten auf dem Fliesenboden schwarze Streifen – was der Bezirksleiter prompt in seinem »Besuchsbericht« vermerkte. Berechtigt sei der Bezirksleiter zu dieser Feststellung gewesen, weil sein Bericht eine »Momentaufnahme« des Ladens wiedergebe – die feine englische Art sei es aber nicht gewesen. Doch die ist ohnehin nicht angesagt. Wer aufbegehrt, dem drohen Repressalien bis hin zur Auflösung des Arbeitsvertrags. Nicht vorgesehen im Schöpfungsplan des Imperiums ist Arbeitsausfall wegen Krankheit. Wer glaubt, sich eine Erkrankung leisten zu können, irrt. Dann droht Besuch vom Bezirksleiter, und zwar gerne auch abends oder am Wochenende. Dem Vernehmen nach werden die Angestellten dann beschimpft oder gedemütigt – bis sie einsehen, daß sie an ihrer Krankheit selbst schuld haben. Krankmeldungen werden vor den Augen der Mitarbeiter zerrissen, die Fehlzeiten von den Überstunden abgezogen. Wer der Gefahr entgehen will, einen Auflösungsvertrag vorgelegt zu bekommen, geht krank zur Arbeit. Es wurden schon Kassiererinnen mit Gipsbein gesichtet. Nur im Notfall werden nämlich Aushilfen eingesetzt. Wer sich krank meldet, belastet automatisch die Kollegen mit Mehrarbeit. Wenn Ersatz durch Aushilfen angefordert werden muß, weil sonst der Betrieb zusammenbräche, geht das auf Kosten der Abwesenden: Die Prämie wird gekürzt. Das schafft keine Freunde.

Ein weiteres Schmankerl aus der Palette »neuzeitliche Mitarbeiterführung« sind die Testkäufer, die dazu da sind, das Kassenpersonal in erster und den Filialleiter in zweiter Linie auf die Probe zu stellen. Beliebt ist beispielsweise der Trick, eine flache Schachtel – Pralinen, Bettwäsche oder ähnliches – an der

Unterseite einer Palette mit Dosen hochzuheben, wie um zu beweisen, daß sich nichts mehr auf dem Wagenboden befindet. Oder die Testkäufer stecken eine Flasche Korn in ein Gebinde mit Mineralwasser. Wer als Kassenfrau so etwas übersieht, hat Ärger am Hals. Gleiches gilt für die Filialleiter, denen man zu Überprüfungszwecken mal eben eine Palette nicht angeforderter »Krabben in Knoblauchsauce« in die Lieferung gesteckt hat. Fällt dem Filialleiter das Kuckucksei nicht auf, hat er erstens Erklärungsbedarf, zweitens kann man ihm Betrug unterstellen, weil er den Überbestand bis zur nächsten Inventur mitschleppt und kaum eine Gelegenheit hat, seine Bilanz zu reinigen.

Immer wieder angewendet wird die Methode des unterstellten Diebstahls. So wurden unliebsame Mitarbeiter beim Verlassen des Ladens kontrolliert und mußten feststellen, daß sich in ihrer Tasche eine Leberwurst befand. Einem besonders eifrigen Bezirksleiter aus der Berliner Gegend ist 1987 das Kunststück geglückt, in einer Filiale aus Versehen seinen Personalplan 1988 liegenzulassen. Dem konnte man entnehmen, wer im nächsten Jahr entlassen werden sollte. Die Begründungen waren bereits schriftlich skizziert. Eine davon hieß zum Beispiel »Verdacht auf Diebstahl«.

Der Feind, die Maßnahmen gegen die eigenen Mitarbeiter zeigen es deutlich, wird bei Aldi in den eigenen Reihen gesucht. Ladendiebstahl ist bei allen Konkurrenten des Discounters, in der Lebensmittelbranche allgemein, ein ernsthaftes Problem. Nicht so bei Aldi. Das mag daran liegen, daß Aldi noch von einem Ruf zehrt, der stark nach Geheimdienstmethoden duftet. Legendär sind auch heute noch die Aldi-Läden mit den Geheimgängen hinter den Regalen. Durch falsche Spiegel konnten so die Kunden in Augenhöhe vom Filialleiter kontrolliert werden. In verspiegelten Kommandozentralen über dem Kassenbereich befindet sich in vielen Märkten das kleine Büro des Filialleiters. Die Kasino- und Puffrequisite ist so anachroni-

stisch, daß sie angesichts einer flächendeckenden Video-Über-
wachung beinahe liebenswürdig schrullig wirkt. Die Kameras
sind natürlich auch in Aldi-Märkten Standard; die Zeiten, in
denen sich irgendwer darüber beklagt hätte, sind längst vorbei.
Im Namen der Sicherheit geschehen dem gläsernen Kunden
wunderliche Dinge.

Daß die Diebstahlsquote bei Aldi so verschwindend gering
ist, hat noch eine andere Ursache. Als Aufpasser fungieren
nämlich ehrenamtlich sämtliche Mitarbeiter, geködert von
einem Bonussystem. Wer einen Ladendieb ertappt, erhält bei
einem Warenwert von unter 20 Mark sogleich 20 Mark netto
gutgeschrieben; liegt der Wert der entwendeten Ware über 50
Mark, klingeln 50 Mark in der Mitarbeiterkasse. Wer auf Zack
ist und Ladendiebe stellt, ist sich des Wohlgefallens der Oberen sicher. Umsicht und schneller Zugriff wird als Ausdruck
von Führungsqualität gewertet. Hinweise darauf, daß der
Feind tatsächlich in den eigenen Reihen sitzt, gibt es seit der
Öffnung der Grenzen nach Osten. Das Schreckgespenst des
Kalten Krieges hat sich angesagt: Der Russe kommt – und er
will vor allem Salzstangen, Chips, Erdnüsse, Kekse und Schokolade. Und das nicht in haushaltsüblichen Mengen. Der Russe
kommt mit Sattelschleppern und fährt nicht mehr vor eine Filiale, sondern gleich in ein Aldi-Regionallager, direkt an die
Rampe. Das berichten jedenfalls Aldi-Experten aus dem Berliner Raum. Natürlich sei es den Mitarbeitern streng verboten,
ab Rampe zu verkaufen: Nicht nur die ganze Disposition ge-
riete durch solche Basar-Mentalität in Gefahr, die Sache sei
von ganz oben strikt untersagt worden, um jedwede Eigen-
mächtigkeit zu unterbinden. Natürlich sei es pro Palette zu
Schmiergeldzahlungen gekommen, natürlich habe es Abmahnungen gegeben. Der ideologische Hintergrund sei, daß Aldi
die extrem auf Hamsterkäufe im großen Stil spezialisierten Polen und Russen keinesfalls als Kunden haben wolle, die dann
in ihren Heimatländern als Wiederverkäufer aufträten.

Während die Bezirksleiter ihr Mobbing an der Mitarbeiter-front noch persönlich, sozusagen von Mann zu Mann, im Infight lösen müssen, ist der auf sie ausgeübte Druck bereits auf weißem Papier fixiert. Das probate Mittel heißt BÜS, Bezirksleiterübersicht. Diese Leistungsbilanz schlüsselt bis auf die zweite Stelle hinter dem Komma auf, welche Umsätze mit welchem Personalaufwand und wievielen Krankentagen in den jeweiligen Gesellschaften erreicht wurden: Im direkten Vergleich mit der hausinternen Konkurrenz gibt es für den einzelnen Bezirksleiter, der womöglich saisonal bedingt ins Hintertreffen geraten ist, kein Pardon. Und vor allem keinen Ausweg. Das Blatt ist so einfach wie unbestechlich: auf einer DIN-A4-Seite stehen im Querformat, alles wunderbar abgekürzt, aber leicht zu entschlüsseln die Umsätze. Da gibt es keinen Einwand: Was unter dem Strich steht, gilt.

Ein weiteres Instrument zur allzeit präzisen Überwachung des Geschäftsgangs ist die PUS, die Personal-Umsatz-Statistik. Sie wird einmal im Monat erstellt und zeigt, ebenfalls sehr schön übersichtlich auf einer DIN-A4-Seite, den Umsatz einer Gesellschaft, aufgeschlüsselt nach den einzelnen Verkaufsstellen. Abzulesen ist daraus der Umsatz pro Gesellschaft sowie der Umsatz pro beschäftigter Person. Die PUS unterliegt selbstverständlich der Geheimhaltung. Aber die Konkurrenz weiß es längst: Aldi erringt in punkto Pro-Kopf-Umsatz den Spitzenwert. Pro hundert Mark Umsatz fallen dort nur drei bis vier Prozent Personalkosten an. Die im Handel übliche Spanne liegt bei 17 bis 20 Prozent. Auch betriebswirtschaftliche Laien werden der Rigidität des Systems nicht die Achtung verweigern können. Es ist brutal, aber perfekt.

So lebten sie alle Tage unter dem Dach des Nordkönigs Theo. Drunten, im Süden, erging es den Untertanen nicht viel besser, aber auch nicht schlechter. Durchgesickert ist die Kunde, daß dort im Reiche Karl Albrechts die Herrschaftsstrukturen noch stärker gestrafft sind. In einem Fünferschritt geht es von der Verkäuferin über den Filialleiter, Bezirksleiter, zum regionalen Verkaufsleiter und schließlich zum Niederlassungsleiter. Letzterer berichtet direkt in die Konzernzentrale, während das mittlere Management (Verkaufs-, Einkaufs-, Betriebs-, Verwaltungs- und Expansionsleiter) ihm zuarbeiten. Bei einem geschätzten Umsatz von 15 Milliarden Mark fallen durch dieses extrem knapp kalkulierte Panel gerade mal 400 Millionen Mark Personalkosten an – 2,5 Prozent des Umsatzes. Ein einmalig niedriger Wert. Den Preis dafür zahlen die Angestellten, die zwar die Gewähr eines sicheren Arbeitsplatzes haben, aber eben nur, wenn sie sich den Regeln vollständig beugen, bis sie sie als unumstößlich verinnerlicht haben.

Nach dem Mauerfall soll es bei Aldi-Nord, notabene in Berlin, zu ungeheuerlichen Prellmanövern an ostdeutschen Neubrüdern und -schwestern gekommen sein. Auf der Suche nach dem goldenen Westarbeitsplatz landeten naturgemäß sofort viele bei Aldi, dessen Ruf die Mauer schon durchdrungen hatte. Die Jobsuchenden wurden erst mal mit den Preislisten nach Hause geschickt, um schön brav alle Preise (beziehungsweise die Kürzel für die Warengruppen) so lange auswendig zu lernen, bis der Stoff saß. Dann wurden sie zum Probeeinsatz an die Kasse gesetzt. Wenn das klappte, winkte ein Arbeitsvertrag. Die häusliche Vorbereitung und die Arbeitsprobe gingen auf Kosten der möglichen künftigen Mitarbeiter – so was nennt sich neuzeitliche Schulungsmethode. Learning by doing, das paying kommt später.

Wer reinkommt, ist drin

Die Luft auf dem Gipfel ist dünn. Das hat auch das Imperium unter dem Doppel-A schon bemerkt, denn die Konkurrenz dreht unerbittlich an der sogenannten Preisschraube. Ein ruinöser Verdrängungswettbewerb ist seit Jahren im deutschen

Handel am Köcheln. Die Kunden merken von dem Infight hinter den Kulissen nichts, außer daß sie immer mehr Auswahl an teilweise extrem günstigen Produkten haben. Mit »Kampfpreisen« in den »Preiskampf«, das ist der Jargon der Fachpresse, wenn sie jene Aldi-Methode beschreibt, die mit Preissenkung auf Kundenfang geht. Vor allem zwei Konkurrenten haben sich in letzter Zeit hartnäckig auf die Fersen der Discount-Milliardäre geheftet: Rewe mit seiner Billigkette Penny Markt und der schwäbische Unternehmer Dieter Schwarz mit seinem Aldi-Klon Lidl. Schwarz hat vor allem in den neuen Bundesländern einen furiosen Start hingelegt; ausgerechnet dort hat Aldi es ja besonnen angehen lassen. Von Penny gibt es auch schon über 2000 Filialen bundesweit, Tendenz steigend. Wer so schnell wächst wie Lidl, hat oftmals eine reichlich dünne Finanzdecke – und genau diese ziehen die Aldi-Brüder dem Konkurrenten mit Preissenkungen über den Kopf. Denn eines ist bei Aldi nicht zu befürchten: daß dem Discounter das Geld ausgeht. Und so verfügt Aldi sozusagen über die A-Waffe im Preiskampf, jederzeit bereit für den »finalen Rettungsschuß«. Die Zentralen in Essen und Mülheim können über längere Zeit Angebote unterhalb der Beschaffungsgrenze anbieten. Besonders bei Grundnahrungsmitteln wie Mehl, Zucker, Kaffee und Milch ist Aldi schon an beziehungsweise jenseits der Schmerzgrenze gegangen. Da bleibt der Konkurrenz dann nur, soweit als möglich mitzuziehen. Das freut freilich besonders die Lieferanten, die durch solche Preissenkungen oft an den Rande des Ruins gebracht werden. Ruchbar geworden sind solche Methoden beispielsweise bei dem rücksichtslos vorgehenden Drogerieriesen Schlecker. *Der Spiegel* zitierte 1996 aus einem Schreiben, das Firmeninhaber Anton Schlecker anläßlich der Eröffnung seiner 6000. Filiale an seine Lieferanten schickte. Darin hieß es, Schlecker plane eine »außergewöhnliche Werbekampagne«: Deswegen sei das Unternehmen auf Zuschüsse seitens der Lieferanten angewiesen.

»Wir gehen davon aus, daß Sie sich an dieser Maßnahme wie folgt beteiligen…«, schrieb Preiskiller Schlecker, gab seinen Geschäftspartnern eine Summe vor, behielt aber für sich, wofür er das Geld tatsächlich ausgeben würde. Schlecker ist mit seiner geballten Macht von 40 Prozent Marktanteil und 5,5 Milliarden Mark Umsatz keiner, mit dem man es sich leichthin verderben würde – der Baby-Nahrungshersteller Hipp hat die Sache mal ausgereizt: Er weigerte sich, zu Dumpingpreisen zu liefern, flog bei Schlecker aus dem Regal – und kehrte nach angemessener Befriedungsfrist wieder dorthin zurück.

Die Handelsriesen geben den Druck, der ihnen durch den Verdrängungswettbewerb – den sie wiederum selbst losgetreten haben – an ihre zumeist mittelständischen Zulieferer weiter: Ein durchschnittliches Unternehmen in der Nahrungsmittelindustrie beschäftigt 100 Mitarbeiter und setzt 40 Millionen Mark um. Mengenrabatte, die meist einmal im Jahr bei den »Jahresgesprächen« ausgehandelt werden, sind das eine; das andere sind die neuerdings eingeführten Zuschüsse und Sonderforderungen, welche die Handelsriesen – ohne erkennbare Gegenleistung – von ihren Lieferanten einfordern. Die Erpressungsversuche würden immer dreister, entweder (wie im Falle Schlecker) durch die Einforderung einer konkreten Summe, durch Spenden zu Firmenfusionen (»Hochzeitsrabatt«) oder durch Abrundung der Rechnung von Seiten des Belieferten. So hat Marktführer Rewe im Jahr 1996 seinen Lieferanten angekündigt, sämtliche Rechnungen würden um ein Prozent gekürzt, »sofern wir nichts Gegenteiliges von Ihnen hören«. Rewe hat jedoch Gegenteiliges zu hören bekommen, weil einige Zulieferer sich mit diesem vertraglich nicht gedeckten Sonderrabatt nicht abfinden mochten. Rewe lenkte vorübergehend ein, kündigte aber an, die Maßnahme sei »nicht aufgehoben, sondern nur aufgeschoben«.

Teil dieses mörderischen Spiels ist auch die Ausleuchtung der gegnerischen Finanzen. So sollen Zulieferer schon Formulare von Tengelmann erhalten haben, mit denen sie aufgefordert wurden, Auskunft über den Umsatzanteil zu machen, der auf das Geschäft mit Tengelmann entfiele. Wer sich auf solche Selbstauskünfte einläßt, ist schon verraten. Wer sich ihnen verweigert, kurz davor. Viele Mittelständler hängen aber mittlerweile dermaßen monokulturell am Tropf der Großen, daß sie es vorziehen, zu zahlen und zu schweigen – eine allzu laute Beschwerde oder gar ein Feldzug vor das Bundeskartellamt wird da gern unterlassen. Das Resultat dieses Preiskampfs: 330 Betriebe machten in den letzten fünf Jahren dicht, 50 000 Arbeitsplätze gingen verloren.

Es gibt freilich auch Gegenstimmen, die darauf pochen, bei Aldi herrsche »Lieferanten-Treue«. Das Branchenblatt *Lebensmittel Praxis* zitiert in einer Titelstory aus dem Jahr 1991 einen Insider mit dem Satz: »Aldi knebelt keine Lieferanten. Nur viele begehen den Fehler, sich in eine zu große Abhängigkeit zu bringen.« Begründet wird dies damit, daß Aldi, wenn immer möglich, bevorzugt mit mittelständischen Firmen arbeite – was sich wiederum aus der Tradition des eigenen Hauses herleite. In den Anfangsjahren haben mehrere Konzerne dem aufstrebenden Discounter die kalte Schulter gezeigt. Wer sich damals kooperativ zeigte, wurde offenbar mit Treue bis zu dem Punkt bedacht, an dem dann doch die Preisschraube angezogen wurde. Oberstes Kriterium ist einwandfreie Qualität: Wenn diese sich auf gleicher Höhe wie das Produkt des Marktführers befindet, übernimmt Aldi die Führung in Sachen Preis. Getestet werden neue Produkte zunächst in bestimmten Regionen, um Klarheit über die Absatzchancen zu gewinnen. Der Lieferant muß ein fertiges, marktreifes Produkt, inklusive Konzept für die Handelsmarke, Warenzeichen und Transportverpackung vorweisen – das einzige Produkt, das bei Aldi unter dem eigenen Namen vermarktet wird, ist (Albrecht-)Kaffee. Kommt das neue Produkt an, wird ein Kontraktvertrag zu Bedingungen geschlossen, die etwaige Schwankungen der Rohstoffpreise auf Kosten des Lieferanten gehen lassen. Immer mehr setzt sich dabei die Ansicht des Discounters durch, bei bestimmten Produkten – etwa Süßwaren – auf Markennamen verzichten zu können. Das mußte beispielsweise Mars erfahren, dessen Schokoriegel »Milky-Way« und »Balisto« bei Aldi Nord aus den Regalen verschwanden; ersetzt wurden sie durch eine Aldi-Eigenmarke aus der Produktion der Firma Ludwig Schokolade. Ähnlich erging es dem Marktführer Bahlsen, dessen Marke »Petite« nicht die bei Aldi Süd und Nord obligatorische Hürde von 15 Millionen Mark Mindestumsatz brachte.

Das deutet auf ein gewachsenes Selbstbewußtsein auf Seiten des Discounters hin, der erkannt zu haben meint, daß »Aldi« an sich als Markenname genügt – gleichgültig, was auf der Packung steht. Zum einen wird seit einigen Jahren am Verpackungsdesign dieser Eigenmarken gearbeitet, zum anderen neigen sich viele Eigenmarken im Design schamlos an die Vorbilder der Markenware an. Die optische Anmutung einer Packung Schokokekse ist deutlich dem Markenvorbild von Bahlsens »Ohnegleichen« verwandt, das flüssige Scheuermittel »Moc« ähnelt sehr stark dem Vorbild »Viss« und so weiter. Das führt dann schon gelegentlich zu Verstimmtheit auf Seiten der Markenartikelhersteller. So ließ sich bereits im Jahr 1988 die in Zürich ansässige Jacobs-Suchard AG partout nicht gefallen, daß ihr Schokoriegel »Lila Pause« bei Aldi in sehr ähnlicher Farbgebung, Gestaltung und Bezeichnung als »Süße Pause« auftauchte. Die Schweizer stoppten Aldi per einstweiliger Verfügung, weil es den von der Stollwerk GmbH Köln produzierten Markenklau im Regal hatte.

Abgesehen von solchen Patzern haben die Eigenmarken für den Discounter einen weiteren Vorteil, der sich gerade im herrschenden Verdrängungswettbewerb prima einsetzen läßt: Sie machen einen direkten Preisvergleich unmöglich. Das Argument, bei Lidl gäbe es Mars, Snickers oder Hanuta um soundso viel Pfennige billiger als bei Aldi, entfällt ersatzlos. Aldi-Kunden, höret die Botschaft, ihr seid auf so etwas nicht angewiesen. Denn bei einem, das bestätigen Berichte immer wieder aufs neue, ist Aldi unnachgiebig – bei der Qualität der verwendeten Rohstoffe. Geringe Spielräume gibt es freilich: Lieferanten, die dem Unternehmen eng verbunden sind, dürfen auch einmal danebenhauen. Lange Zeit unbemerkt bliebe der Ausrutscher ohnehin nicht. Denn obwohl sich der Discounter sinnigerweise bei der Qualitätskontrolle der Stiftung Warentest bedient, haben die Brüder auf die naheliegendste Methode des hausinternen Tests zurückgegriffen – auf die Geschmacksnerven der Mitarbeiter in der Firmenzentrale. Der regelmäßige Verzehr hauseigener Produkte ist Vorschrift. Das sättigt die Aldi-Manager, läßt sie den Kontakt zum Produkt nicht verlieren und minimiert gleichzeitig den Aufwand für teure Geschäftsessen. Und auf alle Fälle ist das Ergebnis der hausinternen Verköstigungen obendrein eines – kostenlos.

Im Kampf der Giganten um die Vorherrschaft auf dem Lebensmittelmarkt hat Aldi sicher hervorragende Karten. An der Spitze hat Erzrivale Metro zum letzten Gefecht gerüstet. Vielleicht ist es kein Zufall, daß Metro seinen Siegeszug im Jahre 1964 ausgerechnet in Mülheim an der Ruhr begann – wenige Kilometer vom aufstrebenden Aldi-Reich entfernt. Firmengründer Otto Beisheim hatte die Idee der Cash & Carry-Großhandelsmärkte aus USA mitgebracht. Heute sitzt die Metro Holding AG im schweizerischen Baar (Kanton Zug, eidgenössische Brutstätte für Briefkastenfirmen und Steuervermeider). Otto Beisheim ist ein enger Spezi des Münchner Filmhändlers Leo Kirch – aber das führte in eine andere Geschichte. Beisheims Topmanager und designierter Testamentsvollstrecker, der Aufsichtsratsvorsitzende Erwin Conradi, vertraute dem *Spiegel* an, im Handel werde derzeit der K.O.-Sieg angestrebt. Da wird es eng für kleinere Handelsketten, die ohnehin schon kein leichtes Leben hatten: Schon jetzt liefern sich die Konkurrenten Metro und Rewe mit ihren Media- beziehungsweise Pro-Märkten auf der grünen Wiese wahre Preisduelle. Selbständige Unternehmen suchen den Schulterschluß in Einkaufsringen – auch hier wird der Druck auf die Zulieferer nicht kleiner. Und je matter die Konjunktur wird, je mehr die Kaufkraft einer Millionenkundschaft schwindet, desto deutlicher tritt hervor: Es gibt zuviel Läden – für zu wenige Kunden, die zu wenig Geld haben.

HBV *muß draußen warten*

Und wo bleibt bei all diesen Imponderabilien der rettende Reiter – die Gewerkschaft Handel, Banken und Versicherungen? Die Zeiten der Globalisierung sind nicht gerade goldene Zeiten in der ruhmreichen Geschichte der deutschen Arbeiterbewegung. Die Unternehmen – Sozialpartner allesamt – sind schon zu angemattet (beziehungsweise zu naßforsch), um überhaupt noch lange die Arguments-Keule vom Abbau der Arbeitsplätze herauszuholen. Sie bauen die Arbeitsplätze einfach ab. Diese Frage stellt sich bei Aldi wohl nie in der Form, weil der Discounter im eigenen Haus durch stetiges Wachstum permanent neue Arbeitsplätze schuf. Aber das, wie bereits geschildert, auf so niedrigem Niveau, daß ein weiterer Abbau die Schließung der jeweiligen Filiale(n) bedeutet hätte – wovon noch nie die Rede war. Die Versuche der Gewerkschaft HBV, bei Aldi Fuß zu fassen, sind als Ganzes gesehen bislang ziemlich erfolglos geblieben; das liegt an den starren Hierarchien und am MbM (Management by Mißtrauen): Es sei kaum einer zu gewinnen, der Gewerkschaft beizutreten, berichtet ein frustrierter bayerischer Gewerkschaftsvertreter. Das liege auch daran, daß die Mitarbeiter regelrecht bedrängt werden, sich nicht gewerkschaftlich zu organisieren. Wenn es einmal einen gäbe, der sich für die Gründung eines Betriebsrates einsetze, sehe er sich immer vor dem Problem, ziemlich allein auf weiter Flur zu stehen, berichtet der HBV-Mann aus München weiter. So dringen aus den Betrieben kaum Nachrichten an die Außenwelt – so wie es der Schweigepolitik des Unternehmens entspricht.

Der Westen und der Norden Deutschlands sind traditionell gewerkschaftlich besser organisiert. Die dortigen Gewerkschaftsvertreter kämpfen wenigstens nicht gegen Windmühlen: Sie kennen ihre Pappenheimer, haben sogar schon den Leibhaftigen, Theo Albrecht, herabsteigen sehen. »Ein ganz normaler Mann, spricht wie du und ich«, erinnert sich einer, der – gleichwohl er mehr als ein halbes Gewerkschafterleben gegen die Aldi-Machenschaften angegangen ist – sich einen gewissen Respekt nicht versagen kann. So, als sei es nichts Besonderes, einer Schimäre zu begegnen. Man habe sich sogar ganz normal mit ihm unterhalten können, angelegentlich einer Stippvisite in einer Berliner Verkaufsstelle – aber was haben die Nachgeborenen davon, die nicht mehr in den Genuß dieser direkten Rede kommen?

Einmal hat sich sogar ein richtiger Bundesarbeitsminister hinter Aldi geklemmt. Herbert Ehrenberg in der Regentschaft von Helmut Schmidt war das. Der entsandte Boten, die prüfen sollten, inwieweit Aldi-Kassiererinnen unter dem altmodischen Kassensystem litten. Damals gab es noch keine Bänder für den Warentransport. Die Kassenfrauen mußten die Ware von einem vollen in einen leeren Einkaufswagen hieven – und bewegten auf diese Weise bis zu 5,5 Tonnen Material am Tag. Das entspricht mehr als 10 000 Packungen Nudeln, ein stolzes Programm für jeden Bodybuilder und eine im Wortsinn so einseitige körperliche Betätigung, daß den Ärzten der Berufsgenossenschaft schwarz vor Augen wurde. Manchmal bewegt sich doch etwas: Aldi lenkte ein, installierte Warenbänder und umschiffte die Konfrontation.

Und immer träumt die Gewerkschaft von einem Gesamtbetriebsrat. Aber wo kein Konzern, dort kein Konzernbetriebsrat. Vor gut 20 Jahren gab es im Nord-Imperium allerdings für wenige Monate ein solches Gremium. Doch dann erfolgte eine Umstrukturierung der Firmen, und Theo Albrecht ließ wissen, es könne nun kein Gesamtbetriebsrat mehr bestehen. Da fiel die Tür zu, und richtig aufgegangen ist sie bis heute nicht mehr.

Die Welt als Aldi
und Vorstellung (II)

Alles was recht ist, jetzt reiß dich zusammen. Mensch, du wolltest doch noch irgendwas aus der mittleren Reihe? Senf? Nein, bestimmt nicht. Nichts Niemand Nirgends Nie! Chips! Flips! Salzstangen! Nein. Nicht heimtragen. Dickmacher. Kein Knabberzeug. Ist immer so verflucht nahe am Ausgang postiert. Man sieht es noch, wenn man schon in der Warteschlange steht, überlegt: soll ich? – und hechtet dann doch hinüber, rafft ein, zwei Beutel hier, ein, zwei Beutel dort an sich, Ibu-Chips (noinunsechzich) und diese Salzstangen, die Niemals! Nie! mit den österreichischen Soletti konkurrieren können. Aber was soll der Vergleich, solange der heimliche Anschluß Österreichs sinnigerweise unter dem Firmennamen Hofer geschehen ist. Klingt ja auch besser als Schicklgruber. Aber Andreas Hofer, der Tiroler Freiheitsheld, war da nicht eine gewisse schicksalhafte Ironie verdeckt? Egal. Bei der Durchreise, auf dem Weg in die aldilose Schweiz, in die nummernkontenverseuchte Eidgenossenschaft, waren sie damals an einem Hofer vorbeigekommen. Das Aldi-Logo sehen, anhalten und durchsuchen war eins. Die überzeugendste Ausbeute war eine Literflasche Obstler für umgerechnet knapp zwölf Deutschmark. Das war dann in Davos, wo noch jeder Kubikmeter Luft, den man als Gast veratmet, auf die Kurtaxe geschlagen wird, eine willkommene Ergänzung zum Käsefondue – dem einzig Erschwinglichen im Supermarkt, wo schon ein paar Scheite Birkenholz – für den

113

mitgebrachten (Reise-)Kamin (haha!) neun Franken kosteten... Andererseits: War die Schweiz als Aldi-Land überhaupt
denkbar gewesen? Im Grunde: nein. Ich bin damals, denkt der
Käufer, der in seinen Erinnerungen verloren ist, während er
vor den Beeren in Dosen steht und zaudert, auf den Bergsta-
tionen gestanden und habe mich gefragt, was man alles für die
sieben Franken beim grenznahen Hofer hätte erstehen können, die die Pommes frites (allerdings von ausgezeichneter
Qualität) gekostet haben. Eine Scheibe Schwarzbrot schlug ja
schon mit 1,15 Franken zu Buche; aber das waren alles, er ge-
stand es sich damals wie heute ein, ziemlich hirnrissige Gedanken gewesen. Wo doch in der aldifreien Schweiz der Standard der Lebensmittel um so viel höher war als zu Hause bei
den Reichsdeutschen. Hatten nicht auch die Österreicher sich
zuletzt deshalb, wegen der überragenden Qualität ihrer Molkereiprodukte, so vehement gegen den Gemeinsamen Markt
gewehrt? Nicht, daß das nicht bloß Sonntagsreden gegen die
verhaßten Piefkes gewesen wären. Im kleinen Grenzverkehr
pilgerten sie beide, Schweizer wie Austriaken, unverdrossen
hinüber in die Discount-Tempel des großen Bruders. Ach,
Europa. Wir wollen eine Verlobung eingehen, '97 und '98,
hatte Stoiber Komma Doktor Edmund Komma Bayerischer
Ministerpräsident gesagt, eine Verlobung mit der europäischen
Währung, und hatte dabei den Mund zu einem schmalen,
schiefen, leise angeekelten Lächeln verzogen, eine Verlobung,
bevor am 1. 1. 2002 der Euro in Kraft tritt. Man könnte doch,
denkt er, den Euro genausogut in Aldi umbenennen. Na gut,
sagt Beckenbauer Komma Franz Klammer auf Der Kaiser
Klammer zu, schau mer mal: Der Europa-Gedanke wäre halt
sicherlich nicht mehr so erkennbar. Ein Aldi gleich 50 Pfennig?
Ist noch ein weiter Weg.

Da waren sie ja endlich, die geschälten Tomaten in Dosen. Ver-
läßlicher Parameter jedes Aldi-Gangs. Mußte immer mit.

Konnte man nie genug zu Hause haben. Waren ja eh irgendwie tot, konnte also nicht schaden, die Mindestausstattung für Basisschleim auf Pizzateigen und Nudelgerichten. Als Junggeselle war das ja überhaupt keine Frage gewesen. Wer hätte sich schon um die gutgemeinten Ratschläge irgendwelcher hochambitionierter, bocusianischer Singelinnen gekümmert, die penetrant darauf bestanden, Tomaten in kochendes Wasser zu tunken, um ihnen dann langsam und genüßlich die Haut abzuziehen? Erstens pervers, zweitens viel zu aufwendig. Da kam ihm jene Szene auf dem Segeltörn in den Sinn, wo die Geschälte-Tomaten-Frage beinahe zu einem Schwesternzwist geführt hätte. Wir lagen im Hafen von Samothraki, und der Wind fegte mit acht seiner zwölf Stärken über die Insel; an ein Auslaufen war zwar zu denken, aber wer hatte schon Lust dazu, stundenlang gegenan zu kreuzen? Schließlich war Genußsegeln befohlen, und so hatte er sich angeboten, um die weiblichen Teile der Crew zu entlasten, seine zumindest in Teilen der Zweibrüster (fünf Mark in die Chauvi-Kasse) – passen Sie doch auf, wo Sie hinschieben! – Tschulligung... – Is doch wahr, blockiert hier alles. – Jedenfalls: diese Bolognese zu machen. Und die Küchenchefin hatte beim Einkaufsgang in die aldiunähnlichen (die Kassenfrau war so was von ermattet wie sonst nur ägyptische Ladenbesitzer in der vierten Woche Ramadan) »Supermarkets« (trauriges Schauspiel, Saisonende am Mittelmeer) angewiesen, frische Tomaten einzukaufen. Worauf sich, wie ihm hinterher berichtet worden war, ein Disput über die Vor- beziehungsweise Nachteile von Tomaten in Dosen – warum ihm das jetzt gerade? Das fiel ihm immer ein, wenn er an Dosentomaten dachte, immerzu. Er konnte überhaupt nicht mehr an Dosentomaten denken, ohne daß diese Bilder abliefen. Die Bolognese hatte übrigens damit geendet, daß er sich beleidigt als Chef de cuisine auf die Mole zurückgezogen hatte, weil sich die Damen auch in der Kombüse wieder über die Vor- beziehungsweise Nachteile von Dosentomaten... Immer gehen wir in irgendwelche Supermärkte hinein und suchen das, was wir immer suchen. Und das, was wir nicht suchen, ist bestimmt immer auch da, fällt ihm ein, als er diesen Sozialpädagogen mit schütterem Haar, gemusterten Socken und Birkenstocksandalen vor sich die Champignons in Dosen mustern sieht. Sei nicht so negativ, fährt ihm in einem Anfall von Anstand und ethisch korrekter Rest-Erziehung in den Sinn, der Mann ist vielleicht Atomphysiker, arbeitet an der entscheidend neuen Bombe, die uns alle auslöschen wird, während daheim in den Vorratskammern Dosentomaten mit einer Halbwertszeit von handelsüblichen israelischen Honigmelonen lagern. So ein Teil hatte er bei seinem früheren Stamm-Aldi erstanden. Das lag seinerzeit monatelang als Zierobjekt in der Obstschale. Auch Sonneneinstrahlung auf dem Fensterbrett vermochte ihm nichts anzuhaben. Es lag einfach da und veränderte sich nicht im geringsten. Irgendwann hatte er darauf verzichtet, es überhaupt anzuschneiden – vermutlich ein Fehler, eventuell hätten sich im Inneren bereits aufstrebende Kolonien von Außerirdischen befunden, die freundlich gewunken hätten, bevor sie mit ihren Strahlenkanonen – nein, Schluß jetzt, das geht zu weit. Tagträumer müssen draußen bleiben. Es wurde wirklich Zeit, mit einem Blick auf den Einkaufszettel eine Kurskorrektur vorzunehmen. Die durchschnittliche Verweildauer in einer Aldi-Filiale sollte schließlich die in einer McDonald's-Filiale nicht übersteigen. What's left oder Haben wir alles?

Die Runde nähert sich dem Ende. Er fühlt es. *The power of now*, wie die saudumme Zigarettenwerbung (also nicht saudumm: hastse dir doch eingeprägt. Sic!) textet, the power geht dem Ende zu. Wein, Klopapier, Spülschwämme, Schokokekse? – –? Wo waren die Schokokekse? Keine Schokokekse, leiste Konsumverzicht. Wieso wurde dieses Gefühl, eigentlich und überhaupt dies alles nicht zu wollen gegen Ende der dritten Gasse regelmäßig übermächtig? Die Kaufentscheidungen waren doch alle so verkehrt nicht gewesen. Das war doch alles gut gewählt. Das sparte doch einen Haufen Geld. Das hätte doch anderswo mindestens wenn nicht mehr. Hatte nicht erst gestern ein Nachbar im Haus, ein gutsituierter Arzt (wer sich neuerdings alles bei Aldi auskennt, man staunt ja immer wieder), auf Stichwort die Geschichte von der Witwe (»Veuve«) erzählt und wie der No-Name-Schampus à l'Aldi die Fachwelt überrumpelt habe. Desgleichen der Franken-Boxbeutel, der bei Aldi für fünf Mark im Regal stehe, während er noch in der günstigsten Weinhandlung minimum 11 bis 14 Mark koste. Das lege doch, hatte er weiter ausgeführt, den Verdacht nahe, daß bereits weite Teile der Anbaugebiete der Firma gehörten. Meine Rede, dachte er, meine Rede. So wie er damals beim sogenannten Milliardenkredit für die DDR der festen Überzeugung gewesen war, daß sich nach einem möglichen Mauerfall (den er andererseits für ausgeschlossen gehalten hatte), weite Teile der DDR als Kernland der Marianne-Strauß-Stiftung entpuppen würden. Was sie dann nicht taten, aber das ist eine andere Geschichte. – Er mußte dann gestehen, daß der soeben kredenzte Verdicchio dei Castelli di Jesi naturgemäß aldianischer Provenienz sei. Irgendwie ja eine schreckliche Vision: »Er ist in der Provinz Ancona in dem Gebiet ›Castelli di Jesi‹ unweit der Adriaküste heimisch.« Was wäre, wenn weite Teile Arkadiens in der Hand der Albrecht-Brüder wären? Joschka und alle Kohorten der Toskana-Fraktion auf deutschem Gebiet? Los jetzt, weiter, die Toskana ist weit weg, und dort gibt es keinen Aldi –

Was war denn dort vorne los? Gab es da etwas umsonst, oder wie sollte er den Auflauf deuten? Ah, zu früh gefreut, es schien sich nur um den Rückstau von der Kasse zu handeln. Schon hier, noch in Reichweite der Kühlregale? Wieder mal keiner an der Kasse was, das lobt sich der Kunde, Laden voll und die nicht vorhandenen Mitarbeiter in der Mittagspause. Na gut, dann vielleicht doch noch den neuen Vanille-Joghurt testen, »probiotisch«, klingt unheimlich betroffen irgendwie, denkt er, so demetermäßig, so anthroposophoid. Immerhin nur Nullneunundfünfzig, dafür unnatürlich in diesem Plastikgehäuse. Ist ja immer noch nichts durchgesetzt, was wirklich zum Mulch verfallen würde, muß MVAs füttern, weil die sich sonst nicht rentieren; sehr einseitig, so vereinfachen kann man das nicht... Komplexität von vernetzten Systemen... habe mich selbst davon überzeugt... beim Besuch einer solchen Anlage... es gibt im Moment nichts Besseres... die Filteranlagen lassen praktisch nichts mehr durch... So kippten sie um, die Herren Kommunalpolitiker. Und um das eigene Gewissen zu beruhigen, wurden alle Anstrengungen darangesetzt, für das nächste Gewerbegebiet einen internationalen Architektenwettbewerb auszuloben. Dessen Sieger schlug dann eine Parklandschaft mit Erholungszonen, üppig bepflanzten Schallschutzwänden und possierlichen Straßenleuchten vor. So dehnte sich dann ein weiteres ehemaliges Weizenfeld als Ortsschildbegleitgürtel aus, Flaggenparaden von Möbelcentern, Autohäusern, SB-Märkten, und wo noch in Kindertagen ein unbekanntes Land begonnen hatte, gähnte jetzt ein austauschbares Zonenrandgebiet, dem bloß die Wachtürme fehlten. Wachtürme? Wie war er bloß auf Wach-... träume: türmen träumen träume türmen, vielleicht doch noch Hirnnahrung mitnehmen, aber wie kommt der denn dazu, hier so superdoof nach vorne zu drängen, Wichtel, der. Heyheyhey, guter Mann, wollen Sie sich nicht – wie bitte? Wo es Kartoffelpüreepulver gibt? Ich? Äh-m-pfhh... tja, das weiß ich jetzt auch nicht so genau (Kaufe nie Kartoffelpüreepulver, woher soll ich das wissen!), vielleicht schauen Sie mal bei... weg. Davongefedert der Gockel mit seiner verdächtigen Freundlichkeit, oh, Gott, da kommt er schon wieder, strahlend, wippt herbei mit einer Tüte Kartoffelpüreepulver. Ich hab's gefunden, danke trotzdem, sagt er. Ja, wofür denn? Ich habe doch gar nichts... Schon komisch, immer diese verschwitzten Lastminuteshopper, als wenn man bei Aldi irgend etwas dringender bräuchte als Kontemplation. Verweile doch, du bist so schön. Diese gehetzten Birkenstockianer (ausgerechnet), völlig uncool, hier einen Schratzen im Schlepp, und dort quengelt einer herbei, jaja Jungfamilie, kein Geld, müssen nach Aldi, müssen das Muttertier in Leggings schlagen, weil ihnen eine höhere Macht befohlen hat, das Klischee zu erfüllen, und daheim wächst einstweilen das Zweifamilienhaus mit Doppelgarage und Car-Port in den Himmel... solides Mauerwerk... Holzfenster... Niedrigenergie plus Kachelofen... viel Eigenleistung... eh klar... und wenn der Opa nicht Elektriker wäre, wäre es sowieso nicht gegangen. Was ist das für eine Verschweinung, diese immer noch getragenen, enganliegenden Blumenstretchmusterbeine, wo ist die heilige Einsicht, nicht Sündy Crawford oder die Schifferin zu sein? Schläft die deutsche Spiegelindustrie? Es geht doch auch anders, na bitte, dort drüben, jenseits des Warenwalls, bei den geschälten Tomaten in Dosen, das bürgerliche Ehepaar: Sie dirigiert, er macht den Suchhund, Packer und Wagenchauffeur. Das Matriarchat siegt spätestens, wenn die Pension näherrückt, denkt der Kunde, der selbst immer ein glühender Verfechter des Matriarchats gewesen ist: einfach aus der Überlegung heraus, es werde sich langfristig als das stärkere Konzept erweisen. All diese Frauen, Ehefrauen, Lebensgefährtinnen, Mütter, Töchter, Witwen – typisch! kräht die Feminissima sogleich, typisch: immer die Definition über den Mann – egal, also alle die wunderbaren, rätselhaften, häßlichen, triebgesteuerten Zwangskäuferinnen, die unsere Marktwirtschaft durch permanente Stützkäufe am Leben halten – sind sie nicht die besseren Menschen? Schau dort drüben, denkt er wieder und kann den Blick nicht von dem Ehepaar nehmen, weil sie ihn ganz sentimental machen, irgendwie bundesrepublikanisch. Aldianer wie du und ich. Heimelige Fernseh- und Konsumwichtel, schön warm muß es in der Stube sein, ein Gläschen Wein (gerne auch Spätlese) für Mama, ein

Bier für Papa, die Kinder aus dem Haus, der Gottschalk war nicht so besonders am Samstag, aber mein Gott, der Sommer war groß, der Garten ist bestellt, das Autilein steht frisch gewaschen in der Garage, der nächste Urlaub (im zweiundzwanzigsten Jahr Caorle, Hotel Venezia, Dreistern) ist gebucht, immer das eine gegenüber dem anderen... und da nickt sie, grüßt die Nachbarin, während er, von der ausladenden Vorwärtsbeuge leicht derangiert, das Hemd steigt vor Anstrengung aus der Hose, so daß für einen Augenblick der Gummizug der weißen Unterhose hervorlugt, sich dienstfertig über die Dosenbohnen beugt, sich fragend umwendet, wieviel er nehmen soll – und, ah, die Frau Nachbarin, habe die Ehre, während sie ihm mit einer knappen Bewegung aus dem Unterarm heraus mit drei Fingern die Zahl der aufzunehmenden Dosen anzeigt und den Plausch weiterführt. Mach mal, Vati, hier bin ich der Boß, du hast lange genug den Patriarchen geben dürfen. Jetzt wird zurückinfantilisiert. Die letzten Jahre (sollen es Jahrzehnte werden? Ja, doch) gehören mir. Die Nachbarin ist eine noch junge Frau, aber doch schon ausreichend mit dem Leben in Kontakt gekommen; sie hat zwei entzückende Kinder, die etwas unbeholfen sich nicht entscheiden können, ob sie der Einkauf nervt, ob sie an Mutters Hosenbeinen kleben oder in den Tiefen des Warenparadieses verschwinden sollen. Und obschon die Frau adrett zurechtgemacht ist, mit Kurzhaarschnitt und betont witzigem Pony, flachen Sportschuhen und knöchellanger Bundfaltenhose zu weißer Baumwollbluse, also ganz offensichtlich auf sich hält, hat sie doch einen leichten Zug ins Frustrierte, etwas, das die eigentlich hübschen Mundwinkel eine winzige Idee zu weit nach unten zieht, als wäre ihr Dasein die Fortsetzung eines fortwährenden Opfergangs zwischen Frühstück, Kinderanziehen, Einkaufstouren, Kochroutine. Schatten vergangener Mädchenblüte. Supermarktdasein. Und der Kunde, der sich fast schon wie ein Voyeur vorkommt, weil er die Szene über

Gebühr lange betrachtet, fühlt sich mit einem Mal von etwas überwältigt, das ihn wie eine Riesenfaust aufs Gemüt hämmert, eine Gewißheit von Alltag und Vergänglichkeit, eine Welle aus Sicherheit und Ekel: Ja, alles, was wir hier tun, das Aufladen und Hinausbefördern der immergleichen Gegenstände ist unauslöschlich mit uns verbunden. Es ist Teil von uns, denkt er, so wie wir Teil von ihm sind. Es ist nicht damit getan, husch-husch nebenbei in einen Supermarkt zu sausen und noch schnell dies und das zu besorgen. Wir betreten immer wieder ein Testgelände unserer Existenz, ein Spielfeld, das wir zu kennen glauben, weil wir wissen, wo das Los-Feld liegt, weil wir glauben, die Spielregeln begriffen zu haben. In Wahrheit betreten wir das Feld, und eine imaginäre Spielerhand übernimmt die Führung, verschiebt uns hierhin und dorthin, kegelt uns in die Ecke, ohne ersichtlichen Grund, zwingt uns in die Schlange, ohne den Hauch einer Fluchtmöglichkeit. Gewürfelt wird, solange Figuren auf dem Brett sind; alle müssen hinaus aus dem Laden, je länger das Spiel dauert, desto schneller muß es im Endspiel gehen. Gewinnen tut immer der Spielführer, der, der die Regeln aufgestellt hat. Die Steinchen kollern hierhin und dorthin, manche schnellen sofort, wie in einem Flipperkasten, von links unten von ganz oben durch die Mitte – das ist die Ausnahme, das sind die Glücksvögel oder die Dummen, die ihr Spielgeld vergessen haben. Der Rest wird gebeutelt und auf gezackten Linien durch das vermeintlich durchsichtige Labyrinth geschleust, so lange bis er reif ist, in die Abrechnungsgerade zu gehen. Aber dann hat er seine Schuldigkeit schon getan, dann wartet nur noch der Croupier. Aber der nimmt kein Spielgeld, der will echte Chips, harte D-Mark. Rien ne va plus: Wer zuviel genommen hat, muß Federn lassen. Die stehen dann als *memento mori* inmitten der letzten Aufgebote: Solitäre des Zuviel, Sonnenmilch inmitten von Pralinenbergen, ein einsames Olivenöl neben dem Weltempfänger, ein Weinbrand neben Videokassetten. Das ist noch Zukunftsmusik für das bürgerliche Ehepaar, das sich gerade aus dem Dosenbohnenfeld befreit. Er streckt sich, stopft unauffällig das Hemd in die Hose, versenkt die drei Blechzylinder am Boden des Drahtgeflechts, nimmt Witterung auf – unnötig, wie sich zeigt. Sein Marshall ist schon vorangeschritten, begutachtet mit einem diskreten Pinzettengriff die Avocados von gegenüber, aha, steinhart, na werden schon noch nachreifen, andererseits: was sollen wir mit dem exotischen Gemüse, also besser weiter. Da gehen sie hin, und der Kunde blickt ihnen aus seiner Deckung, hinter Salz und Senf, versonnen nach.

Die Brüder

Sie galten jahrelang als die reichsten Männer Deutschlands. Und es ist sehr gut möglich, daß sie das noch immer sind. Aus Gründen, die nicht mitgeteilt werden, sind die Albrechts auf der zuletzt veröffentlichten Liste (Stand Juli 1997) der reichsten Menschen der Welt, die das amerikanische Magazin *Forbes* alle Jahre aus Sozialneidgründen erstellt, um einen Platz abgerutscht. »Baby Billionaire« Bill Gates, der Microsoft-Chef, rangiert unangefochten an erster Stelle, ja er hatte sogar im Vergleich zum Vorjahr sein Vermögen verdoppelt – auf 36,4 Milliarden Dollar. Der erste Europäer taucht auf Platz drei auf: der Schweizer Paul Sacher mit knapp 20 Milliarden Mark Privatvermögen, Mehrheitseigentümer des Pharmakonzerns Hoffmann-La Roche. Und dann auf Platz zehn die ersten Deutschen. Die Familie Quandt, Hauptaktionär bei BMW, besitzt 11,7 Milliarden Dollar Privatvermögen, unwesentlich mehr als die Familie Albrecht, die mit 11,5 Milliarden Dollar auf Platz elf rangiert – 21 Milliarden Deutsche Mark Privatvermögen, da heißt es anlegen, anlegen und nichts als das. Unter den 200 Superreichen der Welt sind immerhin 21 deutsche Dollarmilliardäre, darunter Unternehmerfamilien wie Hans-Joachim Langmann (Merck; Chemie und Pharmazie, 5,6 Milliarden), Michael Otto (Versandhaus, 4,5 Milliarden), Dietmar Hopp und Söhne (Software, 3,6 Milliarden) und Ferdinand Piëch (Volkswagen-Chef und Porsche-Mitinhaber, 3,4 Milliarden).

123

Zwar erscheint es ein wenig zweifelhaft, zwei sehr erwachsene Männer nebst ihren Clans in einen Finanztopf zu werfen, aber da wir uns ohnehin in Regionen bewegen, wo der gemeine Millionär von nebenan ins Grübeln geraten müßte, ob er nicht sein Leben als Geldvermehrer verpfuscht habe, ist diese Überlegung für Aldi Normalverbraucher müßig.

Lassen wir deshalb einen hundsordinären Millionär zu Wort kommen, den Rennfahrer Michael Schumacher (Jahreseinkommen ca. 50 Millionen Mark aus Ferrari-Tantiemen und Werbeverträgen). »Schumi« ist der reichste Sportler Deutschlands, aber im Club der Superreichen ist er ein Nichts. Das ist ihm bewußt geworden, als er den Sultan von Brunei in dessen Palast besuchen durfte. Der Sultan, den manche noch für vermögender halten als Bill Gates, muß »den Kerpener« schwer beeindruckt haben. Der Illustrierten *Stern* gab Schumacher jedenfalls zu Protokoll: »Es hat mir gezeigt, wie arm ich eigentlich bin.«

Zeit für einen kurzen Tagtraum: Wie muß das sein, jeden Morgen mit dem Gefühl aufzuwachen, über Nacht schon wieder sechs Richtige im Lotto gewonnen zu haben? Oder ist das wie mit dem Nachwuchs: Kleine Kinder, kleine Sorgen, große Discounter, große Sorgen? Karl und Theo Albrecht scheinen solche Gefühle jedenfalls ganz gut im Zaum halten zu können. Die armen, reichen Leute leben recht bescheiden vor sich hin. Extravaganzen sind, sofern vorhanden, natürlich nicht bekanntgeworden. Zumindest das verbindet die Brüder Albrecht mit dem amerikanischen Milliardärskollegen Bill Gates, dessen (in Fachkreisen belächelte) Software den ganzen Planeten erobert hat. Aber ansonsten – welch ein Unterschied im Marketing von Person und Produkt. Gates ist als Mr. Microsoft ein strahlender Brillenträger-Bubikopf, der weltweit die Titelseiten der Magazine ziert, der habituell zum »Mann des Jahres« gekürt wird, und der doch ein Finanzgenie sein muß. Über Bill

Gates Firma geht die Rede, sie sei nur deshalb so groß geworden, weil sie all ihr finanzielles Engagement in die Vermarktung eines Produkts gelegt habe, das zum Zeitpunkt seiner Markteinführung bereits von konkurrierenden Systemen um Lichtjahre geschlagen wurde. Es gibt durchaus ernstzunehmende Kritiker, die Gates vorwerfen, er habe die Entwicklung der Computerwelt um zehn Jahre zurückgeworfen. Abgesehen davon, daß einen Kulturpessimisten das am allerwenigsten stören dürfte, kann man schon einmal spekulieren, in welche Richtung die Albrecht-Brüder den Lebensmittelhandel tatsächlich vorangebracht haben? Aber vielleicht kann man Computer-Chips und Kartoffel-Chips doch nicht miteinander vergleichen.

Historisch interessant ist die Vergangenheit einiger hiesiger superreicher Familien. Im Falle von Konzerngründer Günther Quandt handelt es sich zum Beispiel gar um einen der Hauptfinanziers von Hitler. Quandt war in den zwanziger Jahren zusammen mit August Rosterg als Leiter des in der Kali-Industrie operierenden Wintershall-Konzerns reich geworden. Ab 1931 finanzierte Quandt mit Spenden die Propagandafeldzüge Hitlers, bei der Machtergreifung zählte er zu jenen Industriellen, die eine »Adolf-Hitler-Spende der deutschen Wirtschaft« einrichteten. Dafür wurde Quandt als Aufrichtsrat der Deutschen Bank und von Daimler-Benz entlohnt. 1937 ernannte ihn Hitler zum »Wehrwirtschaftsführer«. Sein Sohn aus erster Ehe mit Magda, der späteren Ehefrau von Goebbels, wuchs in der Familie des Propagandaministers auf. Diese Verflechtungen taten dem Fortkommen Quandts und seiner Familie nach dem Zweiten Weltkrieg keinen Abbruch. Von einer Spruchkammer in Starnberg wurde er anstandslos als »Mitläufer« eingestuft; mit dem gleichen Geschick wie vor dem Krieg organisierte er den Aufstieg seines Clans zur reichsten Familie Deutschlands. Familienerbin Johanna Quandt und ihre Tochter Susanne Klatten sind heute die reichsten Frauen Deutschlands. Allein der

Tochter fallen aus ihren Beteiligungen an der BMW und der Altana AG jährlich mehr als sechzig Millionen Mark zu. Das ist im Zusammenhang mit den Brüdern Albrecht von Belang, weil sie im Club der Superreichen zu einer Minderheit gehören – zu den Neureichen. Sie hatten das Glück der richtigen Branche. Zusammen mit anderen Handelsgiganten wie Otto Beisheim (Metro, Kaufhof, Saturn, Media-Markt, Vobis, Praktiker Baumärkte u.a.), Erivan Haub (Tengelmann, Kaiser's, Plus, Grosso, OBI u.a.) und Günter Herz (Tchibo, Reemtsma, Beiersdorf) konnten die Albrechts den Handel umkrempeln und modernisieren – während die Großindustrie im wesentlichen in den Besitzstrukturen der Vorkriegszeit verblieb.

Rund 50 Familien leben in Deutschland, die mehr als eine Milliarde Mark Vermögen haben. Wie wird man Milliardär? – Der Wissenschaftsjournalist Wolfram Weimer hat in seinem Buch *Kapitäne des Kapitals* sieben Charakterzüge dingfest gemacht, die unter den 50 deutschen Milliardären mit schöner Regelmäßigkeit nachweisbar sind: Fleiß, Wille, Vatersyndrom, Kompensationsdrang, Sparsamkeit, Pragmatismus und Streben nach Selbständigkeit. Die Rede ist von Selfmademen, nicht von Erben; von Leuten, die zu all diesen Charakterzügen auch noch eine zündende Idee hatten, an der sie beharrlich festhingen. Fleiß und Wille darf man Karl und Theo Albrecht mit gutem Gewissen unterstellen, das Vatersyndrom meint den frühen Verlust des Vaters – auch dieses kann in unserem Fall als gegeben angenommen werden: Durch die Übernahme des Ladens haben die Söhne gleich nach dem Krieg die Ernährerrolle übernommen. Das Napoleon-Syndrom der kleinen Männer, die ganz groß sein wollen, dürfte bei den Albrecht-Schlaksen zu vernachlässigen sein, keinesfalls aber Weimers fünftes Kriterium: extreme Sparsamkeit.

Darin sind die Brüder sich und ihren Milliardärsartgenossen sehr ähnlich. Vom Industrietycoon Robert Bosch, ein in der Wolle gefärbter Schwabe, ist die Anekdote überliefert, wie er einen Angestellten anfauchte, der eine Büroklammer auf den Boden hatte fallen lassen. »Was dabbsch du auf meim Geld rum, des han i ja zahlt!« Aus der Essener Konzernzentrale wird ein ähnlicher Fall gemeldet: Theo Albrecht habe während einer Versammlung des Verwaltungsrates eine Putzfrau zusammengestaucht, die ein schon sehr klein gewordenes Stück Seife zu früh entsorgt und durch ein neues ersetzt hatte. Theo habe der Frau genau erklärt, wie die Seife zu behandeln sei, um gänzlich aufgebraucht zu werden. Andere Reiche, wie der Stahlbaron August Thyssen, fuhren nur Holzklasse in der Eisenbahn – oder einen japanischen Mittelklassewagen wie der Tengelmann-Milliardär Erivan Haub.

Psychologie und Soziologie haben das Thema des (Super-)-Reichtums sträflich vernachlässigt; die Medien hängen sich alle Jahre wieder an der *Forbes*-Liste auf, um ein paar Takte auf der Sozialneidschiene mitzufahren. Über Motivation der Geldvermehrer gibt es nur Spekulationen: Da vermutet schon mal einer, übersteigerte Verlustängste führten bei den Reichen zu einer Panik, sie könnten alles verlieren. Dies sei um so stärker ausgeprägt, je mehr sie den Bezug zur Armut verloren hätten.

Mit Pragmatismus ist jene Eigenschaft gekennzeichnet, die man landläufig in diesen Finanzregionen an untergeordneter Stelle vermuten würde. Solchen »Ultras« (Wolfram Weimer) schreibt man doch gern Visionen zu. Statt dessen besitzen sie – bei einem Mangel an sozialer – technische und/oder kaufmännische Intelligenz. Sie haben Probleme, sich in einem normalen Sozialgefüge zu orientieren, Probleme, menschliche Wärme zu geben oder zu empfangen; aber sie sind nicht notwendigerweise Visionäre. Das mit verschattetem Blick in die Ferne Schweifen, das Verkünden von zeitlosen Werten à la »I had a dream« ist den Politprofis vorbehalten. Was sich indessen unter der Milliardäre Sucht nach Unabhängigkeit verbirgt, haben die Aldi-Brüder bestens vorexerziert: keine Kompromisse mit Geschäftspartnern, keine Abhängigkeit von Banken, keine Übernahmeangebote.

Weimer hat noch etwas Überraschendes zutage gefördert: Es ist keineswegs Geldgier, die Milliardäre vorantreibt. Ihr einziger Antrieb ist Erfolg. Edgar Bronfman, der sein Vermögen mit Whiskey gemacht hat, im Club der Superreichen aber mit gut vier Milliarden Mark Privatvermögen unter »Ferner liefen« rangiert, hat das Erfolgsgeheimnis auf folgende Formel gebracht. »Aus 100 Dollar 110 zu machen, ist Arbeit. Aus 100 Millionen Dollar 110 Millionen zu machen, ist unvermeidlich.« Womit der Schlaumeier sich freilich elegant vor der Antwort auf die Frage gedrückt hat, wie man die ersten 100 Millionen verdient.

Zwei Dinge, die landläufig vorausgesetzt werden, sind offenbar nicht vonnöten: Weder von Machtgier noch aus einem Killerinstinkt heraus, hat Weimer herausgefunden, würden die Ultras angetrieben. Sie sind auch keine alerten, nonchalanten Karrieristen, sondern eckige, mies-muffige Sonderlinge – »sperrig im Gesamtgefüge«, um es mal mit einer Floskel aus dem Betroffenheitsjargon der 68er zu versuchen. Ultras bleiben ihren Marotten treu. Sie fahren weiter Linienbus, um Geld zu sparen (wie der Pillenkönig Adolf Merkele), sie arbeiten in der Baracke, in der alles angefangen hat (wie der Modemacher Klaus Steilmann), sie holen sich das Mineralwasser im Laden, weil es da einen Pfennig billiger ist als in der Kantine (wie Theo Albrecht, der diese Übung täglich in der Essener Zentrale vorexerzierte). Wer den Pfennig nicht ehrt, ist die Milliarde nicht wert (Volksmund).

Stellt sich die Frage, wie man mit solchen Reichtümern verfährt. Auch hierfür hat das Land der unbegrenzten Möglichkeiten die adäquate Bestenliste entwickelt. Passend zur Hitparade der reichsten Menschen der Welt führt das Magazin *Forbes* den »Clewi«, den »Cost-of-living-extremely-well-Index«, zu deutsch: einen Index für extrem gesteigerte Lebenshaltungskosten. Denn es ist ja nicht unbedingt so, daß die Superreichen nicht aufs Geld schauen würden. Es wird ja immer alles teurer. Allerdings wird es offensichtlich langsamer teurer: Der »Clewi« stieg laut *Forbes* im Jahr 1996 um 2,4 Prozent, während die normale Teuerungsrate bei 3 Prozent lag. Die *Forbes*-Redakteure vergleichen dabei die Preisentwicklung von Lear-Jets ebenso wie von Galadinners in Frankreich, dem angesagtesten Gesichtschirurgen, dem fashionablen Psychiater mit Praxis an der Upper East Side und dem Opernabo an der Met. Denn mit Abendessen und Seidenroben ist kein wirkliches Geld zu verbraten. Da müßte man sich schon mal eine Luxusyacht maßschneidern lassen, damit wären wenigstens 100 Millionen Dollar (und aufwärts) verbraucht. Eine andere Variante wäre fraglos, wenn die Superreichen von selbst auf die Idee kämen, etwa den Waigelschen Loch-Haushalt zu entschulden. Aber auch davon ist keine Rede, nirgends.

Raus aus Mutters Emma-Laden

Die Anfänge liegen im dunkeln. Die Archive sind noch geschlossen. Die Brüder kamen aus der Anonymität eines Schicksals, das Millionen andere teilten, die zwischen den Weltkriegen geboren wurden, die als junge Menschen in eine Zeit hineingerissen wurden, die rapide auf Krieg und Untergang zusteuerte. Ein Porträt der Kaufleute als junge Dachse müßte im Jahr 1920 beziehungsweise 1922 in Essen beginnen, genauer im Bergarbeiterviertel Schonnebeck. Die zwanziger Jahre waren im Ruhrgebiet nicht gerade das, was man in Berlin und anderswo *the roaring twenties* nannte. Die Brüder wuchsen mitten im Revier auf, in einer Bergarbeiterfamilie, die nicht mit Reichtümern gesegnet war: Der Vater, Karl Albrecht, konnte nicht mehr als Bergmann arbeiten, weil er sich unter

Tage eine Staublunge geholt hatte; als (finanziell schwächer dotierte) Ausweichmöglichkeit bleibt ihm ein Aushilfsjob in der Brotfabrik Staufenberg in Essen-Katernberg. Die Mutter eröffnet einen Kramerladen in der Huestraße mit 100 Quadratmetern Betriebsgröße. Theo, der jüngere Albrecht-Sohn, hilft am Nachmittag, wenn er von der Mittelschule kommt, der Mutter als Lehrling. Sein Bruder Karl geht im Feinkostgeschäft Weiler in Essen in die Lehre, einem Haus mit Renommee. Die Söhne saugen den Handel quasi mit der Muttermilch auf; aber was sie später zusammen auf die Beine stellen, wird jegliches Vorstellungsvermögen übersteigen.

Den Zweiten Weltkrieg überstehen die Albrecht-Brüder in Hitlers Wehrmacht. Von Karls Wegen im Rußlandfeldzug ist wenig mehr überliefert, als daß er mit einer Verwundung heimkehrte; von Theo weiß man immerhin, daß er einer Nachschubeinheit in Afrika angehörte und gegen Kriegsende in amerikanische Gefangenschaft geriet – in Italien. Der Schriftsteller Arno Schmidt, Jahrgang 1914 und selbst durch Kriegseinsatz um wertvolle, schöpferische Jahre gebracht, hat die Grunderfahrung dieser Generation so beschrieben: »*Des Menschen Leben:* das heißt vierzig Jahre Haken schlagen. Und wenn es hoch kommt (oft kommt es einem hoch!!), sind es fünfundvierzig; und wenn es köstlich gewesen ist, dann war nur fünfzehn Jahre Krieg und bloß dreimal Inflation.« Eine Einschätzung, die Karl und Theo Albrecht nicht fremd gewesen sein dürfte, als sie beide aus dem Krieg in die zerstörte Heimat zurückkehren. In Essen übernehmen sie 1946 den Laden ihrer Mutter. Vermutlich muß man bereits dieses Jahr als die gedankliche Geburtsstunde des Konzerns ansehen, denn Karl und Theo beginnen unverzüglich mit der Expansion, getrieben von einem Ehrgeiz, den man wohl auf der zweiten Silbe betonen müßte, falls man nicht doch zum feineren Wort »Sparsamkeit« greifen möchte.

Die Expansion geschieht, weil sich die Albrecht-Brüder einer starken Konkurrenz gegenübersehen: den von der Gewerkschaft betriebenen Konsumläden. Dort gab es ein Rabattsystem, das Kunden mit einer Treueprämie lockte. Übers Jahr mußten sämtliche Einkaufsquittungen gesammelt werden, am Jahresende gab es auf die Gesamtsumme drei Prozent als Gutschrift. Das brachte Karl und Theo auf die naheliegende Idee, statt einer Rückerstattung in Form einer Gutschrift die Waren von Haus aus billiger anzubieten. Einsparungspotential: das Personal. Der weitgehende Verzicht auf Verkäuferinnen minimierte die Lohnkosten. Die Selbstbedienungsidee war geboren.

Die Brüder mieten in schlechten Lagen Ladengeschäfte, auch im benachbarten Gelsenkirchen und Mülheim. 1950 haben sie es auf diese Weise schon zu 13 Filialen gebracht. Ihr Lockvogelangebot: billige Butter. Die verhökern sie zum Selbstkostenpreis, manchmal sogar darunter – ein Geschäftsprinzip, das bei bestimmten Artikeln bis heute Geltung hat.

Eine der ersten Anekdoten, die überliefert sind, unterstreicht den früh angelegten Widerstand gegen jede Form von Verschwendung: Man erinnere sich an die Nummer mit den eingesparten Kühltruhen, und daß die Angestellten der Albrechts gezwungen waren, die Butter nach Geschäftsschluß in den Keller zu tragen. Dieser unbedingte Hang zur Preisdisziplin, zum Pfennigfuchsen aus Leidenschaft paßt – aus der Not geboren – hervorragend in die von Armut geprägten Aufbaujahre nach dem Krieg. Im Falle der sparsamen Brüder jedoch verliert sich diese Attitüde nie mehr. Kleine Charakterunterschiede gibt es aber doch: Im Jahr 1961, als die Spaltung der Republik in das Nord- und Süd-Reich beschlossen wird, trennen sich die Brüder unter anderem deswegen, weil sie sich nicht länger auf eine einheitliche Geschäftsführung einigen können. Theo Albrecht gilt als experimentierfreudiger als sein Bruder Karl; jener wiederum wird als der Vater der Discountidee gehandelt. Dazu paßte, daß im Süd-Reich bis heute beinhart am 450-Artikel-Konzept festgehalten wird, während der

Nordkönig Theo einer flexibleren Angebotspalette den Vorzug gab (und sich auch im Ausland als der wendigere Geschäftsmann erwies). 1961 regierten sie jedenfalls schon über 300 Filialen in ganz Deutschland mit einem Jahresumsatz von 90 Millionen Mark.

Damals wie heute sind über die persönliche Lebensführung der Milliardäre nur Stereotype bekannt. Beide gelten, jenseits ihrer notorischen Öffentlichkeitsscheu, als schüchtern, ja kontaktarm. Karl ist leidenschaftlicher Orchideenzüchter, ein eher kontemplatives Hobby, das Versenkung in die Rätsel der Natur gestattet (und eine unbedingte Anbetung des Schönen voraussetzt). Man hat Karl Albrecht indes nachgesagt, er habe auch dieses Privatvergnügen nicht ohne den Hintergedanken betrieben, möglicherweise allein von der Orchideenzucht zu leben. Im reifen Mannesalter hat er dann den Golfsport für sich entdeckt, also in einem Alter, in dem sich in den Abschlag immer schon die Zweifel über die richtige Durchführung mischen. Mitte der siebziger Jahre, lange vor dem deutschen Golfboom, läßt er im baden-württembergischen Donaueschingen einen 110 Hektar großen 18-Loch-Golfplatz bauen – damals der größte Golfplatz Deutschlands. Das Angenehme mit dem Nützlichen verknüpft Karl Albrecht insofern, als er gleich noch das Hotel Öschberghof dazubauen läßt; die Einnahmen des 90-Betten-Hauses fließen ebenso in seine Kasse wie 85 Prozent der Vereinsbeiträge des neuen Golfclubs. Wer mag sich da Gedanken über das nicht ganz so berauschende Handicap 13 machen?

Krämerseelen

Zwei Herzen wohnen, ach, in Albrechts Brust. Der ehrwürdige Johann Geiler von Kaysersberg mahnte in seiner 1510 veröffentlichten Predigtensammlung *Das Buch Granatapfel* die Gläubigen: »hutenet euch vor dem krämerherz« – will sagen, das hohe Gut der Gottesliebe gegen weltlichen Gewinn einzutauschen. Drei Jahrhundert später, in seinem 1807 bis 1811 erschienenen *Wörterbuch der deutschen Sprache*, definiert der Herausgeber Joachim Heinrich Campe den »Krämergeist« schon unter merkantilen Gesichtspunkten als »dieser holländische krämergeist« – und meint damit, wie die Gebrüder Grimm herausgefunden haben: »kleinlich gewinnsüchtiger oder engherziger handelsgeist, oder solcher geist überhaupt.« Eine Bedeutungsverschiebung, die nahelegt, daß sich die Welt dem Mammon zugeneigt hat. Sind die Albrecht-Brüder im Herzen Krämerseelen geblieben? Oder sind sie der/ein Typ Unternehmer, dem die Zukunft gehört? Anno 1911 hat der österreichische Nationalökonom Joseph Alois Schumpeter, dessen Lehre heute eine Renaissance erlebt, in seiner *Theorie der wirtschaftlichen Entwicklung* verschiedene Unternehmertypen skizziert. Da ökonomischer Wandel nach Schumpeter eine Kombination grundsätzlich schon vorhandener Elemente ist, ist der Unternehmer nach seiner Definition ein »Wirtschaftssubjekt«, dessen Funktion »die Durchsetzung neuer Kombinationen« ist. Das gibt im Falle Aldi Sinn: Es war alles schon da – der Laden, der Mangel an Kapital, die Idee – es mußte nur noch kombiniert werden.

Der klassische Unternehmer ist (der durchaus heute noch anzutreffende) Fabrikherr, der häufig in Gründerzeiten auftritt. Der Unternehmer ist Besitzer seiner Firma, er waltet und schaltet in ihr gottähnlich, geborgen in einer bürgerlichen Fassade aus Anstand, Ehrbarkeit und unverhohlenem Stolz auf das Erreichte. Diese Unternehmertypen kamen oft – siehe Rockefeller, Carnegie, Bosch – aus kleinen Verhältnissen: klassische Selfmademen. Der zweite Typ ist bei Schumpeter der Industriekapitän. Er besitzt oder verfügt über Aktienmehrheiten als Aufsichtsratsvorsitzender oder Präsident eines Unternehmens, dem er insofern gleichgültiger gegenübersteht, weil er weniger Verantwortung für die Mitarbeiter als der Fabrikherr empfindet.

133

Leben und Werk sind hier nicht mehr eine Einheit; der Industriekapitän operiert problemorientiert, hat aber weniger Kompetenzen als der Fabrikherr. Man kann hier an Ferdinand Piëch denken, der als Volkswagen-Konzernlenker eine gewaltige Aufgabe stemmt, der gleichzeitig aber als Porsche-Großaktionär selbst ein privates Milliardenvermögen angesammelt hat – die Finanzen sind es also nicht, die den rastlosen Piëch vorantreiben. Typ drei stellt eine Zwischenform dar, die dem heutigen Manager entspricht: Er ist angestellt, manchmal aus der eigenen Hierarchie an die Spitze aufgestiegen, er ist weniger unternehmerisch denkend als rückversichernd im Umgang mit den Kollegen. Man nehme einen angestellten Unternehmer wie den ehemaligen Springer-Vorstandsvorsitzenden Jürgen Richter. Der bis dahin makellose Gewinnbringer scheiterte an der Causa Diekmann, das heißt bei seinem Versuch, im Sommer 1997 gottgleich in die Personalpolitik (und damit in die politische Linie) von *Bild* einzugreifen. Das hat er bald darauf mit seinem Abgang bezahlt. Selbstherrlichkeit macht keinen Spaß, wenn man in seinem Spielraum von den anderen Vorstandsmitgliedern, dem Aufsichtsrat und Regierung eingesperrt ist, die ihre Hauspostille wg. bevorstehendem Wahlkampf auf Linie trimmen muß.

Schumpeters Typ vier ist der sogenannte unternehmerische Unternehmer: »Die soziale Heimatlosigkeit, die Beschränkung auf das Aufsuchen und Durchsetzen neuer Möglichkeiten, das Fehlen dauernder Beziehungen zu individuellen Betrieben sind diesem Typ vor allem zu eigen.« Aus dem Kleinbürgertum kommend – siehe Karl und Theo Albrecht – ist dieser Unternehmertyp durch nichts zu bremsen; ihm wohnt eine Kraft zur schöpferischen Zerstörung inne, die keine Rücksicht auf das Milieu nimmt, aus dem sie selbst kommt. Da gibt es also Parallelen: Haben die Brüder Albrecht nicht überproportional dazu beigetragen, den Typus jenes Ladens dem Untergang zu weihen, aus dem sie selbst gekommen sind? Tante Emma ist tot. Onkel Albrecht lebt – und wie.

Die Entführung

Was den späten neunziger Jahren Jan Philipp Reemtsma ist, war in den frühen siebzigern Theo Albrecht: das berühmteste Entführungsopfer seiner Zeit. Wenn die beiden irgend etwas gemein haben, dann die Neigung, unter Ausschluß der Öffentlichkeit zu leben. Damit enden die Gemeinsamkeiten schon wieder, denn der Lebensmitteltycoon Theo Albrecht ist ein Selfmademan, der am liebsten im Netz seiner Firma agiert. Reemtsma dagegen ist Erbe. Er hat, abgefedert von seinem stattlichen Vermögen (330 Millionen waren es bei Antritt der Erbschaft), den Weg in die Gelehrtenrepublik angetreten. Als Literaturwissenschaftler promoviert, engagiert sich der Hamburger in dem von ihm finanzierten Institut für Sozialforschung, das sich um Themen wie Holocaust, Gewalt im 20. Jahrhundert, gesellschaftliche Entwicklungstendenzen etc. kümmert. Reemtsma hat die Öffentlichkeit bei weitem nicht so gemieden wie Albrecht, aber hat auch nichts dazu getan, sich qua Einfluß und Ansehen in den Vordergrund zu spielen. Nach seiner Entführung hat sich das für kurze Zeit geändert.

Lohnende Ziele für Kidnapper waren gewiß beide Herren. Und daß für einen Superreichen wie Theo Albrecht eine entsprechende Lösegeldforderung eingehen würde, versteht sich von selbst. Andererseits waren damals die Entführer bescheidener, auch rückwärts inflationsbereinigt waren die verlangten Summen deutlich niedriger als heute. 1971 war Theo Albrecht sein Leben sieben Millionen Mark wert; bei Reemtsma forderten und bekamen die Entführer fast das Fünffache. Aber Theo Albrecht hat natürlich auch in diesem Punkt für einen Rekord gesorgt. Zu damaliger Zeit war er das teuerste Opfer. Noch nie war für ein Menschenleben soviel Geld gezahlt worden. Nach der Albrecht-Entführung flogen die Preise, um mit Asterix zu sprechen, buchstäblich über den Markt. Schon fünf Jahre später löhnte der Unternehmer Richard Oetker 21 Millionen

Mark. Dabei mutet die Verschleppung des Discountkönigs Nord aus der historischen Distanz beinahe wie ein Dummejungenstreich an – so stümperhaft und ohne jegliches wirkliches Konzept gingen die beiden Entführer vor.

Das Duo infernale bestand aus dem Rechtsanwalt Heinz-Joachim Ollenburg, damals 49 Jahre, und dem als Panzerknacker zu einigem Ansehen und mehreren Haftstrafen gelangten Paul Kron, seinerzeit 40 Jahre alt. Ollenburg hatte in Zürich Jura studiert und über das Thema »Die Entwicklung der Selbstbedienung in Deutschland« eine Dissertation verfaßt. Es ist müßig darüber zu spekulieren, ob das Thema sich in Ollenburgs Unterbewußtsein in einer Neigung zur Selbstbedienungsmentalität niederschlug: Es ist auf jeden Fall eine aparte Fußnote, daß ausgerechnet ein solcher Jurist sich anschickt, den deutschen Selbstbedienungsmogul zu entführen.

Die beiden Männer hatten sich 1964 bei einem Autokauf kennengelernt, als der »Schränker« (Fachjargon für Safeknacker) Kron gerade einmal wieder auf freiem Fuß war. Der Rechtsanwalt soll »Diamanten-Paul« damals versprochen haben, einen neuen Menschen aus ihm zu machen. Kron revanchierte sich, indem er sich als Mann fürs Grobe in die Dienste des Juristen begab. Bei der Verhandlung sollte Ollenburg später über seinen Kumpan sagen: »Kron war ein Schwerarbeiter. Denn am Tage arbeitete er als Autoschlosser und zwei- bis dreimal in der Woche nachts als Schränker.« Das war auch dringend notwendig, wie sich herausstellen sollte, denn Krons vorgeblicher Mentor hatte einen Hang zum Weiberhelden und Großkotz. Obwohl seine Praxis ganz ordentlich lief, hatte Ollenburg ständig wachsende Spielschulden – zuletzt stand er mit 700 000 Mark in der Kreide. Da kam ihm der fleißige Safeknacker gerade recht. Der hatte zusammen mit einem Komplizen das Kaufhaus Mehrwert in Düsseldorf-Benrath gerade um 238 000 Mark erleichtert – ein Überfall, den Ollenburg zunächst als zu kleine Nummer abgetan hatte. Als aber Kron seinen Anteil vergraben wollte, erbot sich der Anwalt, auf das Geld aufzupassen. Kron verschwand vorübergehend von der Bildfläche; bei der Rückkehr von seinem Abtauchurlaub in Spanien mußte er leider feststellen, daß Ollenburg das Geld zur Tilgung seiner Schulden hatte verschwinden lassen.

Aber eine richtige Männerfreundschaft konnte selbst diese Dreistigkeit nicht erschüttern. Weil aber nun in beider Kasse Ebbe herrschte, beschlossen sie, ein richtig großes Ding zu drehen. Wie beiläufig kam ihnen der Gedanke an eine Entführung – bei der Lektüre des Bestsellers *Die Reichen und die Superreichen*. In diesem Buch wurde natürlich auch Theo Albrecht gewürdigt. Kron und Ollenburg kam die Erleuchtung: Warum kleckern, wenn der Klotz fast vor der Haustüre lebte? Man einigte sich schnell, es mit der Entführung des Discountkönigs zu versuchen.

Wer da wen gezogen oder geschoben hat, ist heute ohne Belang; auf jeden Fall steigerten sich die beiden in ihre Idee derart hinein, daß Ollenburg anfing von einer möglichen Erpressungssumme von 100 Millionen Mark zu halluzinieren. Die Ausführung der Tat hielt diesen hochfahrenden Plänen in nichts stand; sie entsprach dann ziemlich genau der verträumten Vorbereitung.

Zwar hatten sie die Lebensgewohnheiten des potentiellen Opfers ausspioniert – etwa, daß Theo Albrecht gegen sechs Uhr abends mit seinem Mercedes die Konzernzentrale verließ – aber zweimal verließ die beiden Taktiker in letzter Sekunde der Mut. Sie sahen zu, wie Albrecht ins Auto stieg und nach Hause fuhr. Beim dritten Anlauf, am 29. November 1971, klappte die Sache, aber wieder mit fast slapstickartigen Einlagen. Bei der Anfahrt zum Ort der Entführung überfuhr Paul Kron eine rote Ampel. Eine Funkstreife stoppte die angehenden Kidnapper und kassierte eine Verwarnung von zehn Mark. Als die Entführer in der Nähe des Tatorts im Regen herumschlenderten, fielen sie erneut einer Polizeistreife auf, die eine Weile im Schrittempo neben ihnen herfuhr. Doch dann schlug die Stunde der Wahrheit. Mit gezogenen Pistolen bedrohten Kron und Ollenburg den graumäusigen Albrecht, als der im Begriff war einzusteigen. Im Wagen nahmen sie erst einmal eine Überprüfung der Personalien vor, weil ihnen das Opfer zu durchschnittlich erschien, in seinem abgetragenen Mantel und dem Anzug von der Stange. Sie fürchteten, einen Buchhalter gefangen zu haben. Kron muß Albrecht zweimal gefragt haben: »Sie sind doch der Herr Albrecht? Der Theo Albrecht?« Obwohl Albrecht bejahte, ließ sich Kron den Personalausweis zeigen. Er war es.

D wie Drive: Kron klemmte sich hinter das Lenkrad, hatte aber Schwierigkeiten, die Mercedes-Limousine mit Automatikgetriebe zu fahren. Und vor allem war ungeklärt, wohin. Also brachten sie den Multimillionär zunächst in die Garage von Kron. Dort saß die Geisel die erste Nacht ab, während der Stratege Ollenburg allein in seinem Büro das weitere Vorgehen bebrütete. Anderntags verfrachteten die Entführer Albrecht zur Hauptverkehrszeit in Ollenburgs Kanzlei in der Graf-Adolf-Straße, mitten in Düsseldorf. Albrecht leistete keinen Widerstand, als sie ihm die Augen mit dunklem Klebeband verschlossen und die Brille darüber aufsetzten. Auf einem Feldbett in einem abgelegenen Zimmer der Kanzlei wurde das Opfer deponiert.

Siebzehn Tage mußte er dort ausharren; mitten in der Stadt, ordentlich verpflegt mit Kaffee und Teilchen, mit Zeitungen (Der Aktionär, Der Volkswirt) und mit der Möglichkeit, seiner Frau Cilly zu schreiben: »Liebe Cilly, heute möchte ich Dir mal etwas Näheres von meinem Tagesablauf berichten. Ich habe ein gutes Bett zum Schlafen. Morgens kann ich mich waschen und rasieren. Alle paar Tage kann ich mich auch baden. Zum Frühstück habe ich frische Brötchen, die gut mit Wurst und auch Käse belegt sind; dazu Kaffee.« Eine verschlüsselte Botschaft läßt sich da nur mit viel Phantasie ablesen. Damals schien es bei Entführungen noch etwas geruhsamer zuzugehen. Jedenfalls kein Vergleich mit der Unterbringung der entführten Herren Oetker und Reemtsma.

So ließ es sich also für beide Parteien leben, nur in der Sache kam man nicht recht vom Fleck. Nach fünf Tagen Zermürbungsphase ging Ollenburg an das Aushandeln der Lösegeldsumme. Höflich erkundigte man sich bei Herrn Albrecht, was er zu zahlen bereit sei. Der bot fürs erste, preisbewußt in jeder Lebenslage, 100 000 Mark an. Das reichte den Entführern nicht. Am zweiten Verhandlungstag, dem 5. Dezember, steigerte sich Albrecht immerhin auf eine halbe Million Mark. Und so ging es fort, bis man schließlich bei sieben Millionen angelangt war – für Kron viel zu wenig, der wollte unbedingt zehn. Aber Ollenburg hatte die Nase voll.

Theo Albrecht wurde gestattet, mit dem bekannten Bischof Hengsbach aus Essen Kontakt aufzunehmen. Der Geistliche hatte sich als Vermittler für die Geldübergabe angeboten.

16. Dezember 1971. Bevor man zum vereinbarten Übergabeort aufbrach, organisierten die Entführer noch stilgerecht einen kleinen Abschiedsumtrunk, um die erfolgreich abgeschlossenen Verhandlungen erst einmal zu begießen – und zwar zusammen mit Theo Albrecht. Zwei Flaschen Sekt der Marke Henkell Royal wurden geköpft. Albrecht freute sich nicht nur über die Qualitätsmarke, sondern auch über ein Weihnachtspäckchen, das ihm Ollenburg überreichte: Es enthielt zwei Bücher – *Der dressierte Mann* und *Al Capone*. Die Rasselbande amüsierte sich vorweihnachtlich, diskret und mit guten Umgangsformen. Vor Gericht sollte Theo Albrecht später ausdrücklich die gelöste Stimmung und die angenehmen Manieren der Entführer schildern. Albrecht war, ein typisches Verhaltensmuster bei Geiseln, seinen Entführern menschlich näher gerückt, als ihm lieb sein konnte. Jedenfalls standen die

drei eine ganze Weile an jenem abgelegenen Feldweg an der B 227 bei Breitscheid, bis der Bischof nebst Begleitkaplan zur Geldübergabe eintraf. Nach bischöflichen Testfragen bekamen die Entführer in zwei Päckchen das Geld, bedankten sich artig, wünschten frohe Weihnachten und empfahlen sich.

Nicht für allzu lange. Ollenburg fuhr in die Kanzlei und schlief erst mal richtig aus. Bevor er mit seiner Freundin Blondy nach Mexiko jettete, schickte er – ganz Gentleman – Theo Albrecht jene 1000 Mark, die Kron dem Entführten abgenommen hatte. Einstweilen fahndete eine Sondereinheit der Polizei mit mehr als 150 Mann nach den Entführern. Als erster ging ihnen Paul Kron ins Netz: Er wurde dadurch auffällig, daß ihm das Geld zu locker saß. Im Verhör verstrickte er sich bald in Widersprüche. Sein Kumpan Ollenburg wurde in Mexiko festgenommen und nach Deutschland ausgeliefert.

Dreizehn Monate später sahen sich die beiden vor Gericht wieder. Die Verhandlung vor der Großen Strafkammer im Saal 101 des Landgerichts Essen brachte nicht nur das ganze Ausmaß an Pfusch ans Tageslicht, sie wurde auch zum Medienspektakel – und zur Lachnummer. Bei der Befragung durch die Richter brachen die Angeklagten und die Zuschauer immer wieder in Lachsalven aus – so absurd mutete sie das Räuber- und Gendarmspiel post festum an. Als Verteidiger fungierte – surprise, surprise – der Münchner Prominentenanwalt Rolf Bossi. Der hatte naturgemäß auch den richtigen Gutachter zur Hand, den Gießener Psychologen Hans Hartmann, der Ollenburg als »extrovertierten Neurotiker« outete, Fachbezeichnung »Philobat«. Ein solcher Mensch jongliere aus lauter Lust am Thrill mit Menschen wie mit Dingen. Der Lebemann Ollenburg sei Ende der sechziger Jahre in eine existentielle Krise geraten – da war zunächst die Trennung von seiner wichtigsten Bezugsperson, seiner früheren Sekretärin und Geliebten Barbara Blümel; dann Selbstmordversuch seiner Tochter Hannelore, eine plötzlich auftretende Lähmung bei seinem Sohn, zudem eine eigene schwere Erkrankung und stetig wachsende Schuldenberge – gegen diesen Ansturm an Bedrängnissen habe Ollenburg keinen Abwehrmechanismus entwickeln können. Statt dessen flüchtete der Philobat, so Hartmann weiter, in Aktionsphantasien, die er schließlich (mit Hilfe von Kron) in die Tat umgesetzt habe.

Unter anderem kamen bei diesem Prozeß aber auch ganz handfeste Trugbilder ans Tageslicht, etwa daß Ollenburg mit einem gefälschten Abiturzeugnis sich ein Jurastudium erschlichen hatte. Gerhard Mauz brachte die Sache im *Spiegel* unsentimental auf den Punkt: beide seien aufgrund ihrer Vorgeschichte als »Krüppel, was ihre Biographie betrifft« anzusehen. Weniger lustig war dementsprechend auch das Urteil: acht Jahre und sechs Monate für Ollenburg und Kron. Begründung: gemeinschaftlicher Autostraßenraub, schwere räuberische Erpressung, Körperverletzung und Freiheitsberaubung. Bei Ollenburg kam Personen- und Sachhehlerei dazu, bei Kron schwerer Diebstahl in zwei Fällen. Beantragt hatte der Staatsanwalt jeweils zwölf Jahre; die Verurteilten nahmen das Urteil mit Dank an.

Diamanten-Paul, der Safeknacker, war sogar unmittelbar nach der Urteilsverkündung in Feierlaune. Jedenfalls gab er einer sehr großen deutschen Boulevardzeitung ein Interview. Darin gab er zu Protokoll, für 16 Tage Entführung seien achteinhalb Jahre zwar wie ein Todesurteil, er wolle sich aber – ganz bescheidener Mensch, der er sei – nicht vordrängen.

Keine Angabe konnte oder wollte er zur entscheidenden Frage machen: Es fehlte die Kleinigkeit von 3,7 Millionen Mark, die Hälfte des Lösegelds, die nicht mehr aufgetaucht war.

Das war freilich auch Theo Albrechts große Sorge, der er noch im Gerichtssaal Ausdruck verlieh: »Ich hoffe, daß damit der ganze Rummel endlich zu Ende ist, daß nichts mehr über meine Entführung veröffentlicht wird und das restliche Geld doch noch auftaucht.« Tja, die Beute. Theo Albrecht erwies sich als wenig zimperlich, als es an das Eintreiben des Lösegeldes ging. Da wurde er wieder ganz kaufmännisch; die Freude über sein Weihnachtspaket war längst verflogen. Noch in der Zelle erhielten Ollenburg und Kron Zahlungsbefehle über die fehlenden Millionen. Ollenburg ließ sich auf einen höchst seltsamen Deal ein. Er gab sein Geldversteck preis, weil Theo Albrecht ihm für die Zeit nach der Haftentlassung ein Starthilfekapital von 50 000 Mark zugesagt hatte. Der Anteil von Paul Kron blieb auch nach der Verurteilung verschwunden. Es war allerdings der Hauptverdacht stets auf Ollenburg als dem Kopf des Duos lasten geblieben. Anno 1977 geriet der verurteilte Anwalt erneut in die Schlagzeilen. Der damals 52jährige durfte eine einwöchige Haftunterbrechung nutzen, um mit Billigung der Staatsanwaltschaft »seine Ehe zu retten«: Ollenburg vergnügte sich mit seiner 23jährigen Gemahlin Angela auf der Insel Borkum, allerdings ständig beschattet von paparazzi-artigen Fotografen. Die Polizei bestritt, daß es sich bei den Schattenwesen um Zivilfahnder handelte, sondern sprach die Vermutung aus, die Unterwelt habe sich auf Ollenburgs Spuren geheftet, um an die bei ihm vermutete Millionenbeute zu gelangen.

Eine vorzeitige Entlassung Ollenburgs hatte das Landgericht Dortmund damals abgelehnt; er kam erst Anfang Juli 1978 frei. Die Illustrierte *Bunte* berichtete seinerzeit, in der Wohnung des Exanwalts in Düsseldorf seien »seit Tagen die Rolläden heruntergelassen. Die Ollenburgs sind auf Achse. Weit können sie aber nicht sein…«, vermerkte das Blatt nicht ohne Befriedigung, schließlich dürfe das Paar nicht aus Düsseldorf weg, und »aus Deutschland schon gar nicht«. Die bürgerliche Illustrierte setzte merkwürdigerweise als Fazit auf einen Spruch von Lenin: »Ollenburg beteuert, er wisse nicht, wo das Geld ist. Mag sein. Aber: Vertrauen ist gut, Kontrolle ist besser.«

Albrecht ließ nichts unversucht. Vor dem Finanzgericht Düsseldorf strengte er 1979 einen Musterprozeß an, weil er das Lösegeld von der Steuer absetzen wollte. Die Zahlung des Lösegelds, so argumentierte Albrechts Anwalt Karl Ronkel, sei notwendigerweise eine betriebsbezogene Ausgabe gewesen, weil die Entführer ja schließlich nicht an Albrecht als Privatmann, sondern als Firmeninhaber interessiert gewesen seien. Ein Firmeninhaber jener Spezies, über die Heinz Joachim Ollenburg vor dem Essener Landgericht holprig, aber nicht ohne Einsicht gesagt hatte: »Es gibt in Deutschland Leute, die Tag für Tag eine Million verdienen (…) Wer kann da noch von sozialer Gerichtigkeit oder einer angemessenen Einkommensverteilung in einer Leistungsgesellschaft sprechen? Die Gesetze sind in Deutschland zugunsten einer ganz geringen Minderheit gemacht, die dadurch zwangsweise reicher und reicher werden.« Da endet dann die Lachnummer auch abrupt und gibt für einen Wimpernschlag den Blick auf eine Realität frei, an der sich auch in dem Vierteljahrhundert, das seit der Verhandlung verstrichen ist, nichts geändert hat. Außer vielleicht, daß heute nicht einmal mehr von einer gerechten Einkommensverteilung geträumt wird. Heute gehen Entführer mit äußerster Brutalität und militärischer Präzision vor; die Lösegeldsummen sind so immens, daß dafür der Tod des Opfers und der Entführer im Kalkül steht. Der Fall des Hamburger Multimillionärs Reemtsma hat die Sache sicher auf eine vorläufige Spitze getrieben, vor allem wegen seiner medialen Umsetzung. Daß eingeweihte Zeitungen und Sendeanstalten so lange dichthielten, haben sie sich hinterher reichlich vergolden (und als Imagegewinn ans Revers heften) können. Daß der entführte Millionär und Literaturwissenschaftler nach seiner Befreiung seinen Schock mit einem Buch abarbeitet, mit diesem auf der Bestsellerliste landet und zum gesuchten Gesprächspartner der Medien wird, das stellt sicherlich ein Novum dar.

Theo Albrecht hat nichts von alledem getan. Er hat keinen Ghostwriter bestellt und seine Memoiren nicht diktiert. Er hat keine Interviews gegeben, und ob er psychotherapeutische Hilfe gesucht hat, ist nicht bekannt. Er wollte sein Geld wieder und seine Anonymität. Als beides halbwegs sichergestellt war, ist er einfach wieder in seinem Schattenreich verschwunden. Daraus aufgetaucht ist er nicht mehr.

Im Reich der Erben

Dynasten neigen im Regelfall nicht dazu, sich selbst für sterblich zu halten. Und wie das immer so ist mit dem Genmaterial: den Kindern wird zunächst nicht allzuviel zugetraut. Im Falle der Albrecht-Väter kommt hinzu, daß es sich um Prototypen der Wirtschaftswundergeneration handelt. Deren unumstößlicher Glaubenssatz – Haus bauen, Baum pflanzen, Sohn zeugen – ist zackig realisiert worden. Die Buben heißen Karl, Theo und Berthold; die beiden letzteren sind Brüder und stammen von Theo Albrecht ab. Sie fielen nicht weit vom Stamme: Theo jun. wird nachgesagt, eine noch größere Krämerseele als der Herr Papa zu sein. Weil aber ihre Väter das Familienvermögen vorsorglich in die Stiftungen überführt haben, mußten die Sprößlinge erst mal auf eigenen Füßen gehen lernen. Und wo könnte man das als Kind des Hauses Albrecht besser als ebenda? Von der Pike auf, jawoll.

Der promovierte Jurist Karl Albrecht jun. lernte das Discounthandwerk der Sage nach unter anderem in der bayerischen Kreisstadt Ebersberg östlich von München. Dortselbst unterhält Aldi Süd ein großes Auslieferungslager. Dr. Karl wurde beobachtet, wie er an windstillen Tagen auf das Flachdach der Lagerhalle stieg, um über den Luftschächten ein Blatt Papier fallen zu lassen. Bekam das Blatt Auftrieb, war dies als Anzeichen von entweichender warmer Luft ist gleich Energie ist gleich Geld zu werten. Selbst wenn die Anekdote übertrieben sein sollte, so ist sie wenigstens gut erfunden.

Ansonsten wurden die jungen Herren erst mal ins Ausland entsandt, um sich dort kaufmännisch die Hörner abzustoßen. Diplomkaufmann Theo Albrecht jun. gründete die Hutha Holding GmbH, sein Bruder Berthold die Weba Holding GmbH – die im Essener Handelsregister eingetragenen Firmen verfügen jeweils über ein Stammkapital von 15 Millionen Mark und kontrollieren die Anteile der Juniors an den dänischen Aldi-Ablegern.

So richtig hart rackern mußten die Nachkommen aber offenbar nie. Das wenige, was an die Wirtschaftspresse gelangt ist, vermittelt durchaus den Eindruck, daß die Milliönchen in Söhnchens Taschen so flossen wie anderswo die Hunderter oder Tausender. Was man halt so verschenkt bei Milliardärs: Die Filii wurden immer wieder mit kleinen Filialketten beschenkt; schon 1979 vermachte Theo seinen Sprößlingen die US-Kette Trader Joe's Market mit 21 Zweigstellen. Nach Angaben eines ehemaligen Verkäufers des Filialisten habe Theo Albrecht damit lediglich »eine Investition für seine Söhne« tätigen wollen – richtig gekümmert haben sich weder Vater noch Söhne um den Laden; höchstens Stippvisiten bei Amerikaaufenthalten wurden verzeichnet.

Ein Aldi-Sohn, Berthold, dem böse Zungen ein zu weiches Herz, zu viel Familien- statt Kommerzsinn nachsagten, hat es immerhin auf Seite eins von *Bild* gebracht: »3 Mädchen – Ein Junge: Aldi-Vierlinge sind da« jubilierte das Blatt. Doch der Reihe nach: am 18. September 1985 um 14.30 Uhr fuhr ein Brautpaar vor der Abtei Werden bei Essen vor, um sich das Jawort zu geben: Aldi-Juniorchef Berthold Albrecht und Babette Andrea Hildegard Schönbohm. Das Eheversprechen wurde exakt um 15.10 Uhr vollstreckt, wie *Bild* damals berichtete: »Er im schwarzen Anzug mit weißer Nelke, sie in einem Traum aus Seide und Spitze. Wie Sterne in der Nacht funkelten auf dem bodenlangen, weitem Kleid mit tiefen Spitzenrückendekolleté Straßsteinchen. Der Blumenstrauß aus rosa Rosen und weißem Schleierkraut.« Brautmutter Cilly (in »dunkelpinkfarbenem Mantel mit schwarzem Revers, silbernes, schulterlanges Haar und viereckiger Sonnenbrille«) hat sich offenbar tapfer gehalten; sie »tupfte mit der linken Hand am Nasenflügel«, blieb ansonsten äußerlich cool. Nach der katholischen Zeremonie verfügte sich der Troß von sechzig engen Verwandten und Freunden in die Albrechtsche Villa in der Westerwaldstraße (Essen-Bredeney); abends wurde im Schloß Hugenpoet gefeiert.

Albrecht jun. hatte die »attraktive Blondine« *(Bild)* aus Köln dreieinhalb Jahre zuvor kennengelernt. Nachbarn aus Essen, wohin sie wegen Berthold umgezogen war, schilderten sie als »Frohnatur«. Nach der Hochzeit passierte dynastisch erst mal fünf Jahre lang nichts. Bis eben im Jahre des Herrn 1990 die Vierlinge kamen – als Folge einer Hormonbehandlung. »Sie kamen durch Kaiserschnitt« vermeldete *Bild* und tat im übrigen mal wieder so, als seien die Reporter in der Gebärmutter der Dreißigjährigen gesessen, während die Familie »im Nebenraum fieberte«. Die Vierlinge wurden im siebten Monat entbunden, kamen in den Brutkasten und verschwanden so vor den Augen einer staunenden Öffentlichkeit. Das offizielle Bulletin der Familie verkündete dann die Haushälterin vor der Villa der Großeltern. »Ich darf ausrichten, daß es allen gutgeht.« Und Firmenchef Theo Albrecht warf wieder einmal einen Satz der Nachwelt hin: »Ich bin der glücklichste Großvater Deutschlands.«

Im November 1993 vermeldete der stets vornehme Wirtschaftsteil der *Frankfurter Allgemeinen Zeitung* (»Einschienen-Rollschuhe weiter auf dem Vormarsch« lautete eine Überschrift im Sommer 1997 – gemeint waren Rollerblades), bei Aldi sei der Generationswechsel vollzogen. Aber selbst diese Meldung blieb kryptisch. Im Südreich, so die Essenz der Meldung, ziehe sich Karl (damals 77) Anfang 1994 aus dem Verwaltungsrat zurück. Sohn Karl (damals 39) wolle es ihm aus gesundheitlichen Gründen gleichtun, das meldete ergänzend die *Lebensmittelzeitung.* Die freien Stellen sollten Ulrich Wolters und Horst Steinfeld einnehmen. Man darf sicher sein, daß die Herren im Sinne des Firmengründers agieren, wenn auch mit jenen halböffentlichen Äußerungen von Wolters ein wenig Perestroika eingezogen zu sein scheint.

Theo Albrecht habe sein Nordreich unter den beiden Söhnen aufgeteilt, die seit 1990 im Verwaltungsrat der Essener Aldi Einkauf GmbH & Co. OHG sitzen. Da Theo sen. aber »lebenslänglich« Vorsitzender der Markus-Stiftung in Nortorf bliebe, habe er auch die Kontrolle über das Reich behalten. So scheint die Dynastie wenigstens im Norden weiterzuleben. Im Südreich dagegen ist der Sohn zeitgleich mit dem Vater gegangen – so ward die Gelegenheit vertan, einen echten Stammbaum im Sinne einer Kaufmannsfamilie à la Buddenbrooks zu pflanzen. Was könnte das für ein Schauspiel abgeben, den folgenden Generationen der Familie Albrecht dabei zuzusehen, wie ihnen, weltfernen Künstlern gleich, das Imperium der Vorväter aus den Händen gleitet.

Kapitalismus gut – alles gut

Die Ideologie, hatte er plötzlich, von seinem eigenen Einfall überwältigt, der Konferenz erklärt, die wahrhaft im Kalten Krieg gesiegt und den Kommunismus beziehungsweise Sozialismus niedergerungen hat, darf nicht Kapitalismus genannt werden, denn das ist bloß eine Wirtschaftsform, die viele Gesellschaftsmitglieder gar nicht persönlich bindet. Was gesiegt hat, nenne ich den Konsumismus. Die Gesellschaftsmitglieder, auch die aus den unteren Klassen, können am Genuß der Welt und am Selbstgenuß teilhaben durch den Erwerb und den Konsum von Waren, deren Form in der Ersten Welt fast alle Dinge und Gedanken annehmen. Darauf wollte die Zweite Welt nicht mehr verzichten.«

Michael Rutschky, »Konsumismus«

Irgendwie und sowieso war allein schon das Wort viele Jahre mit einem Hautgout versehen. Das »Schweinesystem« der Ausbeuter, der Kapitalismus, war zwar weiterhin in Amt und Würden, aber es nannte sich Soziale Marktwirtschaft, und man sprach nicht darüber. Im Reich des Bösen herrschte der Kommunismus, und der war unabdingbar für das Wohlergehen des Kapitalismus – so dachte man damals, jedenfalls insgeheim. Die achtziger Jahre waren ein goldenes Zeitalter, trotz Reaganomics, trotz Thatcherismus. Unbekümmerte Yuppisierung war die offizielle Lesart; daß nebenbei noch einmal so richtig schön

Kalter Krieg war, mit Nachrüstung und Pershing, wer mag das heute noch wissen – im allgemeinen Dackelaugenrückblick auf die verflossenen Jubeljahre. Wenn überhaupt vom Kapitalismus die Rede war, dann in so ironisch-abfälligen Begriffen wie »Kasino-Kapitalismus«, wie ihn die amerikanische Sozialwissenschaftlerin Susan Strange geprägt hat. Damit charakterisiert sie eine Mentalität, die schrankenloses Wachstum von Multis befördert. Auf der weltpolitischen Bühne fädelte bekanntermaßen der Bundeskohl in Strickjacke den kaukasischen Wendekreis ein; Gorbatschow durfte den Reformer geben, das dunkle Reich des Bösen östlich der Mauer implodierte, und schon im Jahr 1991 rieb sich der Politikprofessor und DKP-Historiker Georg Fülberth im Konkret Literatur Verlag zu Hamburg die Augen – symbolisch natürlich, denn der Titel seines Traktates *Sieben Anstrengungen, den vorläufigen Endsieg des Kapitalismus zu begreifen* verriet doch eine gewisse Verzweiflung. Daß er sich dabei im Titel einer Vokabel aus dem »Wörterbuch des Unmenschen« bediente, war gewiß kein Zufall – aber sonderlich lustig war es auch nicht. Die Stimmen derer, die tapfer zu ihrem Marx hielten, wurden im Lauf der neunziger Jahre immer kläglicher und leiser. Die Ideen des Marxismus seien nicht notwendigerweise schlecht, nur weil der erste große Freilandversuch, der in Rußland immerhin 70 Jahre gedauert hatte, gescheitert sei. »Na gut«, würde Franz Beckenbauer da einwerfen, »sicherlich«.

So als wäre es mit Gewalt unterdrückt gewesen, meldete sich nach dem vorläufigen Ende des Sozialismus das Kapital zurück. Die Dampframme des hemmungslos sich an seinem Sieg berauschenden kapitalistischen Systems schlug unbarmherzig zu. Dabei war es, eine weitere schöne Ironie der Geschichte, gar nicht Marx gewesen, der als erster von »kapitalistischer Produktionsweise« gesprochen hatte, sondern der Nationalökonom Werner Sombart. Und was ehedem eine Schmährede der Linken gewesen war, reklamierte nun das Kapital selbstbewußt für sich. Sir Ralf Dahrendorf, ein veritabler Liberaler von europäischem Zuschnitt, wurde auffällig, als er davon sprach, wir seien »endlich wieder frei, in einer offenen Gesellschaft so viele Spielarten des Kapitalismus zu entwickeln, wie wir nur wollen«. Der deutsche Soziologe Heinz Bude hat für diese neue Freiheit den Begriff »experimenteller Kapitalismus« gemünzt.

Experimentiert wird immer und überall. Und debattiert auch. Noch der letzte Gemeinderat hat damit am Stammtisch ein Totschlagargument zur Verfügung, das nichtssagender nicht sein könnte – »Globalisierung« ist wahrscheinlich *das* Mode-, Reiz- und Nullsummenwort der letzten Jahre. Es tut genial einfach, global eben, nicht wahr, da weiß ein jeder, was gemeint ist (wie stark fällt dagegen *shareholder value* ab, sehr diffus und längst nicht so breitenwirksam, so sportvereinstauglich wie Globalisierung); was tatsächlich gemeint sein könnte, da gehen die Meinungen schon wieder stark auseinander; aber das ist ja einer der ewigen Vorzüge von Gummiwörtern, die auch nach dem 1000sten Durchkauen noch einen fernen Geschmack von Welthaltigkeit haben. Erstaunlich viel Wortmasse produzierte zu diesem Phänomen die Münchner Textfabrik des Soziologen Ulrich Beck. Der feuerte aus allen Suhrkamp-Rohren, in regenbogenfarbenen Bänden, daß man im Geschützdonner bloß noch warten konnte, wer als erster mit dem Begriff Dritte Moderne daherkommen würde.

Global ist vor allem und zuallererst der Fluß des Geldes. Das kennt keine Grenzen mehr, heute hier, morgen dort, heute Dax, morgen Dow Jones, übermorgen Nikkei. Das Kapital hat sich längst verselbständigt, hat sich eine Reisefreiheit von ungeahntem Ausmaß genehmigt. Während die Enkel der Ewiggestrigen wieder »Ausländer raus!« brüllen, Hakenkreuze schmieren, Mauern um Europa errichten wollen, hat das Kapital schon mehrmals den Erdball umkreist, die Währung und somit die Hautfarbe gewechselt. Und daheim im deutschen

151

Lande, sagen wir in Mecklenburg-Vorpommern, erwacht ein Skinhead nach einer anstrengenden Nacht, in der er mal wieder mit seinem Baseballschläger inländische Touristen terrorisiert (Wossies-Bashing) und anschließend ordentlich einen gesoffen hat, und hört in den Nachrichten, der Dax sei schon wieder ein paar Punkte höher gestiegen, während in Tokio der Nikkei uneinheitlich tendiere. In diesem Falle womöglich: eine Nullnachricht. Und doch sitzt unser Skin, ohne daß er es weiß, mitten in der Globalisierungsfalle.

Global Players Marke Albrecht

Es war einmal eine Marktwirtschaft in diesem unserem Lande, und die nannte sich »soziale«. Das ist vorbei; das Adjektiv wurde ersatzlos gestrichen. Kein Wunder, sind ja plötzlich alle zu Aktionären geworden. Globalisierung, sagen Leute mit historischem Weitblick, ist ein alter Hut. Schon die Gründung der antiken Weltreiche sei nichts anderes gewesen. Neu an dem Vorgang ist, daß es nicht mehr die westeuropäischen Staaten sind, die diese Welle in Bewegung gesetzt haben. Die Attacken kommen diesmal von außen, von der *primadonna assoluta*, den Vereinigten Staaten von Amerika, von den asiatischen Tigerstaaten, von den aufstrebenden Chinesen, aus Billiglohnländern wie Indien, Malaysia und Indonesien. Die hiesigen Wirtschaftsliberalen und Industriekapitäne sind begeistert; endlich können sie ungehemmt auf das Wachstumspedal treten. Aus dem Hause Albrecht tönt derweil beredtes Schweigen: Dort hat man bereits globalisiert, als noch kein Hahn danach krähen konnte.

Noch einmal Schumpeter, weil er offenbar in seiner *Theorie der wirtschaftlichen Entwicklung* (1911/13) die Aldi-Brüder am Horizont hatte heraufziehen sehen. »Unternehmer«, sagt Schumpeter, »nennen wir die Wirtschaftssubjekte, deren

Funktion die Durchsetzung neuer Kombinationen ist und die dabei das aktive Element sind.« Demnach ist der Unternehmer ein Kombinierer, der vorhandenes Material, das bereits auf dem Markt oder in der Gesellschaft existiert, neu ordnet. Zweitens ist der Unternehmer ein Durchsetzer, der Gewohnheiten und Widerstände des Konsumverhaltens aufbricht. Drittens handelt der Unternehmer energisch, das heißt ihn reizt gerade die Herausforderung, etwas Neues zu tun. So weit, so Albrecht.

Der Unternehmer ist verantwortlich für eine dynamische Wirtschaftsentwicklung, dynamisch heißt in diesem Fall: diskontinuierlich. Angetrieben wird diese Entwicklung durch die Schaffung von Konsumbedürfnissen, durch neue Produkte, neue Produktionsmethoden, neue Beschaffungswege, neue Absatzmärkte. Heinz Bude, der in der Tradition Schumpeters den Unternehmer »als Revolutionär der Wirtschaft« beschrieben hat, definiert ihn deshalb als »einzig selbständiges, unberechenbares Wirtschaftssubjekt«, weil er nicht von der Nachfrage, sondern vom Angebot her denke. Bei Aldi machte die Erweiterung des 450-Schnelldreher-Sortiments Produkte zugänglich, die sonst den müßigen Klassen vorbehalten gewesen wären (jedenfalls im Normalverdienerfall).

Dieses Wirtschaftssubjekt kann auf zwei Weisen unternehmerisch handeln. Entweder handelt es sich um einen »hedonistischen Wirt«, also um jemanden, der auf Genuß, Bedürfnisbefriedigung und Störungsbeseitigung aus ist. Oder wir treffen, wie bereits angedeutet, auf den Typ »unternehmerischer Unternehmer«. Sind die Aldi-Brüder hedonistische Wirte geworden, die sich auf den Erfolgen ihrer Zeit als unternehmerische Unternehmer ausruhen? Das wird man kaum behaupten können. Die Wahrung ihres Besitzstandes war ihnen stets ein Herzensanliegen, ihre Fehlerfreundlichkeit hat sich in Grenzen gehalten – sie passen so recht in kein Schema. Aber sie haben geschafft, was im anbrechenden Zeitalter des Turbo-

Kapitalismus gar nicht selbstverständlich ist: Sie sind aus sich heraus groß geworden und haben diese Stellung bis heute zäh ausgebaut und erfolgreich verteidigt. Schumpeter selbst hat, obwohl er ein Verfechter der kapitalistischen Wirtschaftsordnung war, 1936 das Ende des Systems prophezeit. Noch weitere 50 Jahre lautete damals seine Prognose. Untergegangen ist dann bekanntermaßen ein anderes System.

Dramatische Zeiten sind aber dennoch angebrochen, Sieg des Kapitals hin oder her: Die Industriegesellschaften sind auch nicht mehr das, was sie einmal waren. Es geht ihnen nämlich die Arbeit aus. Künftig soll, wenn es nach dem professionellen Unken des *global business* geht, eine neue Klassengesellschaft durchbrechen: eine Informationselite (nicht mit der vermeintlichen Zielgruppe von *Focus* zu verwechseln), hochqualifizierte Leute mit Arbeit und also mit Zugang zu Wissen und seiner digitalen Aufbereitung, die entweder über den Planeten nomadisieren oder in den Hauptquartieren der Finanzplätze die Schlüsselpositionen besetzen. Dieser Minderheit gegenüber steht eine riesige Masse von Arbeitslosen, Arbeitssuchenden, Vorruheständlern, Scheinselbständigen und Dienstleistern, für die in dieser schönen neuen Welt kein Platz an der Sonnenseite vorgesehen ist. Seit die Marktwirtschaft das lästige Adjektiv »sozial« am Steuerloch-Schalter des Finanzministers abgegeben hat, frißt die verschlankte Marktwirtschaft ihre Kinder, aber stets mit dem Achselzucken »Globalisierung«. International sind heute Denken und Handeln der Wirtschaftsriesen; und selbst wenn sie, wie Siemens, noch zufällig ihre Zentrale auf deutschem Boden haben, ist Steuervermeidung oberstes Unternehmensziel – mit einem Rüffel des Bundespräsidenten kann man lässig leben. Siemens sitzt zwar am Wittelsbacher Platz mitten in München, aber von den 328 000 Angestellten arbeiten 170 000 im Ausland. Der Konzern betreibt 400 Produktionsstätten in sechs Kontinenten, in 190

Ländern der Erde gibt es Niederlassungen. Made in Germany? Dazu Roman Herzog wörtlich: »Ein Unternehmen, das in Deutschland seine Produktionsstätten, seine Arbeitsplätze abbaut und fast keine Steuern bezahlt, das kann in seinem Namen noch so oft das Wort ›deutsch‹ haben, das erkenne ich nicht mehr als deutsches Unternehmen.« Schlichen darob die deutschen Spitzenmanager geknickt einher? Von wegen. Der Mercedes-Rambo Schrempp hatte sich zuvor weit aus dem Fenster gelehnt und verkündet, sein Unternehmen werde bis zum Jahr 2000 keine Steuern mehr in Deutschland zahlen (erst das Debakel mit den umstürzenden Neuwägen konnte der Konzernspitze leisere Töne entlocken). Dem Image hat Steuerhinterziehung – im Gegensatz zum Ingenieurspfusch – noch nie wirklich geschadet, eher ist das Gegenteil der Fall: Solches Tun, clever arrangiert, hält ein Heer von hochspezialisierten Steuerberatern in Lohn und Brot und wird von Volkes Stimme als deutsche Wertarbeit verbucht. Hugo Müller-Vogg, Mitherausgeber der *Frankfurter Allgemeinen Zeitung*, diagnostizierte in diesem Zusammenhang, er kenne – nach dem Sexualtrieb – keinen Trieb, der beim Menschen so ausgeprägt sei wie der, Steuern zu vermeiden.

Der »Laissez-faire-Kapitalismus« ist freilich nur so lange lustig, als man auf der Gewinnerseite sitzt. Und das werden, darin sind sich Kritiker und Befürworter auffallend unauffällig einig, künftig immer weniger Menschen sein können. Die UNO veröffentlichte im Jahr 1996 eine Statistik, derzufolge 358 Milliardäre weltweit mehr Vermögen besitzen, als knapp die Hälfte der Menschheit verdient. Eine andere Statistik besagt, daß die 20 größten Unternehmen der Welt, darunter Mitsubishi, Shell, Daimler-Benz, mehr Umsatz erzielen, als die 80 ärmsten Länder zusammen erwirtschaften. Die deutschen Industriekapitäne drängt es mit aller Macht hinaus auf den globalisierten Marktplatz. Wer dort mitspielen will, als *global player*, darf freilich keine allzugroßen Rücksichten mehr auf seine Leutchen daheim in den Fabriken nehmen. Mahner gibt es genug. Beim französischen Nachbarn etwa erzielte die Literaturkritikerin Viviane Forrester einen Sensationserfolg mit ihrem antikapitalistischen Manifest *Der Horror der Ökonomie,* der auch auf deutsch erschienen ist. Nicht untypisch, daß die Resonanz des Themas in den hiesigen Medien sich nicht im Verkauf des Buches niederschlug, obwohl darin wundersam geraunt wird von schemenhaften Managern, die gar nicht mehr von dieser Welt sind, für diese aber eine totalitäre Herrschaft im Sinne führen. Zudem gibt es auch hierzulande genügend andere Verschwörungstheoretiker, die einen Angriff des Großkapitals auf die Menschheit diagnostizierten, etwa Hans-Peter Martin und Harald Schumann *(Die Globalisierungsfalle)* oder Robert Misik *(Mythos Weltmarkt).* Manche führende Nadelstreifenträger in den Wirtschaftsredaktionen der Meinungsführer haben diese Bücher nur mit spitzen Fingern angefaßt, als spekulative Machwerke abgetan. Ihnen sei, aus einer ganz anderen Zeit kommend, ein Eintrag ins Poesiealbum gewidmet, den Hans Magnus Enzensberger 1982 in *Transatlantik* notierte: »Die wichtigste Botschaft des Wirtschaftsteils, die er täglich wiederholt, ohne es zu merken, lautet: Wo es ums Geld geht, hat die Demokratie nichts zu suchen.«

Schuld an der Misere haben, das soll hier nicht unterschlagen werden, Aldi-Kunden. Jedenfalls Teilschuld. Die andere Hälfte der Schuldenlast trägt der Kleinaktionär – wobei eine Schnittmenge zwischen Aldi-Kundschaft und Telekom-Aktionär durchaus wahrscheinlich ist. Gabor Steingart schrieb im *Spiegel:* »Der Kunde und sein aggressiver Zwillingsbruder, der Schnäppchenjäger, sind für den neuen Takt der Weltwirtschaft mitverantwortlich. Mit ihrer Kaufentscheidung treiben sie die Manager der Konzerne zum Besser, Schneller, Billiger an.« Klingt irgendwie vertraut, nicht wahr? Besser. Schneller. Billiger. Da sitzt er nun, der getriebene Manager, und kann nicht anders. Denn Aldi-Kunden gibt es gewissermaßen in allen Industrienationen auch. In McWorld haben die Bewohner die gleichen Bedürfnisse; sie sind gleich angezogen, sehen die gleichen Fernsehprogramme, hören die gleiche Musik – und alles möglichst billig, pardon preisgünstig.

Finanziert wird das neuerdings über den Traum vom Aktionär, der sich in kurzer Zeit auf dem florierenden Weltaktienmarkt ein goldenes Näschen verdient. Vom Börsengang der Telekom in einen Taumel versetzt, rennt der deutsche Kleinsparer neuerdings als Kleinaktionär durch die Gegend, um sich eine Altersversorgung zuzulegen, die ihm Vater Staat nicht mehr wird gewähren können. Die Rente ist sicher. Und die Erde ist eine Scheibe. Der Kleinaktionär spürt, daß er etwas tun muß, weil auch auf die Obrigkeiten kein Verlaß mehr ist. Das hat er zwar immer gewußt, aber eine Zeitlang ist es ja wieder ganz gut gegangen. Doch nun rückt die Hydra schon näher: Stellenabbau überall versus Gewinnmaximierung für Herrn und Frau Shareholder (geborene Value), Rentenkrise, Gesundheitskrise, Arbeitslosenkrise, alles Krise. Der Boden schwankt; wer heute nicht die richtige Qualifizierung hat, um künftig mitzuschwimmen, sollte sich schnell um eine kümmern. Schon rufen die ersten am Stammtisch (noch vorsichtig spaßeshalber) wieder nach der roten Fahne und einer Revolution, die her müsse. Von den anderen, die nach dem Führer rufen, ganz zu schweigen. Profitiert haben freilich beide, Schnäppchenjäger und Kleinaktionär, von den Folgen der Globalisierung: Mit seiner Kaufkraft hat er es wesentlich leichter, sich mit unersetzlichen Artikeln des täglichen Bedarfs wie Videorecordern, Heimcomputern und Mikrowellengeräten einzudecken, zu Preisen, für die vor 30 Jahren die fünffache Arbeitszeit hätte aufgewendet werden müssen.

Die größten Kritiker des ungebremsten Wildwest-Kapitalismus kommen aus dem Land, das ihm zum Durchbruch verholfen hat, der einzig verbliebenen Sieger-Super-Weltmacht. Lester

Thurow, Professor am Massachusetts Institute of Technology (MIT), hat sich in einer mittlerweile berühmten Schrift Gedanken über *Die Zukunft des Kapitalismus* gemacht. Er fürchtet irreparablen Flurschaden für die Demokratie, wenn die Kluft zwischen Reich und Arm zu groß wird, wenn die Reallöhne immer weiter sinken, und die Gesellschaft der Superreichen immer größer wird. Wozu ist das Millionenheer von Arbeitslosen dann noch gut, wenn es nicht mal mehr über genügend Geld verfügt, um als Konsumenten aufzutreten?

Der US-Publizist Jeremy Rifkin, ein bekannter Wissenschaftskritiker und politischer Journalist, sieht die Angelegenheit mit noch düstererem Blick. In seinem 1995 erschienenen Buch *Das Ende der Arbeit und ihre Zukunft* prognostiziert Rifkin, daß vor allem die fortschreitenden Automationsprozesse (die vor lauter Globalisierung in der deutschen Debatte fast ein wenig in den Hintergrund getreten waren) zu weiteren Arbeitslosen und somit zu sozialem Sprengstoff führen werden. Rifkin zieht als Beispiel die Landwirtschaft heran: Durch neue Maschinen seien in diesem Jahrhundert Millionen von Bauern arbeitslos geworden – ein Ersatz von Muskel- durch Maschinenkraft. Heute zielt die industrielle Revolution auf die Ablösung des Geistes. Durch immer schnellere und intelligentere Computer sind, so Rifkin, von der »Ausrottung« bedroht »Fabrikarbeiter, Sekretärinnen, Empfangsdamen, Sachbearbeiter, Verkaufspersonal, Bankkassierer, Telephonvermittler, Bibliothekare, Großhändler und Manager der mittleren Ebene«. Rifkin sagt weiter voraus: »Im Laufe des nächsten Vierteljahrhunderts werden wir die praktische Abschaffung des Fließbandarbeiters im Produktionsprozeß erleben.«

Die Wachstumsbranche Telekommunikation, Internet, Cyberspace arbeitet mit weniger, dafür hochspezialisierten Leuten, Programmierern, Software-Ingenieuren, Wissenschaftlern und Wissensvermittlern, die quantitativ keinen Ersatz bieten für die Masse an Arbeitskräften, die durch die neuen Techno-

158

logien eingespart werden. Der Unterschied zum Industriezeitalter: Jenes schaffte Sklavenarbeit ab; das Informationszeitalter schafft Massenbeschäftigung ab – ohne Einbußen an Produktionsleistung, ohne Verlust an Dienstleistung.

Die schnellsten Kassenfrauen der Welt

Und Aldi? Hat in diesem planetarischen Sittenbild seinen Platz. Im Globalisierungsspiel mischt der Mülheimer Discountriese auf alle Fälle mit. Bei der reichsten Ente der Welt weiß der geneigte Leser, wo das viele Geld verschwindet – im Dagobert Duckschen Speicher. Mit Möglichkeit zum erfrischenden Bad im erworbenen Reichtum. Aber anstatt auch nur irgendwie neureich zu werden, die Fassade aufzumöbeln, die Mitarbeiter in Livrees zu stecken, haben die Gebrüder Albrecht alles beim alten, beim Bewährten gelassen. Quasi beim patinierten, stone-washed-look. Während sich noch die letzte Sparkasse auf dem platten Land einen postprämodernen Glaspalast mit Tiefgaragen und Tresoren bis zum Erdkern errichten läßt, »stehen vor der Aldi-Zentrale maximal acht Daimler«, zitiert ein Fachblatt einen Manager. Und ein wohlhabender Mann, der als Anwalt in mehreren Aufsichtsräten sitzt, berichtet, es gehe wann immer das Gespräch auf Aldi komme, ein vernehmliches Hüsteln durch die Runde: Sämtliche Zahlen und Bilanzen, die vorgelegt würden, seien mit dem Zusatz versehen »Natürlich ohne Aldi«. »Sie sind da, irgendwo da draußen«, sagt der Aufsichtsrat, »aber man tut so, als sähe man sie nicht.« Eine beeindruckende Leistung sei das, was die Brüder aufgezogen hätten, einmalig in der Geschichte der Bundesrepublik.

Aber was ist das für eine kapitalistische Erfolgsgeschichte, die sich im verborgenen, ohne Hinweis auf ausufernden Protz im Inneren, abspielt? Das paßt wieder so gar nicht in das globalisierte Beschleunigungsgewusel. Wie tritt Aldi jenseits von anonymen Anzeigen auf? Wer ist der bedeutendste Repräsentant all dessen, was wir Aldi-Kultur beziehungsweise Discounterlebniswelt genannt haben? Es ist eine (zumeist weibliche) Person mittleren Alters, die in einen blauen Arbeitskittel gehüllt vor einer Registrierkasse sitzt und jenen Mehrwert abschöpft, von dem der Milliardär seine Zahnbürste bezahlt.

Der einzige zwischenmenschliche Kontakt, den man, von Rempeleien abgesehen (Aldi sei »eine friedliche Welt«, heißt es auf einer CD-ROM, dazu später mehr), im Discounter hat, ist die kurze Begegnung mit der Frau an der Kasse. In den Tiefen der Verkaufsstelle einen Ansprechpartner zu finden, ist außerordentlich schwer; meist handelt es sich um den gestreßten Filialleiter selbst – der Geheimwaffe des Einzelhandels. Auch muß zur Ehrenrettung gesagt werden, daß die Aldi-Belegschaft nicht unfreundlicher als die durchschnittliche deutsche Selbstbedienungsmotze ist. Die meisten Blicke dieser Gesichter an der Kasse sind wie der des berühmten Panthers von Rilke – leer, vom Abschreiten der Warenberge, vom ewigen Handaufhalten und Geldzurückgeben; aber eben neutral in der Aussage. Es ist eine gewisse Null-Semantik an dieser Schnittstelle Kunde–Angestellter, jenseits des Waren- und Geldtausches. Man kann dort schon ahnen, daß der Tag, an dem Kassenroboter die Kollekte übernehmen, nicht mehr allzu fern ist.

Das paßt in die hiesige Servicelandschaft, denn es wird gern und wortreich die Klage geführt, Deutschland sei keine Hochburg der Dienstleistung, im Gegenteil, es nehme im internationalen Vergleich wohl den letzten Platz ein. (Ewig gründeln die Teutonen!) Die Schilder der Sorte »Wechselgeld sofort nachzählen. Spätere Reklamationen zwecklos!« sind von ähnlichem Charme wie die Hinweistafel »Jeder Ladendiebstahl wird zur Anzeige gebracht«.

Der Dienstleistungsgedanke wäre freilich das Leichengift der Discountidee à la Albrecht. Alles, was die Brüder Albrecht in den vergangenen Jahrzehnten mühevoll an Verknappung aufgebaut haben – beinahe ein poetischer Vorgang: Verdichtung, Ballung, Aufladung? –, wird konterkariert durch diese penetrant lauter werdenden Forderungen nach einem »Dienstleistungsstandort« Deutschland. Früher hatte der »Standort« (wie auch das epidemische »Vorfeld«) immer etwas mit Militärischem zu tun, neuerdings ist ein Standort nur in Verbindung mit Wirtschaftsmacht »verortbar« (auch so ein dollgewordenes neudeutsches Unwort). Daß es am Standort Deutschland in punkto entgegenkommende Freundlichkeit trübe aussieht, verdankt sich sehr wohl dem notorischen Selbstbedienungsgedanken. Erst hat man alle dienstleistenden Tätigkeiten abgeschafft – wer kriegt heute noch einen Tankwart an den Einfüllstutzen? –, dann war man stolz darauf (Demokratiegewinn, Entsorgung alter Zöpfe). Und nun endet die Klage nicht, man bekäme kein gescheites Personal mehr. Vielleicht verbreitet sich die Einsicht doch noch, daß sich das eine nicht unbedingt vom anderen trennen lassen muß. Der amerikanische Supermarkt kennt eben Einpackhilfen, die dem Kunden helfen, die Waren schnell und sinnvoll in Tüten zu stapeln. Daß diese fleißigen Lieschen allerdings bloß zwei Dollar die Stunde verdienen, ist die Kehrseite der Medaille, die deutsche Politiker, deren Zeigefinger permanent Richtung USA deuten, wissentlich unterschlagen. Bei uns muß man sich auch den Plastiksack noch selbst unter dem Laufband hervorholen, um ihn dann selbstverständlich zu bezahlen. Aldi hat aus dieser Not eine Tugend gemacht. Die Schachtelberge jenseits der Kassen sind ein Angebot an die Kunden: jederzeit kostenloses Transportgefäß; und gleichzeitig entsorgt der Kunde Berge von Pappe, die sonst der Firma blieben. Zu diesem Zwecke sind die robusten Plastiktüten relativ teuer (35 Pfennig) und die Leinentaschen (1 Mark) für Pfennigfuchser keine Alternative.

Bundespräsident Roman Herzog, immer öfter für etwas Grundsätzliches gut, hat seinem Volk geraten, sich in der »Tugend des Dienens« zu üben. Nebenbei: Nach der sogenannten Berliner Rede im Hotel Adlon im Frühsommer 1997, als Herzog wieder einmal einen »Ruck«, der durchs Land gehen müsse, forderte, dauerte es nicht lange und Herzog legte ein weiteres Mal nach: mit einem Bildungsbrikett, einer neuerlichen Ruck-Rede. Der Fernsehmoderator Friedrich Küppersbusch, dessen Sendung »Privatfernsehen« die ARD gerade mit einem Ruck den Hahn abgedreht hat, kalauerte, Herzog sei der Spezialist für »Kuschelruck« – es ist tatsächlich stets mit einem merkwürdigen Aroma versehen, daß Leute, zu höchstem Ansehen im Gemeinwesen gelangt, es nicht dabei belassen können. Eine Dosierungsfrage? Warum gerät ein hochgebildeter, solide in sich ruhender Altbaier wie Herzog plötzlich in den Predigertaumel und merkt nicht, daß ihm darüber die Rolle des *elder statesman* zur Nervensäge gerinnt? Um so bedauerlicher, da Herzog in den meisten seiner Einlassungen den richtigen Ton getroffen, die zentralen Themen dieser Jahre angesprochen hat. Wer wollte ihm widersprechen, wenn er behauptet, viel zu lange hätten sich die Bürger dieses Landes das Lotterleben einer Anspruchsgesellschaft geleistet? Daß freilich die Konsumgesellschaft ihre Kinder frißt, die nichts anderes kannten als Wirtschaftswundereltern, denen der Gedanke an Konsumverzicht artfremd war, ist ja auch eine nicht ganz neue Erkenntnis.

In bezug auf die Kassenfrau (männliche Kassierer sind so rar wie gute Brezen in Hamburg) bleibt festzuhalten, daß sie das Brennglas ist, in dem sich für einen Augenblick der Kunde in einen König verwandelt, bevor er einen überraschenden Tritt in den Hintern bekommt. Dabei spielt ein physikalisches Gesetz die Hauptrolle. Geschwindigkeit ist Weg mal Zeit. Der Weg, das ist das überlange Transportband, vier Meter sind neuerdings Standard, so lange Bänder gibt es sonst im Einzelhandel nicht. Angesichts der Warenmassen, die befördert werden, ist es gar nicht mehr vorstellbar, welchen Stau kurze Laufbänder verursachen würden. Zumal neben den Bändern sich noch die letzten Schnäppchen türmen: Markenpralinen, Sonnencremes, Schnittblumen, Videokassetten, CD-Mehrfachpacks, Farbbilderfilme. »Jeder Artikel muß auf das Band gelegt werden«, weist ein Schild unmißverständlich an, »Unsere Verkäufer sind gehalten, die Einkaufswägen zu kontrollieren.«

Am Rand der Bänder liegen auf einer Metallschiene jene orangefarbenen Vierkantplastikstäbe (ohne Aufdruck-Schnickschnack à la »Nächster Kunde«), die noch immer keinen offiziellen Namen haben – obwohl vor ein paar Jahren ein hochmögendes Institut zur Wahrung der deutschen Sprache einen Aufruf an die Bevölkerung ergehen ließ, Vorschläge für die Benennung einzureichen. Nennen wir dieses Ding ohne Namen »Trennriegel«. Ist der Kunde erst einmal in den Besitz eines solchen gelangt, beginnt die Zeit gegen ihn und für Aldi notabene für die Kassenfrau zu arbeiten. Ein Wettlauf setzt ein, der nicht zu gewinnen ist. Das liegt an dem genial einfachen System, das der ganzen Abrechnung zugrunde liegt. Eingetippt werden Nummern für bestimmte Preise, was den Vorgang beschleunigt. Die Kassenfrau muß die Schlüsselzahlen für das Sortiment einmal auswendig lernen, nie mehr vergessen – und mit ein paar täglichen Änderungen auffrischen. Die rechte Hand tippt blind, die linke schaufelt den Warenberg in den Einkaufswagen. Der Kunde braucht beide Hände, um bei diesem Umschichten mitzuhelfen; und jedesmal, wenn er noch beim Einsortieren ist (nicht alles kann mit lässiger Handbewegung vom Band gefegt werden), kommt die Stimme mit der Zahl. Nur eine Zahl. Sechsunddreißigneunundfünfzig. Kein Bitte, kein Danke (gilt nicht für Provinz-Aldis mit individuellerem Zuschnitt). Und eine ausgestreckte Handfläche wartet ungeduldig auf die Fütterung mit Scheinen. Kleingeldversuche nach dem Muster »Neunundfünfzig hätte ich« sind überflüssig:

Allein bis die Scheine den Weg aus der Börse gefunden haben, hat die Kassenfrau schon – im Tennis würde man sagen – antizipiert, was da kommen wird, und hält zusammen mit dem Kassenbon das Wechselgeld bereit.

Gerechtigkeit für Aldi

»Gerechtigkeit für Aldi-Kunden« wäre ein möglicher Titel für einen mäandrierenden Essay Peter Handkes, wenn der sich mit so etwas Konkretem wie mit Sekt und Selters abgeben würde. Freilich müßte er dann ebenso daneben schauen, wie er es im serbischen Hinterland getan hat – was im Falle Aldi insofern kein Problem wäre, da dort auf wundersame Weise stets Siegerjustiz zu herrschen scheint. So gern, dem Vernehmen nach, der Handelsriese selbst vor den Kadi zieht, so ungern sieht er sich selbst dorthin expediert. Ein Prozeß bedeutet Aufmerksamkeit, möglicherweise einen Imageschaden, und beides ist vollkommen unerwünscht.

Schwenk zurück ins Jahr 1973. Die Kölner Witwe Christine Hartgens genehmigte sich zum Fernsehabend – es lief der Gassenhauer »Der Fall Mattei« – ein Fläschchen Piccolo der Marke »Burg Hoheneck«. Gleich mit dem ersten Schluck glaubte Frau Hartgens »plötzlich zu explodieren«. Sie erbrach »blutigen Schleim«, hatte »Sehstörungen und Krämpfe« und »starke Schmerzen im Hals und in der Brust« (so ihre Aussage vor Gericht). Ihre »absolute Todesangst« hatte eine ätzende Ursache: Lebensmittelchemiker stellten fest, daß der Sekt schweflige Säure enthielt – in siebenfacher Höhe des zulässigen Werts. Eine Panne beim Abfüllen in der pfälzischen Kellerei Karl Lehr, dem Lieferanten der Karl Albrecht KG, so wurde von der Kriminalpolizei ermittelt, hatte zu der Vergiftung geführt. In einer Blitzaktion wurden sämtliche »Burg Hoheneck«-Vorräte aus den Regalen entfernt, mehr als 20 000

Flaschen zwischen Koblenz und Siegen. Die Kunden wurden via Fernsehen und Rundfunk vor dem Sekt gewarnt.

Für Christine Hartgens kam die Warnung zu spät: Die Mutter von fünf Kindern litt noch drei Monate nach dem Unfall unter Haarausfall, einer Lähmung der linken Hand und einem verkorksten Magen-Darm-Trakt. Sie konnte nur Babynahrung zu sich nehmen, Alkohol, Tee und Kaffee waren tabu. Die (nennen wir es:) Linderungsmaßnahmen der Verursacherseite hielten sich in sehr engen Grenzen. Der Aldi-Geschäftsführer Ulrich Wolters – wir sind ihm bereits begegnet – verfügte sich nebst Helmut Brand, dem Geschäftsführer der Kellerei Lehr, ans Krankenbett der Verätzten, mit Blumen, und dem Angebot, sie mit einer einmaligen Zahlung von 1000 Mark abzufinden. Als die Offerte nicht auf fruchtbaren Boden fiel, zog Wolters (»Wir sind mit Frau Hartgens ständig im Gespräch«) das nächste Register und schickte in zwei Raten 2500 Mark. Schließlich kam er persönlich nach Köln, im Gepäck einen Geschenkkorb, und unterbreitete das Angebot, 5000 Mark Schmerzensgeld zu zahlen – wenn die Witwe eine Abfindungserklärung unterschriebe. Da aber die Ärzte einen langsamen Heilungsprozeß vorhergesagt hatten (bis zu acht Jahre), wollte Christine Hartgens nicht auf das Angebot eingehen und übergab die Sache einem Anwalt. Der hatte zwar im *Spiegel* dann die flapsige Idee, Aldi möge in seinen Filialen Hinweisschilder aufstellen »Kauf auf eigene Gefahr – auch wenn's dich umhaut«, ansonsten aber kam der Discounter, der noch mal 3000 Mark nachschob, mit diesem Taschengeld davon. Die Nachzahlung, ließ Wolters verlauten, geschehe eher freiwillig, da sich der Anspruch auf Schadensersatz wohl auf die Kellerei Lehr beschränke. Dagegen steht jedoch das Lebensmittelgesetz, das den Verkauf von gesundheitsschädigenden und verdorbenen Nahrungsmitteln untersagt.

Vom Kleinkrämerischen abgesehen – Aldi-Geschäftsführer Wolters kam mit Pralinen, Kognak und Kaffee, ganz Herr alter

Schule – mutet diese Abschmierung à la Biedermann ein Vierteljahrhundert später vorsintflutlich an, besonders im Licht von Schadensersatzprozessen amerikanischer Provenienz. Die Burschen, die *big tobacco* in die Knie gezwungen haben, hätten sich sehr wahrscheinlich nicht mit Schonkaffee und einem Handgeld zufriedengegeben. Daß der Vergleich hinkt, weil Deutschland eine andere Gesetzgebung hat, ist richtig, ändert aber nichts an der Tatsache, daß die Billigmacher auch beim Schadensersatz nach dem Discountprinzip vorgehen. Naturgemäß.

Die Aldisierung der Markenwelt

Das egoistische Discountgen hat eine lange Lebensdauer. Wie alle guten Schmarotzer überlebt es seine Wirtstiere um Längen. Auch wenn sich die ursprüngliche Aldi-Idee im Laufe der Jahrzehnte ständig moderat geändert hat – man denke an die Anpassungsleistung auf dem Gebiet der Tiefkühlkost, den Champagner-Kotau vor den einkommensstarken Haushalten –, im Grunde ist der Nukleus der Idee unverfälscht transportiert worden. Evolutionstechnisch betrachtet stützt das die These des berühmten Oxforder Wissenschaftlers Richard Dawkins, der darauf beharrt, daß der Mensch nichts anderes sei als eine Überlebensmaschine, ein Transportvehikel für sein eingebautes Erbgut. Weil aber Evolution etwas mit möglichst perfekter Anpassung an die Umwelt zu tun hat, spricht es nur für die Qualität der Aldi-Gene, daß sie sich den veränderten Marktbedingungen anpassen. So kam der Discounter unter die Apotheker – bewahre, natürlich nicht wirklich, aber: daß Aldi unter die Medikamentenverkäufer ging, war so überraschend nicht. Nach Schätzungen wurden allein im Jahr 1996 in Deutschland rund 1,2 Milliarden Mark mit frei verkäuflichen Arzneimitteln umgesetzt. Das scheint aber nur der Anfang zu sein: Je billiger

Schnupfenmittel, Stärkungspillen und Aspirin würden, desto schneller wüchse dieses Segment – Experten rechnen mit einem möglichen Volumen von acht Milliarden Mark Jahresumsatz. 1997 machte prompt ein Gerücht die Runde, das den niedergelassenen Apothekern abwechselnd Zornesröte und Leichenblässe ins Gesicht trieb. Es war durchgesickert, daß Aldi 3000 Mitarbeiter auf die Sachkenntnisprüfung vorbereiten ließ, die vor der Industrie- und Handelskammer abzulegen ist, wenn Abführmittel, Hustentees und Hühneraugenpflaster vertrieben werden. Das blaue Aldi-»A« im Angriff auf das rote Apotheken-»A«? Zugegeben, eine ungemütliche Vorstellung (auch wenn man nicht direkt betroffen ist).

Zunächst in 11 von 16 Bundesländern will der Discounter in das lukrative Geschäft einsteigen – mit den traditionellen Methoden: Klaus Warzechas vom Bundesverband des Deutschen Lebensmittelhandels gab in der *Woche* seiner Befürchtung Ausdruck, es werde zu einem »Preiskampf« kommen, »den es so noch nicht gab«. Zwar hätten andere Supermarktketten bereits Tees und Tropfen gegen alle möglichen Leiden im Regal, aber wenn Preisbrecher Aldi einsteige, ginge es dem schönen Zusatzgeschäft der Apotheken an den Kragen. Die ohnehin von den Sparmaßnahmen des Bundesgesundheitsministers Seehofer angeschlagene Zunft revanchierte sich sogleich mit einer Plakataktion und Anzeigenserie in überregionalen Tageszeitungen: Über ein Schwarzweißfoto leerer Supermarktgänge (stark perspektivisch, menschenleere Fluchten, die sich in der Ferne verlieren) war folgender Text gelegt: »Zu Risiken und Nebenwirkungen fragen Sie die Kassiererin.« Humor ist, wenn man trotzdem weiterhin sein Aspirin hochpreisig und mit toller Beratung in der Apotheke kauft… Der Bundesverband der Apotheker verbreitete die Einschätzung, der Apotheker könne in Kürze ganz weg von diesem Feld der frei verkäuflichen Medikamente sein. Dies entspräche einer Umsatzeinbuße von fünf Prozent. Verglichen mit anderen Einbußen, die der gemeine Apothekenkunde seit der Wiedervereinigung hinzunehmen hatte, sind fünf Prozent nur Peanuts – aber das sage einer laut. Auf dessen Haupte saust hernieder das Beil des Beratungsargumentes. Wer sich selbst medikamentiere, gerate in Gefahr, aus falscher Sparsamkeit sich die falsche, möglicherweise bedrohliche Arznei zuzuführen. Fragt sich nur, wie ausführlich und intensiv denn die Beratung tatsächlich ist, die einem Kunden widerfährt, der sich in der Apotheke diesseits des Tresens einen Kräutertee aus dem Regal zieht. Viele Kunden erleben den Apotheker zwar in weißem Mäntelchen, aber ansonsten nur als den Dolmetscher des ärztlichen Rezeptes, weil er offenbar im Stande ist, das Gekrakel mühelos zu entziffern und dann zu wiederholen, was man schon wußte: ein Tropfen drei bis fünf Mal pro Tag mit einem Glas lauwarmen Wassers.

Die Lektüre des Beipackzettels ist meist noch kryptischer als die Zusammensetzung bestimmter Lebensmittel – und seit bekannt ist, daß Kaffeesahne überwiegend aus Schweinefett besteht, greift der aufgeklärte Selbstmedikamenteur ohnehin nur noch zu Ascorbinsäure und Aspirin. Und letzteres ersteht er vornehmlich im Ausland, weil die 80 Pfennig, die hierzulande, unter fachkundiger Beratung, versteht sich, für *eine* Aspirin-Brausetablette einkassiert werden, ein wenig überhöht erscheinen. In englischen und amerikanischen Supermärkten gibt es längst Theken, an denen auch rezeptpflichtige Arzneimittel verkauft werden – unter fachkundiger Beratung. Mehr Kompetenz und damit auch mehr Vertrauen bringen die angelsächsischen Kunden dennoch – Umfragen haben es bewiesen – nach wie vor dem traditionellen Apotheker um die Ecke entgegen. Auch in Deutschland gilt, wie eine Sprecherin der Arbeitsgemeinschaft der Verbraucherverbände empfahl: »Man sollte immer auf Beratung bestehen und nach Nebenwirkungen fragen.« Das wird bei rezeptpflichtigen Medikamenten auch niemand ernsthaft in Zweifel ziehen.

Für Mittel gegen das tägliche Zipperlein hat dagegen die Aldisierung begonnen. Seit sich herumgesprochen hat, daß ein bißchen Ascorbinsäure nicht schadet, und seit weiterhin durchgesickert ist, daß es diese sowie Calcium, Magnesium und Multivitaminpräparate bei Aldi gibt – zu den bekannten Niedrigstpreisen –, war der Fachhandel alarmiert und sann auf Vergeltung. Alles hatte für Aldi so gut begonnen. Unter dem Namen »St. Benedikt« wurden alle möglichen Hausmittel zur Selbstheilung angeboten, Kräutertee, Knoblauchpillen, Vitaminpräparate.

Der Kunde griff beherzt zu. Was jedoch zunächst nach einem Bombengeschäft aussah, brachte den Südzweig des Discounters Ende 1997 ins Gerede. Offenbar hatten mehrere Arzneiproduzenten gleichzeitig die »Zentrale zur Bekämpfung unlauteren Wettbewerbs« (Bad Homburg) von der Leine gelassen: »Bei Aldi hagelt es Abmahnungen« überschrieb die *Süddeutsche Zeitung* einen Artikel und berichtete von einer Schwemme von Abmahnungen und Prozeßandrohungen wegen vermeintlicher Wettbewerbsverstöße. Was war geschehen? An der Qualität der Aldi-Produkte war wieder einmal nicht zu rütteln. Der Ansatz war, dem Discounter nachzuweisen, er habe die Inhaltsstoffe nicht den Vorschriften gemäß deklariert. Auf einer Kräuterteepackung sei eine Kamille abgedruckt worden, ohne den Nachweis, der Tee enthalte tatsächlich Kamille.

Andernorts muß geklärt werden, ob Honig als Geschmacksverbesserer ausgewiesen werden muß und ob Packungen mit der Aufschrift »Medizina natura« erlaubt sind, die synthetische Zusatzstoffe enthalten. Schließlich muß geklärt werden, ob eine Kombinationspackung gegen Erkältung überhaupt angeboten werden darf (das Gesetz verbietet es). Die *Lebensmittelzeitung* deutete an, was hinter den Kulissen geschehen könnte. »Dem Vernehmen nach soll Aldi auf juristische Schritte gegen das Erkältungs-Set vorbereitet sein. Es existiert bereits eine Hinterlegungsschrift, die das sofortige Entfernen aus den Regalen zunächst verhindern kann«, meldete das Blatt Ende November 1997.

Natürlich hat der Hauptverband des Deutschen Einzelhandels nichts gegen freien Wettbewerb, aber bitteschön nur, wenn sich alle an die Vorschriften halten. »Vermutlich«, schreibt die *Süddeutsche Zeitung*, »hat Aldi geschlampt. Eine Stellungnahme des Mülheimer Discounters gibt es – wie immer – auch in diesem Falle nicht.«

Soviel ist aus diesen Splittern abzulesen: Hier kämpft Goliath gegen Goliath. Melissengeister und Hustinettenbären schauen aus respektvoller Distanz zu. Dabei hätte die schrundige Seele des gemeinen Aldi-Kunden bitter Balsam nötig. Denn die Zerrissenheit des *Homo supermercatus* ist vermutlich größer, als er sich eingestehen will. Noch immer hängt er seinem Lebensmotto, Kants kategorischem Imperativ mit Inbrunst an: »Handle so, daß die Maxime deines Handelns jederzeit zugleich als Prinzip einer allgemeinen Gesetzgebung gelten könnte.« Aber, sagt er, die anderen tun es ja auch nicht: Natürlich ist dem *Homo supermercatus* bewußt, daß sein Einkauf bei Aldi nicht nur Arbeitsplätze sichert, daß er nicht nur seinen Geldbeutel schont, sondern irgendwo da draußen die Ökobilanz in eine Schieflage gerät, daß er womöglich an der Ausbeutung der Dritten Welt indirekt beteiligt ist, daß irgendwer dafür bezahlt, wenn er sich chilenischen Rotwein, israelische Avocados und in China genähte Freizeitschuhe zulegt.

Statt dessen tröstet sich der Bewohner der Aldi-Welt, wenn er denn das Geld dazu hat, mit einem Alibi-Kauf, der das Gewissen reinwaschen soll, etwa mit einer Bestellung bei einem Versandhandel wie »manufactum« (Motto: »Es gibt sie noch, die guten Dinge.«). Mit diesem Aufkleber wird heute vieles verramscht beziehungsweise neu aufgelegt, was bereits unter dem gnädigen Mantel der Designsvergessenheit verschwunden war; häßliche Gebrauchsgegenstände des Alltags, die nicht nur so aussehen, als würden sie weitere Jahrzehnte überdauern, sondern dies vermutlich sogar einhalten. Diese Geste befriedigt den *Homo aldiens*, weil er mit ihr der »Verschleißwirtschaft« (Walter Grasskamp) eins ausgewischt und Beständigkeit gekauft hat.

Die Aldisierung der Markenwelt hat weitreichende Folgen für den Tanz ums Goldene Kalb, von dem einige Kultmarken gut leben. Die Aushöhlung der traditionellen Markenwelt beginnt immer über den Preis. Die boomenden Factory-Outlets auf der grünen Wiese sind ein deutliches Zeichen für diesen Trend. Markenware muß nicht mehr das kosten, was zunächst auf der Preisliste stand. Damit fällt der entscheidende Wert einer Marke, ihr Preis, im Ansehen. Und schon hat das Kind auch auf der Käuferseite einen neuen Namen: Der Smart-Shopper hat seine Lektion in zeitgenössischem Einkaufsverhalten gelernt. Er weiß, daß die qualitativen Unterschiede sich längst nivelliert haben – nicht zuletzt Warentests beweisen es ihm immer wieder. So frißt die Aldisierung ihre Kinder: Wer sich von seinem Markenfetischismus löst und ganz bewußt auf *no name* vulgo Aldi umsteigt, ist nur der nächsten Marke aufgesessen. Mit dem Unterschied, daß die es leichter hatte, als jene Vorbilder, die sie imitierte. Preis essen Marke auf? Aldisierung als große Demokratisierung, weil in einem Aldi-Regal alle Waren so einheitlich sind wie die Käufer davor? Die Fraktion der Nicht- oder Anti-Aldianer wird zunehmend kleiner und radikaler. Der Konsumismus hat gesiegt. Solange die Siegesfeiern andauern, wird die Sonne in der Aldi-Welt nicht untergehen.

Die Welt als Aldi
und Vorstellung (III)

Wo bin ich? Was tue ich? Woher komme, wohin gehe ich? Mit einem unhörbaren Schrappen justiert sich der Bewußtseinsspeicher des Kunden, jagt Befehle, Handlungsanweisungen durch die Nervenbahnen, der verschwommene Blick, an dessen Rand eben das Ehepaar verschwunden war, stellt scharf, Umrisse werden Konturen, das Gewicht in seiner rechten Hand entpuppt sich als gelbes Päckchen, ein Pfund Jodsalz, das er auf und ab bewegt, als wolle er gefühlsmäßig prüfen, ob es auch tatsächlich die angegebenen 500 Gramm enthielte. Und wie er so dasteht, mehr Mobiliar denn mobiler Konsument, wird ihm klar, daß er selbst beobachtet wird, von der anderen Seite des Warenstapels lugt eine Frau, die sich wohl wundert, warum er das Salzpäckchen – was soll denn das wieder für eine häßliche Brille sein, dieser modische Metallprügel, Hirnabschlußleisten, das man ja merkt, wo's unten zu Ende geht, wo eigentlich das Gesicht beginnen soll. Solche Brillen trugen früher Leute wie Elton John auf der Bühne, heute hat man sie beim Aldi auf, na denn, auch das 70er-Jahre-Revival wird vorübergehen. »Brülle: Fielmann« hat ein Kabarettist den anschwellenden Brillenwahn der Deutschen glossiert. Das war auch so ein Befreiungsschlag gewesen. Die Entmythologisierung des Kassengestells. Jahrzehnte waren die Leute mit fratzenhaften Gesichtern durch die Gegend gelaufen, mit Horngestellen, die die Kasse gerade noch hergab (Zuzahlung war nicht angesagt; siehe auch Apotheken, issja alles lange her: jaja: Sozialstaat, Netz mit doppeltem Boden, kann ja keiner mehr finanzieren und so weiter, und so Rhabarber). Dann kam Fielmann und verpaßte den Deutschen flotte Brillengestelle. Alle liefen mit intellektuellen Visagen rum, man wähnte sich schon in einer schönen neuen Welt zivilisiert-mondäner Spätbürgerlichkeit, bis irgendein Hipster (der Blitz möge ihn beim Abhotten treffen) das gute alte Kassengestell seiner Oma ausgrub, es sich selbst- und modebewußt auf die Nase setzte – und alles fing wieder von vorne an. Damals wollte Elton John auch irgendwie hip sein, war ja ohnehin nicht leicht für ihn. Heute singt er auf Beerdigungen, trägt dazu eine dezente Brille, und sein neuer Frontman heißt Tony »Walks like Tory, talks like a Tory« Blair. Der kann so schön aus der Bibel vorlesen, daß es jeden US-Fernsehprediger zu Tränen rühren muß. Let's this make an age of giving. Blair trägt keine Brille. Ist auch besser, die wäre sonst ständig von innen beschlagen wg. Selbstbeweihräucherung. Aber das ist *merry ol' England*. War Fielmann ein Aldi mit anderen Mitteln? Niemals. Fielmann war Pseudodemokratie. Elton-John-Demokratie. Superoptik für alle. Noch der letzte (pardon!) Arsch konnte vermittels Armani-Fake wie Guido Westerwelle aussehen. Das ist dieser Generalsekretär dieser Dings-Partei mit den drei Punkten, die schwarz auf gelb auf den Ärmel gehören, die mit den fünf Prozent, na wie hieß sie – egal, Hauptsache, sie benannten alle ihre Einpeitscher nach dem guten alten Generalsekretär, ein Touch Militär und Sozialismus mußte einfach sein. Fielmann hatte auch den entscheidenden Nachteil, daß bei der Brille immer ein gewisser Prozentsatz (nennen wir ihn: weiblich) skeptisch reagieren würde. Lieber die Linsen aufs Auge drücken, lieber ohne Sicht durchs Leben tapern, aber unbebrillt und fesch. Nichts rührender als junge Einheimische, die nach der Linsenablage Schwierigkeiten haben, die Zahnbürste an den Mund zu führen. Aldi dagegen – ein Discountokrat. Der hat sie alle beim

Zentralnervensystem gepackt. Bei der Energiezufuhr für die Körpermaschine. Das ist wesentlich demokratischer. Gefressen wird immer, ebenso wie gestorben. Deswegen, hat er sich gesagt, werde Bäcker oder Sargtischler.

Die Maschine muß brummen. Verbrennung ist das zentrale Prinzip unseres Daseins. In den lezten 50 Jahren hat die Menschheit mehr Kohle verbraucht als in den Jahrtausenden zuvor. Über dem ganzen Planeten liegt ein Glimmern und Glosen von Verbrennungsvorgängen: Regenwald-Brandrodung und Mega-Cities, überall wird abgefackelt, fossile Energie verschwendet. Mehr als fünf Millarden Menschen laugen den Planeten aus, sekündlich werden es Tausende mehr. Heute leben mehr Menschen auf Terra, als jemals zuvor auf ihr gestorben sind. Und alle müssen essen. Wir essen zuviel, die anderen zu wenig. Es ist die alte Leier, die nicht falsch wird, bloß weil sie ad infinitum wiederholt wird. Also: Wir haben zuviel, weil die anderen zu wenig haben. Wir im Aldi, die anderen für Aldi. Wir zahlen mit unserem Geld, die anderen mit ihrer Gesundheit. Die erste Welt, die dritte Welt. Dazwischen Schwellenländer, darunter die vierte Welt. Mit Demokratie hat das einfach nichts zu tun, denkt er, aber warum denn auch? Wer käme auf die Nulpenidee, Aldi auf den Demokratieprüfstand hieven zu wollen. Money makes the world go round. Nun aber genug mit diesem bitteren Strauß (ja wenn der Franz Josef noch lebte, wär's auch nicht anders) von Binsenwahrheiten. Wer Augen hat zu sehen, der kann nicht übersehen, daß sich Aldi konsequent dem modischen Schnickschnack des Alltags entzogen hat: Egal, wer in Bonn regiert, bei Aldi diktiert der Preis. In klösterlicher Strenge ist der Rhythmus des Verkaufsablaufs gleichgeblieben, die Zeremonie der Geldabgabe bei den Schwestern mit der blauen Tracht. Trotzdem ist es unglaublich, denkt der ertappte Kunde, mit welcher Sorglosigkeit wir diese Einkäufe verrichten. Als gingen sie uns eigentlich nichts an.

Lästige Begleiterscheinung vor der Energiezufuhr durch Nahrung. Gesteuert von einem kleinen Zettel mit den immergleichen Wörtern – wie viele Einkaufszettel füllt man vergeblich mit dem gleichen Text, nur um dann das Entscheidende doch zu vergessen? Milch Brot Wurst Käse Wasser Wein Kartoffeln undundund. So hasten wir auf unsichtbaren Gleisen durch eine Warengeisterbahn, greifen nach links oben unten rechts. Einkaufsautomaten. Männer brauchen Zettel, Frauen beherrschen das mit dem geheimen Wissen des überlegenen Geschlechts. Warum macht nicht mal einer eine Urschreitherapie im Laden, brüllt es hinaus, wie sehr ihn das alles ankotzt? Warum gibt es als höchstes der Gefühle einen Tippelbruder, der mit vom Abusus zitternder Hand nach dem Klaren fischt? Als wäre das das Äußerste, was hier als Opfer tragbar wäre, als gäbe es nur Gewinner in diesem ungleichen Spiel. Das ruhige Dahingleiten. Vor sich den Einkaufswagen, das sperrige Trumm, das nicht um die Kurven will, das behäbig seine Bahnen zieht. Werden die Räder schon so schwergängig eingestellt haben »ab Werk«, damit nicht zuviel gekurvt wird? Powerslide und U-Turn sind nicht vorgesehen bei diesem störrischen Muli des Supermarktzeitalters. Maximale Last bei maximaler Lebensdauer, das Nervöse ist da nicht gefragt: Aldi-Kunden sollen über die Jahre so werden wie Herr und Hund – immer ähnlicher. Der Aldi in uns allen muß herangezüchtet werden. Haben nicht die amerikanischen Tabakriesen jahrzehntelang über die Sucht- und Krebsgefahr Bescheid gewußt – und geschwiegen?
Die deutschen Eiernudeln mit den halberwachsenen Hühnerkindern drin, die Würmer in den Fischen, der Wahnsinn in den Rindviechern, die Gene im Soja.

Was macht denn der Türke da vorn wieder? Zwei Paletten mit dem billigen Öl, ja baden die ihre Kinder drin, das gibt's doch gar nicht, hehe zusammenreißen ja, Burschi, ausländerfeindlich was, ach was, man wird sich doch wohl noch fragen dürfen, was die so alles einkaufen – und da drüben, was baggert die denn da wie wild, als ob die nicht schon fett genug wäre, Lebkuchenherzen und Salzstangen, na prost Mahlzeit. Muß mich schon wundern, was da immer so alles verladen wird. Multikultis, die in dem Augenblick zu einer Nation werden, in dem sie die Mark in den Schlitz des Einkaufswagens schieben. Das ist der Urnengang, das ist der wahre Volksentscheid. Statt eines Kreuzes eine Mark. Statt CDU/CSU, SPD, F.D.P., Bündnis 90/Die Grünen – A wie Aldi: Konsum statt Sozialismus, Zuverlässigkeit statt geistig-moralischer Wende, voller Bauch statt leerer Worte. Ein Blick in den Einkaufswagen sagt mehr als tausend Worte. Zeig mir, was du bunkerst, und ich sage dir, wie zu Hause deine Couch aussieht, welche Sender du einschaltest und ob du dir die Mühe machst, das Bier in ein Glas zu schütten. Ein echter Unterhemdenfernsehertyp. Rammeln-Töten-Lallen sei dein Unterhaltungskanal, sexplosiv und tuttifrutti. Und natürlich nimmt er die Dosen, dieses gräßliche angeblich bierähnliche Zeug aus Böhmen oder Mähren, ja: zum Ausmähren, es sind die Prototypen des häßlichen Deutschen, die einem hier dauernd über die Füße laufen.

Deutet ja auch nichts auf Schönheit hin, es sei denn, man könnte dem Funktionalen mehr abgewinnen, als es tatsächlich hergibt. Ästhetengeschwätz. Steht im Aldi, hält Maulaffen feil, anstatt zügig seinen Einkauf zu erledigen und sinniert über den häßlichen Deutschen, bloß weil ihm eine Schweißfahne aus dem Tagtraum gerissen hat. Oh, entschuldigen Sie bitte, der Herr arbeitet vielleicht körperlich! Daß Sie nicht ins Schwitzen geraten, wundert mich nicht, Sie Klugscheißer, pardon, und jetzt lassen Sie mich bitte durch, ich hab's eilig. Die Wahrheit in Blicken. Geschieht dir recht. Links reden und rechts leben. So war es doch. Wo blieb denn der persönliche Kampf gegen die übermächtigen Lebensmittelkonzerne? Wo war die Solidarität mit Tante Emma, die es ja noch gab, wenn auch immer seltener. Erst letztes Jahr mußte wieder eine aufgeben;

jetzt gibt es eben einen Kramerladen weniger auf der Einfallstraße für die Fabrikarbeiter. Scheint keinen zu stören. Weil wir gerade bei Türken sind: Schau dir die Alte da vorne wieder an, wie sie die Nase hochzieht, bloß weil zufällig der türkische Kunde einen Deut schneller auf das Sonnenblumenöl zugegriffen hat. Als würde die ganze Palette ihr gehören. Am liebsten würde sie ihn mit dem giftigen Ellenbogen weghebeln. Geschieht ihr recht, der Kuh, daß sie sich wenigstens hier mit einem Ausländer arrangieren muß. Sonst kennt sie die doch nur vom Wegsehen und vom Hörensagen, und aus den Nachrichten, wenn wieder mal eine Abfackelung vermeldet wird. Im Türken-Aldi, wo es sich viele einfach leisten müssen hinzugehen – verdienen ja meistens nicht die ganz tollen Gehälter in Teutonien. Karstadt Feinkost Erlebniswelt ist da nicht angesagt. Die sind doch längst aus dem Schlemmerparadies vertrieben.

Allah gibt's den Seinen nicht im Schlaf, das müssen sie sich schon holen: Zum Beispiel zu Hause, an der türkischen Riviera. Das kam ihm gerade deshalb jetzt in den Sinn, weil er in einem Anfall von Blödheit einmal in die sogenannte Last-Minute-Falle getappt war. Mal eben zwei Wochen in die Sonne, superbillig – warum gibt es eigentlich keine Aldi-Reisen? Das wäre doch ein garantierter Renner: Mit dem Discounter ihrer Wahl in einem garantiert technisch einwandfreien Airbus (lokale Lieferanten bevorzugt!) in ein straff organisiertes Feriendomizil, Club Aldiana. Alles fest in deutscher Hand, die Führung, ähem, wie gehabt. Soll ja Leute geben, die nicht mehr in »ihren« Club fahren, weil die deutsche Führung von einer inländischen abgelöst wurde. Er hatte jedenfalls damals vergessen, den Ferienkalender zu überprüfen. Fand sich binnen eines Tages, die reichlich angegammelte Maschine hatte nur vier Stunden Verspätung, in Antalya wieder. Gelächter, Gelächter: Bei der Zwischenlandung in Leipzig stiegen empörte

Ossies (neuerdings total zivilcouragiert in ihrem Kampf gegen uniformierte Obrigkeit) sogleich wieder hinaus auf die Gangway, die noch angedockt war, und zündeten sich in aller Seelenruhe Zigaretten an. Irgendwie hatte man sonst immer den Eindruck gehabt, Rauchen sei im kerosinnahen Bereich eher verboten. Anyway, als die Maschine im strömenden Regen in Antalya landete, müssen unter den Hunderten von Urlaubsreifen mehrere tausend Aldi-Kunden gewesen sein. Schon bei den ersten Strandgängen, die in den kurzen Wolkenbruchpausen tapfer exerziert wurden, tauchte eine erstaunlich hohe Zahl von Menschen auf, die ihre Utensilien in Plastiktüten mit einem bekannten Logo einhertrugen. Hat ja auch was, im Ausland stolz zu zeigen, wo man herkommt. Als nach einer Woche die Sintflut ein Ende nahm, galt an Strand und Pool der Wellfleischparade die Devise: An der Ombra-Sonnencreme (Pre-Sunshine, Sun Blocker oder Kindersonnenmilch) sollt ihr sie erkennen! Das war nicht weiter schwierig, weil der Türke sozusagen den Döner umgedreht hatte – und seine Heimat in einen Aldi-Feldversuch verwandelt hatte. In der orientalischen Tradition von 1001 Umnachtung offerierte beispielsweise eine mit Zeltplanen gedeckte offene Verkaufsstelle – sie trug das stolze Namensschild »Aldi Bazaar« – überwiegend textile Schnäppchen mit dem Hinweis: »Billiger als bei Aldi Neckermann Quelle & Otto.« Eine schlechte Kopie gewiß und kein Vergleich mit dem Schild eines Penny Markts, das sie im nahegelegenen ehemaligen Fischerdorf schamlos feilboten. Aber ein Besuch war sozusagen unumgänglich, ja zu einer heimatlichen Pflichtübung geworden. Das Angebot war eher monothematisch. Es bestand überwiegend aus unverhohlen schlampig kopierten Windjacken, Sweatshirts und Trainingshosen der Marken Calvin Klein, adidas, Windsurfing Chiemsee und O'Neill – hatte also mit dem originären Aldi-Angebot nichts zu tun. Wenn es bei Aldi jemals echten Calvin Klein zu kaufen gäbe, müßte man sich glatt Sorgen um den amerikanischen

Couturier machen. Zumindest war der Schnäppchengedanke so geschickt an die türkische Riviera verpflanzt worden, daß es nicht lange beim Gedanken blieb: Der deutsche Urlauber griff beherzt zu, zu Preisen, die dem kritischen Aldi-Kunden die Schamröte ins Gesicht getrieben hätte. Keine zwei Tage nach Ankunft hatten sich die meisten Urlauber bereits willfährig in schockfarbene CK-Imitate gewandet, trugen Omas und Opas wie unter Zwang CK-Muskelhemden. Der typische Einheimische war, abgesehen vom Teint, meist an einem roten Baseball-Käppi mit der Aufschrift Öger Tours zu idenfizieren.

Er hatte damals die fixe Idee entwickelt, die deutsche Urlaubskarawane sei weniger von dem günstigen Bierpreis (teilweise offerierte der gewiefte Türke »ein halbes Kilo« schon für umgerechnet Einsfuchzig) angelockt worden, sondern von dem Bedürfnis, sich und den Seinen zu beweisen, daß das ganze Gerede von der Ausländerfeindlichkeit Kappes, Nonsens, Stuß sei: Wir haben doch gar nichts gegen Türken, sonst wären wir ja wohl nicht hier. Nachdem der Türke daheim zweifellos als Hauptfeind der Neonazis identifiziert worden war, war es höchste Zeit für alle aufrechten Demokraten, den angeblichen Feind durch einen Massenbesuch davon zu überzeugen, daß er a) durchaus weiter bei Aldi einkaufen durfte und daß sie ihm b) großzügig nachsahen, daß er sie im Gegenzug in getürkten Aldi-Märkten mit Plunder und Nippes abspeiste. Dieser Gnadenbeweis setzte eine ganze Küste in Lohn und Brot; auch wenn örtliche Reiseleiter mit gewohnter Manier für Regenfälle haftbar gemacht wurden. Wenn nicht aufhören Regen, Reiseleitung müssen unterschreiben! Das werden wir ja noch sehen! In Deutschland hatten die Türken einfach das Pech, zahlenmäßig die größte Ausländergruppe zu sein – und die optisch auffälligste. Ein Glück etwa für die vielen Österreicher, die sich geschickt getarnt als Reichsdeutsche im Piefke-Land verdingten und daheim in der Alpenrepublik zumindest touristisch auf den großen Nachbarn angewiesen waren. Als sie begannen, dies zu vergessen, und als ihre Klage über die verhaßten Deutschen zu laut wurde, blieben diese mal ein paar Saisons aus; nur um dann im Schatten des Oggersheimers wiederzukehren. Obwohl seiner Gattin ein paar einheimische Rotzlöffel den nackten Hintern hingehalten hatten – was zu einem Prozeß führte, der beinahe die Dimension eines Hochverrat-Schaulaufens hatte. Kohl blieb trotzdem, streichelte jedes Jahr ein anderes Alpen-Tamagotchi vor laufender Kamera und badete wie die meisten großen Vorsitzenden seinen Allerwertesten in den unschuldigen Fluten eines bis dahin unverdächtigen Gewässers. Man steigt niemals zweimal in denselben Fluß, glaubt der Philosoph, aber dutzende Male in denselben Wolfgangsee. Nebenbei: Ist es nicht zu pikant, daß Aldi im Land des Großen Braunen ausgerechnet auf den Namen des Tiroler Freiheitshelden Hofer hört? Jaja, das hatten wir schon, aber irgendwie ging ihm das nicht aus dem Kopf. Hatte immer dieses Bild vor Augen, dieses imaginäre Schild: Letzter Aldi vor der Schweiz.

Wie war er jetzt wieder auf die Eidgenossen gekommen? War doch in der Türkei – großes Schild: Bootstouren, Bauernmarkt, Bananenplantagen. Die Tourismus-Türken hatten, so war es ihm vorgekommen, die Discountidee durchaus begriffen, aber in der Umsetzung noch Fehler gemacht. Der erste war ein infrastrukturelles Problem: mangelhafte Verkehrsanbindung. Die Straßen vor den Märkten waren durch die Bank unbefestigt, voller Rollsplit und mit einer grobkörnigen Teerdecke nur unzureichend versiegelt. Geparkt wurde wild, gefahren noch wilder, Straßenbeleuchtung war Zufall. Gehsteige fehlten. Ein Handicap, weil der ungeschützte Urlauber direkt von der Straße in die Warenwelt gelockt werden konnte. Man stelle sich einen Aldi-Filialleiter vor, der seine potentiellen Kunden unterhakt und sinnloses Zeugs brabbelnd in den Laden schleppt. Hallo! Woher? Deutschland? Wo in Deutschland?

Kommen kukken. Heute alles gratis! Schlußverkauf! An den meisten dieser Straßenstriche reiht sich ein Textilladen an den anderen, immer nur unterbrochen von Juwelieren und fliegenden Uhrenhändlern. Offensichtlich mangelte es zweitens am Warenumschlag: Samt und sonders waren die ausgestellten Apfelteepackungen, Parfums, Weinflaschen, Bananen und Silberschmuck mit einer gar nicht feinen Staubschicht überzogen. Von Frischegarantie keine Rede. Zumal gegen Saisonende diese sogenannten Supermärkte – ein Titel, den sich noch die kleinste Klitsche verlieh, und wenn sie gerade kühlschrankgroß war – von Tag zu Tag leerer wurden, also ganz offensichtlich die sozialistische Mangelwirtschaft parodierten. Mit verächtlicher Geste wurde dem ausländischen Gast bedeutet: Es lohnt nicht mehr. Diese enorme Mattigkeit war vielleicht für den geschulten Aldianer die größte Herzensprüfung. Dieses erzwungene Sich-Einlassen auf das Kaum-Noch, auf diese provozierend gähnend leeren Regale. Scheuerpulver, aber kein Spülmittel, Streichkäse, aber keine Butter, Nescafé, aber kein Mokka. Da konnte auch die als geistige Nahrung feilgebotene *Bild* keine Abhilfe schaffen. Was jucken einen Schlagzeilen über einen Börsencrash in Hongkong, wenn die letzten Eier zerbrochen auf grauem Kartonbett dümpeln, wen interessieren die Gemütsregungen eines ewig im Kreis fahrenden Jungmillionärs namens Schumi, wenn eine Tüte H-Milch drei Mark kosten soll, mithin das mehr als Dreifache als daheim? Reibekuchen Filterkaffee Jägerschnitzel – da stand nur Deutsh Sprak (kunstvoll verfremdet, gewiß) auf den Werbetafeln, aber wer wollte das wirklich wissen? Knoublauch Pomes und Koaför waren doch wesentlich exotischer, ganz zu schweigen von den Kneipen, die sich German's Cafe, Turtel Bar oder Schluckspecht / Schnapsdrossel nannten. In letzterer gab es jeden Dienstag »Löffeltanz mit dem Chef«, und irgendwie konnte man ahnen, daß just an dieser Stelle der Kampf der Kulturen ausgefochten wird, mit hohen Verlusten auf beiden

Seiten. Ohne wirklichen Gewinner. Mit der anfallartigen Erkenntnis: Alles, was je über den häßlichen Deutschen gemutmaßt wurde, barg eine schreckliche Gewißheit – es war mit Sicherheit untertrieben. Am Strand hatte ihn damals eine pigmentgestörte rheinische Rohnatur unaufgefordert die neueste Meldung aus der *Bild* aufgenötigt, derzufolge in Alanya zwei deutsche Kinder entführt worden seien. Gut, sie habe es nicht direkt selbst gelesen, man habe es ihr erzählt, aber totmachen sollte man solche auf jeden Fall und sofort und ohne zu zögern. Nicht lebenswert. Muß ausgelöscht werden.

Daran hatte er lange denken müssen, als er, wieder in Aldi-Land, die verbiesterten Visagen ältlicher Kneifzangen sah. Wie sie junge Mütter, die sich mit Kinderwagen und Baby mühten, noch in der Kassenschlange schnitten, wie in vollbesetzten Bussen die bräsigsten Pilsgesichter, deren Kopf nur mittels einer Goldkette am Rumpf befestigt war, Schwangere am Haltegriff baumeln ließen – und dazwischen immer das Bild der komplett kindernärrischen Türken, die jederzeit alles liegen- und stehenließen, um nur ja ein Kindchen (egal welcher Haut- und Haarfarbe) zu necken oder zu herzen. Es war an diesen Stränden gewesen, daß er sich wieder einmal – was sonst nur noch Günter Grass auf dem Kasten hatte, aber dafür richtig: mit *Bild*-Schlagzeile und so – zu schämen begann für seine Landsleute, die für jeden streunenden Strandköter in unauslöschlicher Zuneigung entflammten, gleichzeitig stumpfen Auges an den zur Bettelei abgerichteten Kindern vorbeigingen. Auf deren Anorak in riesigen Lettern NEVER TOUCH prankte, als ob sich einer freiwillig an einem siechen Knödelfriedhof vergriffe. Wahlberechtigte Bürger, aus einem Land mit tollem Bildungssystem, die die Säulenreste eines Apollo-Tempels »Tor« nannten. Die, je älter, je fetter, ungeniert ihre eingecremten Bollertitten meerwärts hielten, daß Erbakans Anhängern Hören und Sehen verging. Pauschalreisen als Reklamefahrten in die

Hölle, eine Kette von Prostitution auf allen Ebenen – egal, sie hatten ihre gerechte Strafe erhalten, waren freiwillig in Betonbatterien kaserniert und also artgerecht untergebracht gewesen, dachte er, als er die Alte sah, wie sie nun endlich – Deutschland den Deutschen! – ihr Sonnenblumenöl aus der Schachtel zog, eine Zehntelsekunde nachdem ihr der Türke den Rücken gekehrt hatte. Triumph des Willens.

Warum, hatte er sich seinerzeit gefragt, tritt das Häßliche am anatolischen Gestade – oder sagen wir: im Ballermann auf Mallorca, oder in der Domi Rep, oder in Pattaya oder am Timmendorfer Strand – in so archaischer Weise auf? Verwandelt sich der Discount-User in das prähistorische Tier, das er im Aldi-Markt mit feineren Mitteln verbirgt? Fallen die Masken der Zivilisation zwischen Wasserlinie und Betonküste schneller als zwischen orangefarbenen Stahlregalen? Weil der Pauschalist nicht mehr unmittelbar zur Kasse gebeten wird, den größten Batzen Geld schon daheim abgibt, mindestens Halbpension bucht. Dafür orgelt er sich im Kreise seiner Artgenossen am Buffet einen ab, Gesprächskreis mit Gleichgesinnten inklusive. In den feineren Anlagen ist neuerdings »all inclusive«, auch das verblödete Animateurskisuaheli. Alles inklusive – ai, das ist doch eine Abkürzung für eine andere Art von Organisation – mal sehen, wenn ich Lust habe, hatte der Gutsituierte am Nachbartisch gesagt, dann hole ich mir morgen noch die goldene Breitling mit dem blauen Band. So ist es recht. Die wahre Lehre vom Konsum. Wie sehr muß der Typ aus Celle gelitten haben, der sich zu Hause (auf gut nordspeak) eine Patek Philippe für 65 000 Mark »geholt« hatte – und dann hatte keiner das neue Schmuckstück am Handgelenk bemerkt. Also mußte er seine Nouveau-riche-Kumpanei darauf aufmerksam machen. Ist eine größere Selbstdemütigung vorstellbar? Dem hat das letzte Stündlein geschlagen; nie mehr wird er sich mit wirklicher Unbeschwertheit etwas holen gehen…

184

Uhr? O Gott, die Zeit. War aber ohnehin mal wieder Zeit gewesen, sich den ursächlichen Gründen des Aufenthalts zuzuwenden. Einkauf, Zweikauf, Mehrkauf, Mehrwert, Wertkauf, Kaufhof, Hof? Bauern-? Richtig, die Eier. Batteriehühnereier, Hühnereierbatterie. Kauft man nicht, Fischmehl, Hühner-KZ, Gülleproblem, ethisches Problem. Freilaufend, Bodenhaltung. Aber wenigstens zum Kochen beziehungsweise Backen? Wann bäckst du denn schon einen Kuchen, kommt ihm gerade noch in den Sinn, als er die Schachtel mit den armseligen Industrieprodukten wieder auf den Stapel gleiten läßt. Es ist ja nicht unbedingt so, als sei er ein nicht aufgeklärter Verbraucher. Ganz im Gegenteil, er hielt sich naturgemäß für einen kritischen Verbraucher. Dazu mußte man nicht Mitglied einer Informationselite sein, da genügte der Blick in anständige Zeitungen. Hatte er nicht neulich gelesen, die Verbraucher orientierten sich neuerdings daran, ob die Produkte politisch korrekt hergestellt seien? Pie-Sie bei Aldi? Das wäre ja noch schöner. Wie hatte Franz Josef Strauß einmal so feinsinnig bemerkt: Wenn das Militär zugreift, geht es eben anders zu, als wenn der Franziskanerorden Suppe an die Armen verteilt. Oder so ähnlich. Jedenfalls Aldi und politisch korrekt – nur auf einer höheren Ebene. Die Eier waren bestimmt nicht pc, weil ein Batteriehuhn per definitionem kein politisch korrektes Ei legen konnte. Wer Batteriehühner produziert oder in Umlauf bringt, wird mit Käfighaltung nicht unter drei Jahren bestraft. Hühnermißbrauch ist ein Verstoß gegen die Humaniät. Daß die Eier so reißend weggingen, zeigte wieder mal, daß den Leuten erstens der Geldbeutel näher als die Humanität war und zweitens der Sinn fürs Politisch-Korrekte völlig fehlte.

– Mein Gott, wenn's danach ginge, dürften sie überhaupt nicht mehr bei Aldi einkaufen. So begann ein Kurzfilm in seinem Kopf, bei dem ein seriöser Anwalt des Guten-Wahren-Schönen (er sah entfernt aus wie der Mann von der Hamburg-Mannheimer) einer älteren Frau in Wintermantel und Filzhut mit Fasanenfeder erklärte, sie solle sich überlegen, ob sie wirklich die Aldi-Eier kaufen wolle.

– Ah, das ist doch überall das gleiche. Meinen Sie, bei Penny oder Lidl oder Tengelmann sind die Eier vom Bauernhof? Das ist doch alles Augenwischerei.

So hatte sich die Frau ihrem ungebetenen Berater zugewendet – und also klar gegen die Regel verstoßen, das gute Gewissen habe stets rein und siegreich zu sein. Einmal in Fahrt, ließ sie sich sogleich zu einem kleinen Kurzreferat über diesen ganzen Bio-Schmarrn herab, der erstens ohnehin übertrieben und gegen den man zweitens ebenso machtlos sei:

– Früher haben die Leute biologisch gegessen, da war nichts gespritzt oder gedüngt, höchstens natürlich, und? Sind sie älter geworden? Na also, früher gestorben sind sie. Da frag ich Sie, ob das wirklich besser ist, den ganzen Winter bloß Steckrüben und Kohl, jeden Tag die gleiche Pampe auf dem Tisch, monatelang, junger Mann, Sie haben das ja alles gar nicht erlebt, wir hatten ja nichts zu essen im Krieg, das können Sie sich doch gar nicht vorstellen, junger Mann… (Ton langsam ausblenden, Kamera fährt weg, Bild wird unscharf)…

Vielleicht ist es ja jenseits modischer Aufgeregtheiten tatsächlich so, denkt er, als kurz nach seinem Traumbild an der Eierpalette ein junger Vater seine Tochter an den Pappschachteln vorbeischleppt, ohne diese auch nur eines Blickes zu würdigen, daß die Leute jetzt weniger nach der Umweltverträglichkeit als nach der Produktionsethik lugen. Das hatte in der Zeitung gestanden: Pampers könne man bedenkenlos kaufen, weil der Windelhersteller Procter & Gamble total politisch korrekt sei. Frauenförderung, weitgehender Verzicht auf Tierversuche, Aufträge an Behindertenwerkstätten, Schutz vor sexueller Belästigung am Arbeitsplatz und maximaler Umweltschutz. Mühe allein genügt nicht, denkt er, man muß heute der billigste und der beste sein. Das kenne ich doch irgendwoher –

Kindergeschrei unterbricht die Eingebungen, die sich wie eine flammenfarbene Zirruswolke über seinen Terminatorenblick gelegt hatten; Ahnungen von der Unlösbarkeit dieser Fragen verdunkeln das Konsumentengemüt, das eben noch mit heiterem Blick den Irrsinn in sich selbst erkannt hatte. War er selbst zu einem Aldianer mutiert? Hatte er die Grenze zwischen dem Reich des bewußten Einkaufs und dem Reich des Schnäppchens übersehen? Schlechtes Gewissen stieg in ihm auf, Ekel, der ihm befahl, unverzüglich dieses Etablissement zu verlassen, mit leerem Einkaufswagen, und nie wieder zu kommen. Wir sind auf alles programmiert. Wir gehen hinein, denkt er, wir gehen hindurch, wir gehen hinaus. Wir kehren wieder. In Abständen, von denen wir glauben, daß wir sie selbst bestimmen. Wir sind Einkaufsautomaten, -tomaten? Ja, auf den Augen, da ganz bestimmt. Es ist ja letztlich ganz gleichgültig, was uns die Augen verklebt. Ob Aldi, Lidl, Tengelmann, Plus, Penny, Edeka, Norma – normative Kraft des Konsumistischen. Dabei schien es ja vielen sogar Spaß zu machen. Die sattelten ihre Automatenmobile und machten sich ein fröhliches Ritual daraus, ein gesellschaftliches Ereignis, ein Meeting, ein germanisches Thing: Statt im Kreis zu sitzen und zu beraten, fahren sie im Kreis wie der Formel-1-Pilot, aber sie klagen nie. Sie haben ein Erfolgserlebnis, weil ihre Börsen nur vermeintlich ausdünnen. Sie nicken grüßend nach allen Seiten, sie strahlen, weil sie an der Kasse beinahe so schnell waren, wie es das ungeschriebene Gesetz vorschreibt, sie tun so, als hätten sie Konversation, dabei unterhalten sie sich pantomimisch mit den Konservendosen, Tiefkühlbeuteln, Flaschenhälsen wie mit alten Bekannten. Es ist die Vorfreude des Magens, der Geschmacksnerven, die schon beim Anblick der Packung »Hallo« sagen, weil sie genau wissen, was wieder auf sie zukommt. Weil es ihnen gleichgültig ist, daß die Konservierungsstoffe noch am nächsten Morgen, »Hello again«, den Betrug nach dem Essen komplett machen, indem sie alle restlichen »Inhaltsstoffe« übertünchen und zu Trägern des einen Geschmacks machen: ein Nullsummenspiel, das mit natürlicher Ernährung soviel zu tun hat wie ein VW Golf der vierten Generation mit grenzenloser Mobilität. Wir sind alle Betrogene, fährt es ihm durch den Sinn, und das Schlimmste ist, daß wir es wissen, zumindest wissen müssen, und daß wir aufgehört haben, gegen uns selbst zu rebellieren, daß wir uns haben kaltstellen lassen –

Da huscht er vorbei, der Filialleiter, gehetztes Tier, schmuddelige weiße Arbeitsjacke, bleiche Gesichtsfarbe unter dem Schnauzer. Mehr Knecht als Leiter, sucht seine Chance, ackert, macht, tut – und ist doch immer auf verlorenem Posten, allein gelassen von ganz oben: Wenn Sie das in den Griff kriegen, junger Mann, kann aus Ihnen noch was werden. – Ja, aber was? Heutzutage wird keinem was geschenkt. Fast fünf Millionen Arbeitslose, junger Mann, seien Sie doch froh. Ehrliche Arbeit… Es gibt Tage, denkt er, womöglich immer kurz vor Vollmond, an denen die ganze Häßlichkeit unserer Existenz in ein grelles Licht tritt. Und nichts, aber auch gar nichts, kann sie dann in eine gnädigere Beleuchtung tauchen. Die verschmierten Fensterscheiben, die Schmutzlachen von den Schneematschschuhen, die ins Angegammelte kippenden Gerüche, die mit einemmal stechend werden. An solchen Tagen sollte man keinen Supermarkt betreten, unter keinen Umständen.

Es war Zeit, die Filiale zu verlassen. Immer, wenn ihn solche morbiden Gedanken anflogen, nahm er es als Signal, daß seine Konsumbereitschaft nachgelassen hatte. Dann machte es keinen Spaß mehr. Bevor er sich in einen Serienmörder verwandeln würde, mußte er unter allen Umständen den Kassenbereich passiert und hinter sich gelassen haben. Er brauchte Sauerstoff, sonst würde er mit der nächsten eingeschweißten Gurke zustechen. Sein Betriebssystem zeigte blinkend zur

Neige gehende Energiereserven an. System coming down.
Herr, der Einkauf war sehr groß. Wer jetzt keinen vollen Korb
hat –

Die Aldianer

Heutzutage ist nichts und niemand davor sicher, von irgendwelchen Schwachköpfen in den Status des Kults erhoben zu werden. Kult ist die prägende Vorsilbe, die der Kulturteil (sic!) der Zeitung jeder dahergelaufenen Garagenband verleiht; und bevor das Romänchen überhaupt auf dem Markt ist, hat sich irgendwo weit hinten in Wyoming schon ein örtlicher Kritiker begeistert geäußert, so daß der Romancier allhier bereits als Kultautor eintreffen kann. Von Turnschuhen war schon die Rede, daß Popstars Haartrachten und zerrissene Hosen nach sich ziehen, ist eine Binse. Daß aber ein Lebensmitteldiscount in den Verdacht kommen könnte, Kultstatus zu erreichen, das hat wohl doch sehr viel mit der Zeit zu tun, deren Genossen ein Spielzeugauto auf den Mars schicken, bei regelmäßig sich ereignenden Völkerabschlachtungen in Mitteleuropa oder Zentralafrika aber diskret wegschauen. In Anlehnung an Gottfried Benn, der behauptet hat, ein Schlager von Rang sage mehr über ein bestimmtes Jahr aus »als 500 Seiten Kulturkrise«, ist es an der Zeit, ein Phänomen zu beleuchten, das aus Aldi einen Schlager gemacht hat. Denn in den letzten Jahren hat eine Hydra ihr Haupt erhoben, von der man ahnen konnte, daß sie früher oder später kommen würde: der Fan-Club. Der eigentliche Vorbote war ein Kochbuch mit dem Titel *Aldidente: 30 Tage preiswert schlemmen*, das Astrid Paprotta im Herbst 1996 bei Eichborn veröffentlichte. Der Untertitel

»Ein Discounter wird erforscht«, bezog sich dabei eher auf die Erforschung der durchschnittlichen Preise, die ein mit Aldi-Lebensmitteln gekochtes Essen kostet. Am 18. Tag etwa entspinnt sich zwischen dem Aldi-Pärchen ein Disput über die Zubereitung stilgerechter Spaghetti Carbonara. Das schlaue Weibchen legt dann ein Fertiggericht für 1,49 Mark in den Einkaufswagen »und krönt das Ganze trendbewußt mit einer Literflasche französichen Landrotwein für 1,99.« Nicht ohne den Zusatz »Oh, das gibt Kopfweh.«

Soweit ist es gekommen, möchte man ausrufen: Zwar gibt es auf diese Weise ein Abendessen für 1,74 Mark pro Person, Kopfschmerzen inclusive, aber Hauptsache billig. Die resolute Partnerin macht sich keine Gedanken, ob das 1,49-Fertiggericht eventuell nichts taugen könnte; sie tröstet sich noch nicht einmal mit der umfassenden Garantie, die jedes Aldi-Produkt auszeichnet, sie sagt es viel direkter: »Sie glaubt ja ohnehin nicht mehr an den Öko-Weihnachtsmann, der im Naturkostladen ›Sanfte Gerste‹ das schier Unverfälschte aus dem Sack holt. Bescheißen tut uns doch zu jeder Zeit ein jeder.«

Wenn dieses Bild – und einiges deutet darauf hin, daß es sich so verhält – nur einigermaßen repräsentativ für das Konsumverhalten jener breiten Masse ist, die sich zu den Aldi-Käufern rechnet, können die Bauernmärkte und Freilanderzeuger und Demeters und Bio-Dynamiker ihren Natürlichkeits-Machbarkeits-Wahn an der Aldi-Kasse abgeben.

Es ist also nicht übertrieben, wenn man aus diesen Ergebnissen hochrechnet und Aldi als schichtenverbindendes, gesamtgesellschaftliches Phänomen begreift. Es ist, gelinde gesagt, irritierend, daß die Begeisterung, die in dem eingangs erwähnten *Aldidente*-Kochbuch geschildert wurde, sich von Jahr zu Jahr zu steigern scheint. Im Sommer 1997 ist eine Art Nachfolgeband für Kinder im Frankfurter Baumhaus-Verlag erschienen, Titel: *Aldi Piccoli. Das erste Aldi-Kinder-Kochbuch.*

Das Buch schmiegt sich nicht nur in Aufmachung und Format schamlos eng an den Eichborn-Titel an, es spricht auch erstmals eine Zielgruppe an, die ernährungsphysiologisch bestimmt ganz hervorragend bei Aldi aufgehoben ist. »Fast alles in Aldi« steht auf der rechten unteren Ecke des Covers, das ein »Aldigator« ziert. Das Tier mit Rumpf aus Dosenblech schnippt einen Pfennig weg – und drinnen kommt es noch schlimmer: Das Kochbuch ist nämlich in Zusammenarbeit mit dem »Ersten Deutschen Aldi-Fan-Club« entstanden.

Es scheint sich um einen neuen Typ von *Homo supermercatus* zu handeln. Sein Auftreten fällt konsumgeschichtlich in die mageren neunziger Jahre. Seinen mentalitätsgeschichtlichen Ritterschlag erhielt der Typ – zusammen mit der spezifischen Bezeichnung »Die Aldianer« – durch einen ebenso überschriebenen Artikel im Sommer 1996 im *Zeitmagazin*. »Was ist bloß bei Aldi los?« fragte der Vorspann, um sofort zur Diagnose zu kommen: »Der Laden ist plötzlich nicht mehr peinlich, sondern ein Muß.« Vor allem sind es, wie auf der folgenden Farbstrecke zu sehen ist, die Besserverdienenden, die hier entweder »die Nase voll vom Markenwahn« haben oder schlichterdings direkt in »die neue deutsche Bescheidenheit« steuern. Befragt vor und in Aldi-Filialen wurden neun Kunden. Folgende Berufe waren vertreten: Artdirector, leitende Angestellte, Dozent und Unternehmensberater, Architekt, Diplomingenieur, Manager, ehemalige Hotelbesitzerin, Uhrmachermeisterin und Bildredakteurin.

Und was zieht nun die Besserverdienenden an? Die Preise, die Qualität, die Geschwindigkeit der Kassiererinnen, das überschaubare Angebot, das die Qual der Wahl erst gar nicht aufkommen läßt? Da kauft der Manager die Hemden bei Aldi, wegen der »sehr guten Qualität«; da versorgt sich die Hotelbesitzerin mit dem »herrlichen Champagner«; die Uhrmachermeisterin, weil es ihr Mann »kultig« findet, dort einzukaufen (und wegen der Babysachen); der Unternehmensberater wundert sich, »wie ich das schaffe, einen ganzen vollen

Einkaufswagen mitzunehmen, ohne daß das mehr als hundert Mark kostet«. Wie er da so sitzt, auf dem oberen Regalbrett einer Aldi-Filiale, zwischen Kür-Cremeseife (1,99), Wasch-Emulsion Ombia-med (2,59) und dem Alio Fenstertuch (1,99), schwarz gewandt, darunter Jeanshemd und leuchtendblaue Socken, Bürstenhaarschnitt und skeptischer Blick auf die Welt – da ist er ganz Schmetterling mit Nadel im Leib, aufgespießt für alle Ewigkeit im Müll der Konsumgesellschaft. Aber, sagt er, »Luxus kann sinnvoll sein, wenn man ihn in echte Lebensfreude umsetzen kann, aber mein Toilettenpapier muß keinen Markennamen tragen.« Hier bietet sich die Vertiefung des Themas mit aller Vehemenz an: Was unterscheidet den Markentoilettenpapierkäufer vom Aldianer? Warum kaufen Millionen Hakle-dreilagig und/oder Hakle-feucht, während Abermillionen dieselbe Tätigkeit mit freudlosem, aufgerauhtem, grauem Schleifpapier verrichten? Müssen Lebensfreude und Toilettenpapier ausschließen, oder bedingen sie einander? Wo beginnt der Luxus, wo endet er?

»Luxus ist jeder Aufwand, der über das Notwendige hinausgeht«, definiert der Nationalökonom Werner Sombart ungerührt in seiner 1912 erstmals erschienenen Schrift *Liebe, Luxus und Kapitalismus*. Freilich räumt er ein, daß man erst einmal zu definieren habe, was das Notwendige sei. Sombart spricht von der »Kulturnotdurft« beziehungsweise dem »Kulturnotwendigen«, das sich je nach Klima und Physiologie unterscheidet. Da beinahe alle unsere Gebrauchsgüter verfeinerte Güter sind (»denn fast alle befriedigen mehr als die (animalische) Notdurft«), ließe sich die Frage nach ein-, zwei- oder dreilagigem Toilettenpapier hier durchaus einreihen.

Sombart leitet den Kapitalismus – im Gegensatz zu all den anderen Theorien über protestantische Ethik – aus dem Geist der illegitimen Liebe her. Als sich Liebe und Ehe trennten, trat die öffentlich zur Schau gestellte Geliebte auf den Plan. Diese Zurschaustellung erforderte die Beschaffung von Luxusgütern, die wiederum in großem Stil produziert werden mußten. Ist Aldi also ein Unternehmen, das den Luxus unter die Leute bringt? Im Prinzip ja.

Und der Artdirector schließlich rundet die Sache dahingehend ab, daß ihm Aldi »eine Auswahlkrise« erspare. Schließlich, fügt der Aldianer Uwe Beyer hinzu: »Beim Aldi kommen alle Formen von Kultur und Altersstufen zusammen.« Wie recht der Mann hat. Wo doch schon im Kinderkochbuch *Aldi Piccoli* der Discounter als das wahre Paradies gerühmt wird. Im Vorwort schreibt ein gewisser Paul Hesselbach, Vorstandsmitglied des Ersten Deutschen Aldi-Fan-Clubs: »Aldi ist die Zukunft, nicht nur unter dem Aspekt, preiswürdig einzukaufen, sondern auch unter dem Aspekt, preiswürdige Qualität durch Anwendung adäquat umzusetzen.« Was immer mit adäquater Umsetzung gemeint sein könnte (vermutlich der Kochvorgang), die Würde des Preises bleibt auf jeden Fall unantastbar. Und wo sich Zukunftswollen und Gegenwartssparen so würdig vereinen, kann einem schon ein gedanklicher Nebel zu Kopfe steigen. So schreibt Hesselbach: »Wir benötigen nicht nur die Vervielfältigung unserer Überzeugung in der Gegenwart, wir brauchen auch Katalysatoren für unsere Zukunft. Gerade in der heutigen Zeit der reduzierten Einkommen ist es notwendig, den Weg unserer Vorstellung für die Zukunft zu ebnen.«

Die Vervielfältigung des Nutzmenschentyps, der Normkäufer im 450-Produkt-Sortiment? Hesselbachs »Mein Kauf«, gerade in der heutigen Zeit: Die Welt als Aldi und Vorstellung.

»Also, bekennen wir uns zum Discounter Aldi und arbeiten so für eine bessere, ehrlichere und genußreichere Zukunft.« So, Aldianer, lautet das zeitgenössische Glaubensbekenntnis. Sprechen Sie mir nach: Ich glaube an den einen Aldi…

Wenn es nicht dastünde, man könnte es kaum glauben, dieses gar nicht Ironische, das am Ende ins Transzendentale hinüberlappt, und das alles wegen ein paar Pfennigen Preisunterschied. »Bereitet die Kinder vor, unsere mühsam durchgesetzten und gegen eine oberflächlich orientierte Gesellschaft ausgerichteten Erkenntnisse in die Zukunft zu tragen, und gebt den Kindern die Möglichkeit, die Zukunft **All die** Tage glücklich zu meistern.« (Hervorhebung im Original). Amen.

»Die Erde hat ihre Grenzen, aber die menschliche Dummheit ist unendlich«, schreibt Gustave Flaubert. Eine freiwillige Hirnwäsche mit Aldi-Produkten ist vermutlich nur der nächste Schritt auf dem Weg zur totalen Aldisierung der Geistesrepublik. *Ein* charismatischer Chefeinkäufer, und schon hätten wir ein riesiges Potential für den Sprung der Aldi-Partei in den Bundestag. Welch erdrutschartiger Sieg da möglich wäre. Die Kohls-Waigels-Kinkels samt und sonders einer Preisreduzierung zum Opfer gefallen, Schröder-Scharping-Lafontaine zurück an die Basis, Aldi-Laster fahren. Der Euro umbenannt in Aldi. Nicht 3,0 sind die Konvergenzkriterien, sondern, selbstverständlich 1,99. Im langen Eugen eine Aldi-Filiale, der Bundesadler hält das Aldi-Logo. Möllemann zum Filialleiter in Daddelhausen abkommandiert, Westerwelle schiebt Einkaufswagen unters schützende Wellblech.

Der Artikel über die Aldianer, das soll zur Ehrenrettung der *Zeit*-Leserschaft nicht verschwiegen werden, hat dem Magazin nicht gerade viele Freunde gemacht. In Leserbriefen (immerhin sieben wurden abgedruckt) äußerte sich dann doch Volkes Empörung über die lange, für Aldi kostenlose Werbestrecke. Ein Leser beklagte sich, »daß die zehnseitige Aldi-Anzeige nicht als Anzeige im presserechtlichen Sinne gekennzeichnet ist«; eine Leserin rückte die Sache so zurecht: »Die Damen und Herren Aldianer scheinen in ihrer neuentdeckten Leichtigkeit des Supermarktes noch nicht bemerkt zu haben, daß Aldi weder Pfandprodukte noch umweltschonende Artikel im Programm hat«. Ins gleiche Horn stieß eine andere aufgebrachte Leserin, die anregte, die Verbraucher sollten sich nicht in wirtschaftliche

Abhängigkeit von Großerzeugern begeben, sondern »sich (...) fragen, ob ihr momentan günstiger Einkauf unserer Gesellschaft und Umwelt in Zukunft nicht teuer zu stehen kommt.« Und schließlich meldete sich eine Frau zu Wort, die stellvertretend für viele den Zynismus auf den Punkt brachte, den die als »Aldianer« vorgeführten Besserverdiener in ihren Aussagen versteckt hatten, indem für diese – wie die Autorin des Leserbriefs meinte – jene »Leute, die gezwungenermaßen zu Aldi gehen, nur eine skurrile spannende Kulisse bilden«: »Aldi ist für die meisten Menschen kein Kult, sondern die einzige Möglichkeit, mit wenig Geld über die Runden zu kommen.«

Durfte man aufatmen? Man durfte.

Ein Erfolgsprodukt wie das *Aldidente*-Kochbuch konnte natürlich in der schönen Welt der Neuen Medien nicht lange ohne elektronisches Schwesterlein bleiben; schließlich hatte sich *Aldidente* nach unbestätigten Verlagsangaben (man neigt mancherorts zu großzügigen Aufrundungen) mehr als eine Million Mal verkauft. Was lag näher als eine CD-ROM auf den Markt zu bringen? Derselbe Titel, gleiche Aufmachung. Untertitel »Besser schlemmen, clever kalkulieren«. Eine in Aldi-Süd-Farben gehüllte Blechdose (im abstehenden Deckel liegt ein hölzerner Kochlöffel) schmiegt sich an einen Taschenrechner, dessen Papierrolle Pfennigbeträge ausspuckt. Das Booklet begrüßt uns mit folgenden gesetzten Worten: »Wer bei Aldi kauft, hat Spaß am Sparen. Doch wahre Aldianer verbindet mehr als Preis und Leistung. Denn Aldi ist nicht nur Discounter – Aldi ist Kult!« Wahre Aldianer. Ware Aldianer? No design, low price: Der Inhalt der Scheibe ist ähnlich ärmlich – und insofern schon wieder sehr Aldi-gemäß. Nach eigenen Angaben bietet das Speichermedium, »die CD-ROM zum Kult-Discounter« einen Rezeptkalkulator, Einkaufslistengenerator, ein Verzeichnis sämtlicher Aldi-Filialen des Südreichs plus die Hofer-Filialen in Österreich. Man klickt ein Produkt aus der Sortimentsliste an, zieht die Chose mit der Maus auf den Einkaufszettel und druckt sie aus. Fertig ist der Marschbefehl zum nächsten Aldi, den man zwar blind findet, dessen Adresse man aber sicherheitshalber nochmals nachrecherchiert. Weiter gibt es ein Schlemmerquiz, Kalendergeschichten, Einladungs- und Menükarten mit aldifarbener Bordüre zum Ausdrucken (!) für den Einsatz bei Tisch. Ein »Köchelverzeichnis« birgt 40 Rezepte, und die Rubrik »Preiswert eingeschenkt« verzapft »Hintergrundinformation« über die Weine, die Aldi führt: woraus zu lernen ist, daß Chianti ein Rotwein aus Italien ist, der am besten kellergekühlt zu konsumieren ist.

Nach einer fröhlich-synthetischen Auftaktmusik – auch hier ganz im Trällerstil der fünfziger Jahre – spricht eine vertrauenerweckende Frauenstimme folgende Ouvertüre: »Die konsequente Verwirklichung des Discountprinzips schreiben sich die Brüder Theo und Karl Albrecht seit mehr als 30 Jahren auf ihre Fahnen«, um uns wenig später darüber aufzuklären, »bei Aldi sind wir alle gleich«, weil es sich bei dieser Lebensmittelkette »um einen Schmelztiegel der Gesellschaft« handle.

Die virtuelle Begehung der Aldi-Welt, die »heitere Speiseplanung mit Kalendergeschichten rund um Aldi – den Mythos«, Charme und Anmut dieses Speichermediums sind extrem gartenlaubig ausgefallen. Anders gesagt: Wer will zum Beispiel wissen, wie unter der Kalendergeschichte Nr. 1 mit dem Titel »Let's Dance« zwei Polizisten wegen Lärmbelästigung in einer Mietskaserne intervenieren? Die verdutzten Radaubrüder können den Hütern der Ordnung und der Lautlosigkeit plausibel machen, daß es keine andere Möglichkeit gäbe, als das bei Aldi erworbene CD-Set laut abzuspielen. Lauter Superhits. Für 19,98 Mark. Was, sagt da der eine Polizist, drei CDs für unter 20 Mark. Schade, daß heute Sonntag ist… Von solcher Strickart sind die Maschen, durch die der PC-Besitzer und Aldi-Kunde hineingesogen wird in den Mythos. Immerhin stimmt der Preis: Für unter 30 Mark ist die CD-ROM in den Handel gelangt. Mehr wäre auch zuviel gewesen.

Zuletzt ist Aldi dann doch noch im Internet gelandet, und zwar auf der Homepage des Frankfurter Eichborn-Verlages, der das *Aldidente*-Kochbuch veröffentlicht hat. Dortselbst wird kräftig gegen die »Trittbrettfahrer«, die das Kinderkochbuch *Aldi Piccoli* auf den Markt geworfen haben, vom Leder gezogen. Zwar wird aus juristischen Gründen der Plagiatsvorwurf nicht ausgesprochen, aber ein angewidertes »Trittbrettfahrer!« wirft man den Kollegen vom Baumhaus-Verlag schon zu – nicht ohne den Besucher der Website zu belehren, noch im Herbst sei mit einer Fortsetzung des *Aldidente*-Buchs zu rechnen. Und diesmal natürlich nur *the real stuff: All die Jahre wieder* wird als Titel in Aussicht gestellt; natürlich wird das Bücherl für 14,99 Mark wieder mit Rezepten versehen sein, Schwerpunkt Weihnachten. Aber, klärt Firma Eichborn in einem Frage-und-Antwort-Spiel auf: »Strenggenommen geht es also gar nicht um den Mülheim/Ruhr ansässigen Discounter?« Antwort: »Überhaupt nicht.« – »Um was geht es dann?« – »Um das deutsche Alltagsleben.« – »Schön, nicht?« – »Ja.«

Man sieht, der Preis ist heiß.

Auf der Suche nach dem Homo supermercatus

Wie tickt der Konsument? Warum rast er mit starrem Blick durch Fußgängerzonen, die doch eigens dafür angelegt sind, ihn zum Flanieren zu bewegen, zum Bummeln? Warum wird aber jedes Risiko auf sich genommen, eine Schnellstraße zu überqueren, um an einen mcdonaldisierten Fleischklops zu gelangen? Bauknecht weiß, was Frauen wünschen? Weiß Bauknecht das wirklich? Vielleicht doch lieber einen Miele-Geschirrspüler, weil die für die Ewigkeit sind? Was will der Kunde? Da hilft nur die Wissenschaft, und eine fröhliche ist es beileibe nicht, die da Kaufgewohnheiten unters Mikroskop legt. Jeder Schritt, jede Bewegung, die Kunden in Läden vollziehen, ist Gegenstand der Forschung. Die Anordnung von Waren, die Beleuchtung, die Hintergrundmusik – alles gehorcht einem höheren Ziel, der Verführung zum Kaufrausch. Und obwohl vermutlich jeder Konsument weiß, daß er als gläserner Kunde herumläuft, ist dies den meisten doch reichlich gleichgültig. Allen diesen unreflektiert zu Werke gehenden Vertretern der Spezies *Homo supermercatus* sei das folgende Kapitel gewidmet.

Es gibt eine Wissenschaft des Einkaufens. Und ihr oberster Lehrer, ihr Guru, ist – naturgemäß – ein Amerikaner. Der Mann heißt Paco Underhill. Sein Unternehmen Envirosell hat auf seiner Kundenliste alles, was im weltweiten Geschäft Rang und Namen hat: Philip Morris, Sony Music, AT & T, Coca-Cola, Calvin Klein, Procter & Gamble, McDonald's, Exxon, Citibank, Apple Computer, Deutsche Bank. Die Liste ließe sich fortsetzen. Alle diese Firmen suchten und suchen Rat bei Underhill in der für sie entscheidenden Frage: Warum kauft der Kunde das, was er kauft? Und weiter: Wie können wir ihn dazu bringen, unser Produkt zu kaufen?

Underhill ist ein Schüler des Anthropologen William Whyte. Der hatte sein Fach damit revolutioniert, indem er Kameras auf öffentlichen Plätzen in Manhattan aufstellte und mit vielen Bildern festhielt, was einen Platz zum Leben brachte und einen anderen ewig tot bleiben ließ. Dieses empirische Erkenntnisinstrument eröffnete dem Studenten Paco Underhill eine neue Welt. Er begann seine Laufbahn als eine Art Landvermesser in der Großstadt: Er installierte auf Hochhäusern in nordamerikanischen Metropolen Kameras und zeichnete den Verkehrsfluß und die Bewegungen der Fußgänger auf. Der Job erwies sich für ihn auf Dauer als unhaltbar: Er bekam Alpträume von endlosen Stürzen, in denen er von eben jenen Hochhäusern fiel, die ihm sein Einkommen sicherten. Also sattelte er um. Die Idee war, wie alle großen Ideen, ziemlich schlicht. Die Methoden der Anthropologie, die er an der Universität gelernt hatte, mußten sich ebenso wie auf Verkehrsströme auf Menschen in Geschäften anwenden lassen. Underhill begann, die Kunden auszuspionieren. Er installierte Kameras in Tiefkühltruhen von Supermärkten, um festzustellen, wie lange Hausfrauen in den eisigen Tiefen nach ihrer Lieblingspizza zu wühlen bereit waren. Er filmte jeden Quadratzentimeter der Läden, sammelte jedes Detail und kam zu erstaunlichen Schlußfolgerungen. Die überwältigende Mehrheit der Kaufentscheidungen wird dort getroffen, wo es um die Wurst geht: im Laden und nirgends sonst. Da helfen keine Einkaufszettel. Bis zu 70 Prozent dessen, was in Supermärkten an die Kasse geschaufelt wird, ist ganz und gar ungeplant. Natürlich weigert man sich, das zu glauben. Schließlich sind wir alle mündige Käufer und durchaus im Vollbesitz unserer geistigen Kräfte. Wir wissen natürlich längst, daß wir nicht hungrig zum Einkaufen gehen dürfen, wir ahnen, in welcher Regalhöhe uns die teuren, aber attraktiven Waren dargeboten werden; und doch sind wir nicht Herren und Damen unserer selbst, wenn wir kaufen.

Mit dieser simplen Botschaft hat Paco Underhill ein Millionenunternehmen auf die Beine gestellt. Bei Auftragseingang bestückt er den betreffenden Laden mit bis zu sechs Kameras und verfolgt das Geschehen für mehrere Tage. Auf diese Weise hat sich in den eineinhalb Jahrzehnten des Bestehens von Envirosell eine solche Menge Dokumentationsmaterials angesammelt, daß Underhill heute in Verbindung mit modernen Datenbanken einen konsumistischen Ehrentempel sein eigen nennen darf. Das hat sich herumgesprochen; ein solcher Mann ist Gold wert. Heute jettet Underhill rund um den Globus, um seine Botschaft an die gut bezahlenden Klienten zu bringen. Wer glaubt, er habe dabei irgendwelche Skrupel, dem Kapital in die Hände zu arbeiten, irrt: Underhill begreift sich als den wahren Anwalt des zahlenden Publikums aus dem einfachen Grund, weil er als erst-einziger den Käufer als das enttarnt hat, was er ist: ein unbekanntes Wesen.

Der Kampf um den Kunden hat besonders in den Zeiten der Rezession verschärfte Formen angenommen. In den USA, Underhills bevorzugtem Forschungsland, hat sich die durchschnittliche Aufenthaltsdauer eines durchschnittlichen Einkäufers in einer Shopping Mall auf zuletzt 66 Minuten reduziert – den niedrigsten Stand, der je registriert wurde. Und das bei einem flächenmäßigen Angebot, das permanent wächst: In den letzten 20 Jahren hat sich die Angebotsfläche pro US-Käufer verdoppelt. Resultat: Gewinnspannen schrumpfen, Kundenfang wird immer intensiver betrieben und erforscht. Nicht umsonst ist die berühmteste Einkaufsfläche der westlichen Welt – Manhattan – das zentrale Experimentierfeld für diesen Jagd(be)trieb. Das ist für Underhill ein Heimspiel; dort kennt er jeden Quadratmeter und ist doch immer wieder erstaunt, mit welcher Demut neuerdings die Manager der großen Konsumtempel zu Werke gehen. So zitierte der *New Yorker* in einer Reportage über Underhill den Präsidenten der Kette Gap mit den Worten: »Die Arroganz ist weg. Arroganz macht Fehler. Wenn man glaubt, die Antwort zu wissen, ist es meistens schon fast vorbei.«

Underhill, der Anthropologe des Einzelhandels, sammelt das, was hierzulande ein sogenanntes Nachrichtenmagazin für sich reklamiert: Fakten, Fakten, Fakten. Zu diesen Fakten zählt zum Beispiel, daß Frauen die wesentlich geduldigeren Einkäufer sind. Frauen lassen sich auch viel länger Zeit, während sich Männer leicht ablenken lassen. Der Punkt der Verwirrung, wo alles danach drängt, den Laden wieder zu verlassen, ist bei Männern wesentlich früher erreicht. Kein Wunder, daß Frauen auch mehr als zwei Drittel des Geldes ausgeben.

Männer muß man an die Hand nehmen. Man muß ihnen vorkauen, wie es gehen könnte: Also liegen neben den Unterhosen die Socken, dann die Hemden mit den passenden Krawatten, alles farblich so abgestimmt, daß keine allzugroßen

Pannen auftreten können. Frauen reagieren auf solche Arrangements allergisch; sie wollen selbst auswählen, selbst kombinieren.

Einer englischen Studie zufolge verhalten sich Männer so, weil in ihnen noch der steinzeitliche Jagdtrieb schlummert. Treffen sie unvermittelt in der Mitte einer Gasse auf ein riesiges Arrangement von turmhohen Lebkuchen, sagt das Überlebensgen »Hallo« und bläst zum Angriff. Der gewiefte Einzelhändler baut die Barrikaden so, daß es zum Gefecht kommen muß. Und die tapferen Männer schlagen zu – und kaufen. Frauen dagegen schweifen mit verlangsamter Lidfrequenz, wie unter Narkose, mit weit offenen Augen durch den Supermarkt. Erst wenn sie die Beute geschnappt haben, normalisiert sich die Lidfrequenz wieder.

Zum unumstößlichen Erkenntnisgewinn der Neuzeit gehört Underhills Forschungsergebnis, man habe einen historischen Moment in der Geschichte der Vereinigten Staaten erreicht: Zum ersten Mal kauften Männer ihre Unterhosen selbst. Um dieser Sensation entgegenzukommen, gehen immer mehr gehobene Textilgeschäfte dazu über, die Waren auf großen Tischen auszulegen, weil ein großer Teil der Kaufentscheidungen vom Tastsinn – wie sich also die Boxershorts, der Cashmere-Pullover anfühlen – abhängig sind. Große Tische sind Einladungen zum Berühren. Das hängt schlicht damit zusammen, wo wir unser Essen einnehmen.

Väter sind überhaupt dabei, ihren Status als »Geldbörsenträger« beim Familieneinkauf abzulegen, auch wenn sie nach wie vor schlechter nein sagen können als Mütter. Männer sind die spontaneren Kunden. Sie ziehen häufig ohne Einkaufszettel (oder Gutscheine) los, sehen eine Ware, gehen schnurstracks auf sie zu und kaufen. Wenn das Kindchen zielsicher das Keksregal ansteuert (für die lieben Kleinen sind die Leckerlis durchaus in angemessener Tiefe angeordnet), um kurz vor der Kasse noch richtig hochpreisig hinzulangen, hat der Trick des Supermarkt-Designers funktioniert. – Nur, so einfach sind die Dinge ja nicht mehr: Manche Väter von heute wissen das auch und umgehen gezielt diese Warengasse, wie Paco Underhill herausgefunden hat. Mit einem tiefen Seufzer muß der Einzelhandel zur Kenntnis nehmen, daß der Kunde immer komplizierter, undurchschaubarer und anspruchsvoller wird.

Um dem gestiegenen Bedarf an Kundenanalyse entgegenzukommen, haben Firmen begonnen, Kundenprofile nach Typen zusammenzustellen. Die Firma Claritas hat beispielsweise im US-Bundesstaat Virginia Haushalt für Haushalt untersucht und in 62 Typenklassen eingeteilt: Pools und Veranden, Gewehre und Pickups, Bohème-Mischung und so fort. Damit lassen sich erstaunlich präzise Vorhersagen über Markenwahl und Statuskäufe machen. Bis auf den Rasierklingentyp genau.

Geschmack, Moden, Ansprüche der Kunden sind in den Industriestaaten einem rasanten und permanenten Wandel unterzogen. Heute noch hip, ist morgen schon der Schnee von vorgestern. Bis zum nächsten Revival kann es lange dauern. Man denke in Deutschland an den Boom eines merkwürdigen Getränks namens Apfelkorn, der auf keiner Party Ende der siebziger Jahre fehlen durfte; er verschwand so radikal von der Bühne wie in den fünfziger Jahren Escorial grün, und mit einemmal, Mitte der neunziger Jahre, wurde Apfelkorn einem Revival-Versuch unterzogen; richtig geklappt hat das nicht. Underhill hält sich zugute, daß seine Untersuchungen immer auf die Masse, nie auf das Individuum zielen. Was nur logisch ist, in einer Gesellschaft, die sich nach Massen definiert. Wehe, wenn die Massen losgelassen.

Das Grundmuster menschlicher Fortbewegung setzt sich im Einkaufsverhalten fort. Wir gehen, wie wir Auto fahren: rechts beziehungsweise mit einem Rechtsdrall. Je schneller wir gehen, desto mehr engt sich unser Blickfeld ein, desto weniger nehmen wir wahr. Ganz schlecht, aus der Sicht eines Ladens, der uns dazu bringen soll, sein Schaufenster beziehungsweise im besten Fall sein Inneres zu betreten. Das größte Problem besteht zunächst darin, einen (schnell) gehenden Menschen zum Anhalten zu bringen. Wie ein Supertanker nicht abrupt anhalten kann, läßt sich der Schritt nicht innerhalb von Sekunden auf Tempo Null bringen. Das muß auslaufen. Zwischen drei und acht Metern liegt die Strecke, die eilige Menschen brauchen, um anzuhalten. Goldene Regel Nummer eins: Plaziere deinen Laden niemals neben einer Bank; denn dort beschleunigen alle, weil es in deren Auslagen nichts zu sehen gibt. Die Kunst der Verführung besteht also darin, den potentiellen Kunden von Gehgeschwindigkeit auf Einkaufsgeschwindigkeit herunterzuholen. Das geschieht, gemäß der Lehre Underhills, in der sogenannten Dekompressionszone; der Übergangszone zwischen Außenwelt und Innenwelt. Weil in dieser Phase sich nichts ereignet, was vom Kassenbon aus betrachtet durchschlagend wäre, empfiehlt der Guru von Envirosell, in diesem Bereich nichts, aber auch gar nichts von größerem Wert zu plazieren aus dem simplen Grund, weil der Kunde es ohnehin nicht wahrnimmt.

Im Laden selbst gilt das unveränderliche Gesetz des Rechtsdralls. Wenn der Kunde durch die Dekompressionszone gelangt ist, muß er seinen Blick neu justieren. Und das geschieht – Underhill kann es mit vielen hunderttausend Metern Videoband beweisen – stets mit einem leichten Ruck nach rechts. Deshalb rät der Fachmann: Alles, was von Wert ist und eine hohe Profitspanne hat, nach rechts und möglichst weit in den Hintergrund des Ladens verfrachten. Nach dem ersten Rechtsruck wendet sich der Blick im 45-Grad-Winkel nach rechts: dort plaziere, was dir Kohle bringt.

Auf jeden Fall vermieden werden muß – und damit sind wir wieder bei Underhill – der von ihm definierte »ass-brush-factor«, also die Möglichkeit, daß es im Gedränge zu enger Warengassen zu einer A-tergo-Konfrontation mit der Nebeneinkäuferin kommt. Besonders Frauen reagieren auf solche Kontakte höchst allergisch und stellen die Ware sofort ins Regal zurück. Es gibt bislang keine Erklärung für dieses Phänomen; es hat nur für den Absatz von teuren Artikeln wie Kosmetik eine fundamentale Bedeutung. Je weniger Po-Kontakt, desto besser. Andererseits dürfen die Abstände zwischen Wühltischen und Regalen nicht zu groß sein, damit beim Kunden keine Agoraphobie, keine Angst vor zu großen Plätzen aufkeimen kann... Modernste Lichtgestaltung tut ein übriges, die Waren stets frisch aussehen zu lassen. Wobei sich sinnigerweise die Fleisch- und Wursttheken zum Rotlichtmilieu entwickelt haben: Rotes Licht läßt Fleischbatzen appetitlicher erscheinen; unser Verhältnis zum Tier als Schlachtware und deren Prostitution als »Stück Lebenskraft« gehen hier noch einmal, zum letztenmal vor der Pfanne, eine unheimliche Allianz ein.

Wenn der Kunde dort hinten ist, dann ist er ganz tief im Bauch des Wals, und da muß er auch hin; denn nur dort gibt es, was er immer braucht: Milch und Butter. Vier von fünf Kunden schlagen hier zu. Und also sind verkaufslogische Supermärkte so eingerichtet, daß niemand mit einem Schlag an die Grundnahrungsmittel kommt. Durch den Parcours müssen sie, allesamt.

Die Topographie des Konsums ist naturgemäß en detail erforscht. Ladenbauer arrangieren heute die Supermärkte so, daß kein Entrinnen möglich ist. Die Verlockung in Lebensmittelläden beginnt in der Dekompressionszone mit Grünfutter. Das unterscheidet den Discounter, der auf eingeschweißte Ware setzt, vom klassischen Supermarkt. Hier kann man die genormten Äpfel und Gurken, die garantiert biologisch angebauten Spritzmittelwaren noch persönlich in (auch sinngemäß passende) Plastikbeutel eintüten. »Frische-Impuls« nennt das der Fachmann.

Ganz und gar unverzichtbar ist die musikalische Berieselung aus unsichtbaren Deckenlautsprechern. Die Pampe soll Wohlbehagen verbreiten, den Käufer auf einem Soundteppich durch den Laden schweben lassen, nur unterbrochen von Ansagen wie »Unsere Frischfleischabteilung empfiehlt heute…«. Muzak, wie dieser Tonbrei in der englischsprachigen Welt heißt, wird auch in Deutschland längst professionell von Radiostationen angeboten. Der in Kiel beheimatete P.S.-Sender beispielsweise versorgt via Satellit 5000 Supermärkte im ganzen Land. Dabei wird die Musik natürlich nach der Tageszeit und dem zu erwartenden Publikum abgestimmt: When it's Rentnertime, dann kommt es konservativer, deutscher auch; wenn mittags die Schulkinder auflaufen, dudelt der Popverschnitt.

Alles erforscht und doch nicht wirklich bekannt. Der unbedingte Glaube an die Dienstleistung sollte immer auch die Demut vor dem Kunden beinhalten, predigt Paco Underhill. Der Kunde ist ein amorphes Wesen, heute hier, morgen fort. So gläsern ihn Maniacs wie Underhill auch gemacht haben, dingfest ist der *Homo supermercatus* offenbar noch nicht gemacht. So wirklich beruhigend ist das nicht. Schließlich wird damit unter dem Deckmantel der Konsumentenbetreuung noch mehr gefilmt, archiviert, überwacht. Die Resultate werden verwendet, um das Netz der Verführung immer effizienter zusammenzuziehen, um in einem ganzheitlichen Ansatz einen Garten Eden einzurichten, dessen Vogelgezwitscher nur den Bedeutungsinhalt Konsum kennt. Der Aufwand ist beträchtlich; das Ergebnis im ganzen gesehen, auch.

Was das alles mit Aldi zu tun hat? Nicht allzuviel.

Viele innerstädtische Aldi-Filialen machen eher den Eindruck, man habe sich bei der Einteilung den baulichen Gegebenheiten anpassen müssen; die Neueröffnungen auf der grünen Wiese sind dagegen erkennbar luftiger und kundenfreundlicher geplant. Aber von Underhills Erkenntnissen scheinen die Planer bei Aldi nicht allzuviel zu halten. Die Dekompressionszone sieht zum Beispiel so aus, daß man zwischen zwei sich elektrisch öffnenden Türen hindurchgeschleust wird, eingesogen mit hörbarem Schwung beim Öffnen, und dann kommt mit deutlichem Plopp das Signal, drinnen zu sein. Auf Underhills Cashmere-Pullover, zum Anwärmen und Streicheln, wartet der Kunde vergeblich. Der erste Kontakt sieht entweder zylindrisch und kalt aus – Getränkedosen – oder wie eine Wand aus schimmernden Ziegelsteinen – Albrecht-Kaffee. Auch die Laufrichtung ist nicht in allen Filialen gleich – auch hier tut sich eine Forschungslücke auf: Setzen Filialen mit Uhrzeigersinnroute weniger um als andere? Was macht der fehlende Frische-Impuls aus?

Schließlich: Was weiß man über die Aldi-Käufer wirklich? Soviel auf jeden Fall: Es ist kein Minderheitenprogramm, das da vor den Augen einer staunenden Mehrheit sich abspielt. Es ist ein Massenprogramm, dem man mit Zahlen eben nur bedingt beikommen kann. Denn ohne Statistik geht bei der Marktforschung gar nichts. Gibt es so etwas wie den typischen Aldi-Kunden überhaupt? Und wenn ja, wie sieht er aus? Und vor allem: Warum ist er zu einem Aldi-Kunden geworden – und geblieben? Darüber gibt es natürlich keine Nachrichten aus dem Hause Aldi. Aber es gibt eine Studie der renommierten Frankfurter Marktforschungsfirma A. C. Nielsen aus dem Jahre 1994, die die FMCG-Produktpalette bei Aldi erfaßt. FMCG steht für Fast Moving Consumer Goods, das sind Produkte des täglichen Bedarfs aus dem Lebensmittel- und Nichtlebensmittelbereich. Der Umschlag dieser Waren läßt ziemlich genaue Rückschlüsse auf den Einkäufer zu, was wir im nächsten Abschnitt noch vertiefen werden. Ein erstaunliches Ergebnis brachte die Reichweitenanalyse: Demnach kauften im ersten Halbjahr 1993 mehr als 71 Prozent aller deutschen Haushalte mindestens einmal bei Aldi ein. Rechnet man den seither rezessionsbedingten Käuferzustrom hinzu, darf man leger behaupten, daß drei Viertel der Deutschen sich zu Aldi-Kunden rechnen können. Zwar gibt es geringfügige Unterschiede zwischen dem Nord- und dem Südreich, weil Karl mit mehr Konkurrenz auf diesem Sektor belastet ist, aber in der Kundentreue sind sich die beiden Königreiche dann doch wieder sehr einig. Sogenannte Aldi-Haushalte kaufen zwölfmal im Halbjahr dort ein, also beinahe alle zwei Wochen. Der durchschnittliche Einkauf kostete damals 30,20 Mark, die Hälfte aller Einkäufe bewegte sich zwischen 10 und 50 Mark, nur knapp 20 Prozent legten zwischen 80 und 150 Mark in die Hand der Kassenfrau. Den Löwenanteil der Einkäufe machen Lebensmittel (64,5 Prozent), gefolgt von Getränken (17,3 Prozent), Kosmetik, Waschmittel, Körperpflege (8,1 Prozent) und Sonstiges (10,1 Prozent) aus. Bei den Lebensmitteln entfallen im Südreich fast ein Drittel der Einkäufe auf frische Produkte – von wegen Konserven- und Schachtelimage! – bei Theo sind es etwas weniger, weil der mit seiner Tiefkühlware punktet, die es im Süden ja immer noch nicht gibt. Getränke werden im Norden besser verkauft – vielleicht weil es dort gelegentlich Markenbier wie Beck's (in den schönen blauen Dosen) gibt.

Das zweite, ebenfalls sehr erhellende Resultat ist die Schichtung nach Einkommen, das endgültig die Mär widerlegt, Aldi sei ein Armeleuteladen. Haushalte mit einem Nettoeinkommen unter 2000 Mark machen bei Aldi gerade mal 15,7 Prozent der Kunden aus. Selbst bei den engsten Konkurrenten (die die Studie leider namentlich nicht aufführt), bewegt sich der

Prozentsatz dieser einkommensschwächsten Gruppe auf die 19 Prozent zu. Der größte Brocken ist der untere und mittlere Mittelstand: Haushaltseinkommen zwischen 2000 und 4000 Mark netto tragen mit mehr als 52 Prozent zum Umsatz bei Aldi bei. Und jetzt kommt es: Die einkommensstarken Haushalte ab 4000 Mark runden diese Bilanz mit stattlichen 32 Prozent ab, also mit dem doppelten Umsatz der Einkommensschwachen. Erstaunlich auch, daß Aldi gerade in diesem Sektor die Mitbewerber abzockt.

Unterteilt ist dies noch in Haushaltsgrößen, wo festzustellen bleibt, daß Aldi nicht gerade zum Liebling der Einpersonenhaushalte zählt. Die kaufen mit einem Drittel Anteil unterdurchschnittlich bei Aldi. Die Hälfte der 2–3-Personen-Haushalte kauft bei Aldi, alles was vier Köpfe übersteigt, ohnehin.

Und wie macht das »der Aldi«? Ohne Fernsehwerbung, ohne Radiospots, ohne Plakatwände? Nur mit der mittwochs bundesweit geschalteten »Aldi informiert«-Anzeige, schwarzweiß und ohne Glamour? Im Vergleich zur Konkurrenz steht Aldi auch auf diesem Sektor mal wieder konkurrenzlos billig da. Promotiongags sind Fehlanzeige. Im Lebensmittelgeschäft, das im Durchschnitt (je nach Artikel) mit einem Promotionaufwand von 2 bis 30 Prozent operiert, um die Sachen an den Mann zu bringen, ist Aldi wieder mal einsame Spitze. Hier bewegt sich der Aufwand für Werbung in einer Spanne zwischen 0 und 12 Prozent.

De Banana Republica

»There is no such thing like society,
there are only individuals.«

Margaret Thatcher

In den Jahren 54 bis 51 vor Christus schrieb der römische Großintellektuelle Marcus Tullius Cicero seine berühmte Staatslehre *De re publica – Vom Gemeinwesen.* Der Begriff ist ideengeschichtlich von »Gesellschaft« abgelöst worden. Eigentlich schade, denn die Rede vom Gemeinwesen hat ein Aroma, das eher den Aufruf zur tätigen Mitarbeit in sich birgt, denn auf anonyme Teilhaberschaft an einem Staatsgebilde zu verweisen. Margaret Thatchers wütende Attacke auf die überkommenen Werte, die eine Gesellschaft auch in sich birgt, ist Schnee von gestern. Der »Eisernen Lady«, die, als sie Rost ansetzte, im Oberhaus endgelagert wurde, ging es um das beinharte liberalistische Prinzip – die Freiheit des einzelnen habe allemal Vorrang vor dem Vorteil vieler gegenüber wenigen. Eine gesellschaftliche Ordnung, welche die Freiheit des einzelnen so stark präferiert, nimmt stets billigend in Kauf, daß ein bestimmter Prozentsatz den Anschluß an Wohlstand, Bildung, Gesundheit verliert. Es gibt Kulturkritiker, die in dieser radikalen Bereitschaft zur Ausgrenzung bestimmter Bevölkerungsteile einen Sinnzusammenhang, eine geistige Achse bis hin zur faschistischen »Volksgemeinschaft« sehen. Diese habe, schreibt Eva Hesse in ihrem Essay *Wachstum und Wucher* (1985) den Ausschluß von allem Widersprechenden und Störenden aus der Wahrnehmungsebene betrieben, bis hin zur »Vernichtung des Nichtidentischen in Konzentrationslagern, der Internierung der Störenden in Irrenanstalten, der Aussperrung aller Dissidenten von Berufs- und Existenzmöglichkeiten. Über eine ähnliche Struktur versucht sich derzeit das Industriesystem zu retten, indem es immer größere Segmente der Gesellschaft an die Peripherie der Nichtrelevanz drängt, etwa durch Ausschluß vom Arbeitsprozeß: Unsere junge Generation ist dabei von vorneherein benachteiligt.«

Lassen wir die Faschismuskeule vorläufig im Halfter. Denn seit geraumer Zeit bekennen sich Politiker von B. Clinton über T. Blair bis R. Scharping zu einer Schule, die in der letzten Dekade unter dem Namen Kommunitarismus den vielen vorhandenen einen weiteren -ismus hinzugefügt hat. Amerikanische Vordenker wie Michael Walzer, Michael Sandel, Alasdair MacIntyre, Charles Taylor haben die Arbeit geleistet, von der der Soziologieprofessor Amitai Etzioni den Rahm in einer Art Popversion abschöpfte (*Die Entdeckung des Gemeinwesens*, dt. 1995). Etzioni sucht in seinem Buch den dritten Weg zwischen einer zunehmend ins Kraut schießenden Marktwirtschaft und dem starr reglementierten, nicht mehr finanzierbaren Sozialstaat. Diese Melodie leuchtete in Deutschland Politikern unterschiedlicher Couleur ein. Kurt Biedenkopf war ebenso angetan wie Joschka Fischer, Roman Herzog verwendet in seinen Ruck-Reden kommunitaristische Bauklötzchen, und dem Politikmanager Gerhard Schröder leuchten diese Ideen auch sogleich ein (Schröder scheint vieles auf Anhieb einzuleuchten, solange es dem höheren Ziel dient). Im Gegensatz zu den brachialen Auswüchsen des Neoliberalismus betonen die Kommunitaristen Werte wie Gemeinwohl, Soli-

212

darität und Herkunftsbewußtsein. Der (Neo)Liberalismus, so die Kernthese, habe stets den Stellenwert des Subjektes überbewertet. Er ignoriere Religion, Sprache und kulturelle Tradition. Dieser exzessive Individualismus habe maßgeblich zum Sinn- und Werteverlust in den modernen Industriegesellschaften beigetragen. Der Kommunitarismus will nun diese Wunde der Moderne heilen und zur Widerherstellung von Gemeinschaft und Zugehörigkeitsgefühl beitragen. Vielleicht sollten die »Kommunitarier« (A. Etzioni) – klingt schon verdächtig nach anderen Komm-binationen – sich einmal gedanklich auf eine Gemeinschaft von Aldi-Kunden einlassen. Das wäre der kleinste gemeinsame Nenner für eine Keimzelle des Staates. Alle wahlberechtigt, und alle nur einem Ziel verschworen, das sie eint und gleichzeitig entzweit. Zerrissen von einer grausamen Dialektik des Kaufen-Müssens und Kaufen-Wollens, sind sie alle Opfer in einem Krieg, den der in Paris lehrende Marketingstratege Marcel Corstjens in einem gleichnamigen Buch unverblümt *Store Wars* nennt. Untertitel *The Battle for Mindspace and Shelfspace* – der Kampf um Regalplatz und Bewußtseinsplatz (letzteres im Hinblick auf das Hirn der Konsumenten gemünzt). Da bramarbasiert das großdeutsche Feuilleton über Samuel P. Huntingtons *Kampf der Kulturen*, anstatt sich um die Ecke in den nächsten Supermarkt zu begeben. Wenn Kultur etwas mit Nahrungsaufnahme zu tun hat, ist dort die Schnittstelle, an der der Kulturkampf entschieden wird. Kriegsherren wie die Gebrüder Albrecht sind in diesen »Store Wars« Strategen von globaler Durchschlagskraft. Bloß daß sie ihren Feldzug in homöopathischen Dosen, in 3000 Filialen, über die Republik verteilt haben und ihren Kampf für die Öffentlichkeit unhörbar austragen.

Auf dem Weg in die neue Bescheidenheit

»Meine erste Banane!« titelte das Satire-Magazin *Titanic* nach dem Mauerfall und zeigt eine junge Frau in nachlässiger Kleidung und öligen Haaren, die gerade dabei war, eine Salatgurke wie eine Banane zu schälen. Das Bananenwitzchen hatte mindestens einen doppelten Boden, warf es doch – möglicherweise unbeabsichtigt – neben der Ossi-Verspottung auch ein denkwürdiges Schlaglicht auf unser Staatswesen (West). Hatte nicht auch die Bundesrepublik »irgendwie« so angefangen – mit einem großen Unwissen all jenen Konsumgütern gegenüber, beispielsweise Kaugummi und Nylonstrümpfen, die die Besatzungsmacht hierzulande angeschleppt hatte? Welcher Nachgeborene hatte nicht die Stimmen von Eltern und Großeltern im Ohr, die stets entschuldigend verkündeten, »so was habe es ja vor dem Krieg gar nicht gegeben«. Und mit »so was« Tomatenketchup, Toastbrot, Pizza, Avocados und ähnliche Errungenschaften der Zivilisation meinten.

Dann wuchs das Wirtschaftswunder, und an seinem Busen nährte es die Studentenrevolte: Jene klugen Hitzköpfe aus der Mittelschicht, die damals alles satt hatten (und heute richtig satt sind) und die sich partout nicht mit dem Status quo zufriedengeben wollten. Hans Magnus Enzensberger, der die Epoche wie kein Zweiter politisch analysiert und kommentiert hat, schrieb 1982: »Die vollen Schaufenster, die günstigen Sonderangebote, die preiswerten Urlaubsreisen; das alles war nicht nur eitel Lug und Trug, es war der reinste Terror. Folgerichtig mußte ein Kaufhaus als erstes Fanal des ›bewaffneten Kampfes‹ in Deutschland herhalten. Die ›Massen‹ waren perplex. Es wollte ihnen partout nicht in den Kopf, daß die politische Avantgarde ihnen den verhängnisvollen Starmix ersparen wollte, das idiotische Rennsportrad mit Fünf-Gang-Kettenschaltung, die heimtückische Elektroheizdecke und das ekelhafte 27teilige Kaffeeservice. Dieser Mangel an Einsicht war aber leicht zu erklären. Die Leute waren eben durch jahrelange Manipulation verblödet, und es war nachgerade schwierig, um nicht zu sagen unmöglich geworden, die ruhmreiche Arbeiterklasse von einem Haufen unbelehrbarer Konsumidioten zu unterscheiden.«

Die »Konsumidioten« ließen sich naturgemäß davon nicht beeindrucken und konsumierten eifrig weiter. Die linken Verzichtslehren, wie die Ästhetik des Verzichts überhaupt, paßten nicht in die »Überflußgesellschaft« – auch so ein Wort, das man seit den Schultagen, als es in Besinnungsaufsätzen abgefeiert werden mußte, nicht mehr gehört hat. Keiner (bis auf den Wagenbach Verlag und seine versprengten Anhänger) wollte mehr Pier Paolo Pasolinis *Freibeuterschriften*, seine glühenden Anklagen gegen den *consumismo* hören, und ein Klassiker der Konsumkritik, Wolfgang Schmidbauers *Homo consumens* aus dem Jahr 1972, ist irgendwie auch in Vergessenheit geraten.

Man wird sich bei dieser Gelegenheit fragen müssen, ob nicht die geballte Konsumkritik, die seit der Apo-Zeit zum Gebetsmühlenritual der Aufklärung gehört, in Wirklichkeit eine Kritik der Verschwendung ist. Denn Konsum an sich ist noch keine Angelegenheit, die zu geißeln wäre. Der Münchner Kunsthistoriker Walter Grasskamp hat darauf hingewiesen, man möge sich gefälligst wieder auf den Wortsinn von Konsum – nämlich: Verbrauch – besinnen; dann sei sogleich einsehbar, daß die Rede vom »Konsumterror« ein geschickter Schachzug der Studentenbewegung gewesen sei. Leider ist mit der zeitgenössischen Art des Konsums aber unabdingbar eine Materialschlacht verbunden, deren Überreste in (weltweit) ständig wachsenden Müllmengen sichtbar wird. Die Wegwerfmentalität zelebriert sich selbst in die Sackgasse. Die Inszenierung des Kaufrausches war in den achtziger Jahren auf neue, einsame Höhen geklettert, indem sie den Konsumenten einflüsterte, nicht das Besitzen sei das Seligmachende, sondern der Akt des Kaufens als solcher. Wer kennt nicht den Moment, da er zu Hause der vornehm steif knisternden Riesentüte mit den Kordelträgern den Anzug, das Kostüm entnimmt – und sich sogleich auf eine existentielle Art ernüchtert findet. Augenblicklich setzen Rechtfertigungsstrategien ein: Es sei, trotz des hohen Preises, doch in gewisser Weise ein Schnäppchen gewesen, ja mehr noch, man habe es schließlich wirklich gebraucht, es lasse sich auch wunderbar mit der und der Hose/Bluse kombinieren und so fort. Verflogen ist der Taumel, der einen in der Boutique, in der HOB/DOB-Abteilung, erfaßt hatte; nicht zuletzt, weil der charmante, devote, diskrete Verkäufer gesagt hatte: Wenn überhaupt irgendwer das tragen könne, dann Sie. Und wieder war man diesem einlullenden Singsang aufgesessen, hatte das Wollen vor das Brauchen gesetzt.

»Gedenkt unsrer/Mit Nachsicht.« Das hatte Brecht gefordert. Eine zeitlose Aufforderung, die auch für die Konsumschwelger gelten könnte, wenn nicht damals schon klar gewesen wäre, daß es auf Dauer so nicht gehen kann. Heute ist an die Stelle der Überheblichkeit, mit der die Nachgewachsenen darüber zu reden pflegten, ein neuer Hang zur Bescheidenheit getreten. Die Übersättigung der feisten achtziger Jahre hat ihre Kinder gefressen. Nachdem auch noch die letzte Ethnie ihre Würstlbude in den Metropolen errichtet hatte (sogar Eritrea, das Armenhaus Ostafrikas, ist mit Läden und Speiselokalen vertreten), schied sich der Geist des Konsums wieder einmal in die Habenden und die Wollenden. Die Habenden fanden nichts dabei, beim Japaner eben mal ein paar »Hunnies« für rohen Fisch hinzublättern, während sich die Wollenden dann doch eher zum Griechen oder Türken um die Ecke verzogen. Schließlich gab es dort Puten-Döner, und das war immerhin *politically correct* – bis *Bild am Sonntag* in einem kaum Aufsehen erregenden Artikel enttarnte, Putenfleisch sei gar nicht so wahnsinnig gesund wegen der nachfragebedingten Turbozüchtung mit Wachstumsbeschleunigern.

Apropos Türken. Es sollte nun hinlänglich entkräftet sein, daß es sich bei Aldi um einen Laden handle, der überwiegend von türkischen Mitbürgern aufgesucht wird. Es hängt von der Nachbarschaft ab. Diese wiederum zeigt ihr wahres Gesicht im Sportsgeist – die Fairneß im Umgang wird ja hierzulande gern großgeschrieben; es ist ja nicht so, daß man sich gern in Gesellschaft nationalchauvinistischer Zwergländer wie Österreich befände, die regelmäßig durchdrehen, wenn es einer der ihren bis auf das Siegerpodest, »das Stockerl«, schafft. Unvergessen Ingenieur Edi Finger jr., der beinahe einer Herzattacke erlag, als er anno 1974 den Sieg des rot-weiß-roten Teams über die Piefke-Truppe in Cordoba ins Mikrofon kreischte. Einerlei. Leisten wir uns einen Schwenk ins Nachbarland, genauer in den Freistaat Bayern. Die Fans der zusammengekauften Millionärsclique namens FC Bayern München haben im Sommer 1997 ein unschönes Beispiel für Völkerzerrüttung geliefert. Bei einem Spiel der Champions League zwischen dem besagten Münchner Fußballverein und der Mannschaft von Besiktas Istanbul, so vermeldete die *taz* pikiert, »griffen die Bayernfans zu neuen Mitteln rassistischer Diskriminierung und bereicherten den ›Ausländer raus‹-Ruf um eine bajuwarische Variante. Sie hielten den Besiktas-Anhängern von der berüchtigten Südkurve des Münchner Stadions aus geschlossen die Plastiktüten der Lebensmittelkette Aldi entgegen.« Natürlich taten die (leider allesamt wahlberechtigten) Bayernfans dies nicht lautlos. Die »kaum Schickeriaverdächtigen Bayern-Anhänger« *(taz)* skandierten lautstark »Geht zu Aldi«. Die Aktion machte Skandal. Nicht nur, daß sich die türkische Gemeinde Deutschlands (mit mehr als zweieinhalb Millionen Mitgliedern) empört äußerte, auch im türkischen Mutterland war die Angelegenheit Anlaß für nationale Empörung. Die auflagenstärkste Tageszeitung *Hürriyet* brachte mehrere Beiträge auf Seite eins mit dem Tenor, die Türken seien als Asoziale diskriminiert worden. Sogar eine Stellungnahme aus der Aldi-Zentrale Süd war zu lesen: Eine Sprecherin verkündete, das Unternehmen sei »stolz auf unsere türkischen Kunden« und protestiere »gegen Leute, die unsere Plastiktüten mißbrauchen«.

Was ist zu tun? Eine Untersuchung (Soziologen aufgepaßt!) müßte zunächst klären, wie hoch der Prozentsatz der Bayern-Südkurvler ist, die selber in Aldi machen. Zweitens: Wer hatte die Idee mit den Plastiktüten? Drittens: Auf welche anderen Ethnien ist man bei Aldi noch stolz? Und viertens: Liegt tatsächlich ein Plastiktütenmißbrauch vor? Bleiben wir einmal kurz bei Punkt vier. Möglicherweise hat sich mit dem Einsatz der Tüten ja ein Bedeutungswandel angekündigt, eine semantische Verschiebung dergestalt, daß jetzt in Ermangelung von Fahnen Plastiksäcke geschwenkt werden? Das Banner mit dem A als öffentliche Aufforderung zum Konsum in deutschen Discountläden? Sinnigerweise haben die deutschen Fans den Türken ja nicht bedeutet, sich nach Anatolien zu verzupfen, statt dessen rieten sie zum Abmarsch in einen Supermarkt. Volkswirtschaftlich gedacht, aber in der Umsetzung doch eindeutig verhetzend mißlungen. Wenn der Nationalrausch verflogen ist, werden sie sich alle wieder an der Aldi-Kasse treffen, und keiner wird das Maul aufreißen, sondern stumm und still seinen völkerverbindenden, symbolischen Dauerniedrigpreis entrichten.

Das waren die Jahre, als die Verzichtästhetik der Aldi-Gruppe so richtig zur Geltung kam. Nach dem Motto: Seht her, wir sind uns immer treu geblieben, entpuppte sich die Kette plötzlich als eine Art Heilsbringer inmitten einer taumelnden Kater-Ära. Die Lust an der Sparsamkeit in einem Land, das Kaufrausch durch permanenten Schlußverkauf zu stimulieren sucht, hat etwas gartenzwergig Verlogenes – weil sie oft von jenen praktiziert wird, die eigentlich nicht müßten. Wie sagte schon der Kabarettist Gerhard Polt in den frühen achtzigern, ziemlich prophetisch: »I fahr' jetzt an 280er – des is ja fui rationaler...« Bis sich diese Einsicht durchsetzte, mußte ja erst noch der Dinosaurier der S-Klasse geboren werden, um dann in seiner retardierten Schrumpfform als A-Klasse neu geboren zu werden. Kugeleier wie der Ford Ka demonstrierten dann mit einem Mal wieder Small-is-beautiful, und nach dem Shopping, wenn man mit seiner Elch-Klasse heil nach Hause gekommen ist, kann man ja dort für die Landpartie schnell auf einen Roadster umsteigen. BMW Z 3, SLK, Porsche Boxster: Diese bescheidenen Fahrzeuge, die sich darauf beschränken, zwei Passagiere, ein Schminkköfferchen und einen Pilotenkoffer befördern zu wollen, sind blechgewordener Ausdruck der neuen Sparwelle.

Halbamtliche Umfragen bestätigen den neuen deutschen Drang zum Konsumverzicht mit eindrucksvollen Zahlen. Nach einer Umfrage, die die *Süddeutsche Zeitung* veröffentlichte, wurden allein im Jahresvergleich 1995/1996 knapp zehn Prozent weniger für Gaststättenbesuche, Getränke, Tabak und Kleidung ausgegeben – während im gleichen Zeitraum die Ausgaben für das Auto um 9,8 Prozent stiegen. 38 000 Mark gibt der durchschnittliche Westdeutsche für ein neues Auto aus, 8000 Mark weniger der Ostdeutsche. Nun ist es ja nicht unbedingt so, daß man den Deutschen unterstellen müsse, sie würden für ihr Autoputzilein in die Fastenkur gehen. Aber die Entwicklung ist wohl bezeichnend für ein Phänomen, das der Soziologe Heinz Bude, ein Experte für das scheue Wesen der Generation, als »Statuspanik« bezeichnet hat; eine Angst, die ursächlich mit dem lebensweltlichen Aroma der neunziger Jahre zusammenhängt. Bude schreibt im Vorwort der Essaysammlung *Deutschland spricht*: »›Erlebnis‹, ›Lebensstil‹ und ›Risiko‹ definieren nicht mehr die Jetztzeit. Wer heute noch auf Erlebnissteigerung, Lebensstilverfeinerung und Risikotoleranz setzt, hat die Zeichen der Zeit nicht verstanden. Man ist nüch-

terner, bescheidener, aber auch ängstlicher geworden. Das hängt mit einer weitverbreiteten latenten Statuspanik zusammen. Was sich schon Ende der achtziger Jahre (...) andeutete, wird seit 1989 immer handgreiflicher: Der Komplex aus Wohlstand und Harmonie, wodurch sich das in der Nachkriegszeit gewachsene ›Modell Deutschland‹ auszeichnete, zerfällt.«
Um die Statuspanik abzufedern, ist ein Roadster natürlich eine gute Sache. Auch Gaststättenbesuche, die nach der Regel Wer-länger-mit-einem-Glas-Mineralwasser-auskommt ablaufen, sollen sich häufen. Oper, Theater, Konzerte, Kino werden eingespart, sogar an die Unterwäsche gehen die Damen sich selber. Nur noch 25 Mark haben deutsche Frauen im Jahr 1996 durchschnittlich für Dessous ausgegeben. Wenn das so weitergeht, sind wir bald auf österreichischem Standard, wo männliche Unterhosen bloß zweimal die Woche gewechselt werden. Fein sein, beieinander blei'm.

Glaube versetzt Geldberge

Im Sklavenstaat römischen Zuschnitts war für die wohlhabenden Bürger Arbeit die Ausnahme. Das Wort für Arbeit, »negotium« bedeutet denn auch sinnigerweise »Nicht-Muße«. Das Nicht-Arbeiten als Normalzustand erlaubte eine Reihe von Hobbies, notabene gelehrte Gespräche, politische Intrigen, Zirkusbesuche oder Feldzüge an den Rand der zivilisierten Welt. Erst das Christentum brachte eine andere Auffassung von Arbeit mit sich. Der gute Christ schuftet erstens, weil Arbeit einen moralischen Wert darstellt, der Gott gefällt, und zweitens, weil er durch die Vertreibung aus dem Paradies dazu verpflichtet ist. Daher die Direktive »im Schweiße deines Angesichts sollst du dein Brot essen«, die Gott ausgegeben hat; daher die verschärfte Version, die der Apostel Paulus unter das Volk brachte: »So jemand nicht will arbeiten, der soll auch nicht essen.« Mit eingeschlossen in diese Anweisung zum rechten Glauben war der Hinweis, daß Arbeit nicht automatisch Bereicherung bedeutet. Es ist deshalb an dieser Stelle ein Ausflug in Gefilde angebracht, die vielleicht auf den ersten Blick gar nicht so naheliegend erscheinen mögen. Aber es gibt im Leben der Brüder Albrecht – jenseits aller weltlichen Erfolge, die hier bislang vorgeführt wurden – sozusagen einen metaphysischen Knackpunkt, den zu beleuchten sich lohnt. In allen Verlautbarungen, Artikeln, Gerüchten wird immer wieder die enge Anbindung der Brüder an die katholische Kirche hervorgehoben. Beide gelten als strenggläubig. Da tauchen dann schon Zweifel an dieser Strenggläubigkeit auf, wenn man das Geschäftsgebaren der Aldi-Brüder und die Lehre der katholischen Kirche – vor allem in Hinblick auf die sozialen Verpflichtungen – in einen Zusammenhang zu bringen versucht. Dazu ein Blick in die Geschichte und auf einen Mann, dessen Denken maßgeblichen Einfluß auf die Entwicklung der katholischen Soziallehre hatte: Oswald von Nell-Breuning. Norbert Blüm nannte den Theologieprofessor gar »die personifizierte katholische Soziallehre«. Nell-Breuning hatte in seinem biblisch langen Leben – er starb 1991 im Alter von 101 Jahren – rund 1800 Bücher, Aufsätze und Artikel geschrieben. Im Auftrag von Pius XI. entwarf er 1931 die Sozialenzyklika *Quadragesimo anno*, in der Nell-Breuning das Subsidiaritätsprinzip entwickelte: die Versorgung des Menschen solle nicht von einem übermächtigen Staat ausgehen, sondern ein »Vorrecht der jeweils kleineren Gemeinschaft« sein – ein für die damalige Haltung der Amtskirche ungewöhnlich fortschrittliches Papier, das für die katholische Sozialethik Elemente aus der Gesellschaftsanalyse von Marx aufgriff. Die Kirche steht in dem Spannungsfeld zwischen Arbeit und Kapital traditionell auf schwankendem Boden. Das Ziel einer katholischen Sozialethik, so Nell-Breuning, müsse die Verwirklichung sozialer Gerechtigkeit sein. Das mag heute harmlos oder durch allzulangen Politikermißbrauch abgelutscht klingen – Nell-Breunings Ideen hatten Sprengkraft. Vielleicht zuviel, denn die Kirchenoberen beließen es erst einmal bei der Formulierung dieses hehren Ziels. Die eigentliche Leistung war es, einen Zusammenhang zwischen Kirche (und also ihren Mitgliedern) und gesellschaftlicher Verantwortung herzustellen. So sei es Aufgabe der Kirche, die normative Grundlage eines Menschenbildes zu formulieren, das sowohl Individual- wie auch Sozialnatur erfasse. Mit anderen Worten: Der Mensch lebt nicht nur vom Brot allein, aber wenn er welches hat, möge er tunlichst seinem mittellosen Mitmenschen davon abgeben. Gleichzeitig sah es Nell-Breuning als die Aufgabe der Kirche an, Grundzüge einer politischen und ökonomischen Ordnung zu entwickeln. Demnach ist die Gesellschaft der Raum, »in dem die vom Schöpfer intendierten Werte aus Möglichkeiten zu Wirklichkeiten erhoben werden können und sollen«. Reines Nutzdenken ist verpönt. Eine Kirche, die ihre gesellschaftliche Verantwortung ernst nimmt, muß aktiv in die Entwicklung der Gesellschaft eingreifen – zumindest muß sie bei ihren Mitgliedern und Lobbyisten das Gewissen für soziale Gerechtigkeit wecken und schärfen. Dies alles natürlich vollkommen im Sinne der Bergpredigt, und somit in einer Haltung, die einem nach durchschnittlich christlichen Werten erzogenen Menschen geläufig sein müßte; einem Strenggläubigen zumal.

Möglichkeiten zu Wirklichkeiten: Die biblische Aufforderung, die Menschen sollten sich die Erde untertan machen, hat Jahrhunderte mit durchschlagendem Erfolg funktioniert. Aber auch die Kirche hat einsehen müssen, daß da manches aus dem Ruder gelaufen ist. Oswald von Nell-Breuning jedenfalls bedrängten »ernsthafte Zweifel, ob es nicht auch unübersteigbare Grenzen gibt, ob die Art, wie wir unsere Herrschaft über die Natur ausgeübt haben, nicht vielleicht doch ein Mißbrauch, eine Ausbeutung gewesen ist, wogegen die Natur jetzt zurückschlägt«. Der katholische Denker geht sogar noch einen Schritt weiter (immerhin erst in den achtziger Jahren): »Es besteht die Gefahr, daß wir unversehens die Biosphäre zerstören und das physische Dasein der Menschheit auslöschen.« – Irgend etwas in der Richtung ist mit Sicherheit auch an die Ohren der Gebrüder Albrecht gedrungen; bei einem sonntäglichen Gottesdienst, bei einer Predigt eines heißspornigen Kaplans – hätte das einem strenggläubigen Milliardär nicht zu denken geben müssen? Kehret um und tuet Buße? Ohne sich in das Aufgabengebiet der Geistlichkeit allzuweit einmischen zu müssen, kann man die These aufstellen: Hier hat irgendein Bischof geschlampt. Es war doch stets eine Spezialität Roms, solche wandelnden Opferstöcke auch zu schlachten. Eine Papstaudienz erster Klasse hätte womöglich ein Wunder an der Ruhr bewirkt.

Vielleicht hat sich ja – diesseits der Sorge um das Wohlergehen des Planeten – auf dem Gebiet der Arbeit, der Mitarbeiterführung, etwas Christlich-Soziales in den Köpfen der Aldi-Katholiken durchgesetzt. Es ist zu befürchten, daß auch hier die reine Lehre nicht wirklich angekommen ist. Die christliche Sozialethik stellt den Sinn der Arbeit ins Zentrum ihrer Überlegungen. Arbeit , die zwar entlohnt würde, aber keine Sinnstiftung vermittle, könne nicht das Ziel sein. Vielmehr müsse jede Beschäftigung erstens moralisch einwandfrei und zweitens so angelegt sein, daß sie sich der Arbeitnehmer als persönliches Ziel zu eigen machen könne. Hier wird man sich fragen müssen, was unter moralisch einwandfrei zu verstehen ist. Auf Arbeitgeberseite: die Anhäufung von Kapital? Die Position, die Nell-Breuning hier vertritt, ist zweifellos arg idealistisch, um nicht zu sagen gewollt naiv. Es wäre dann schon interessant zu wissen, welche moralisch einwandfreie Sinnstiftung ein Metzger in einer Großschlachterei oder ein Geldwäscher einer Großbank empfindet. Aldi läßt es erst einmal gar nicht so weit kommen: Da wird Arbeit verknappt, Belegschaftszahlen minimiert – und für Sinnstiftung ist der Kundenansturm zu groß.

Spannend wird die ganze Frage erst wirklich, wenn es an das Problem der Verteilungsgerechtigkeit geht. Als Jesus die Händler aus dem Tempel jagte, war damit auch die Ächtung von Zins und Wucher verbunden. Schon von daher müßte sich ein Superreicher, der dem katholischen Glauben anhängt, fragen lassen, woher er seinen Reichtum habe. In der modernen Fassung der zeitgenössischen Soziallehre, hat ein Unternehmer jedoch in einer Marktwirtschaft nach christlichem Glauben durchaus das Recht auf Gewinn. In einem zweiten Schritt käme es für das Seelenheil schon darauf an, wie der erzielte Gewinn verwendet wird. Dies ist im übrigen ein Schwachpunkt, wenn man dem Islam folgen will, denn der Koran befiehlt dem Gläubigen ausdrücklich Spenden und Almosen. (Bei Aldi, wo man »stolz auf unsere türkischen Kunden ist«, ist dies alles kein Problem.) Der gläubige Katholik sollte aber, wenn er schon nicht spendet (oder obendrein in die eigene Tasche stiftet), einen größeren Teil des erwirtschafteten Ertrages »den besitzlosen Kreisen« zukommen lassen – und zwar in Form von Beteiligung am Unternehmensbesitz. Es gibt ja durchaus Firmen, die in diesem Sinne Vorbildhaftes geleistet haben. Die westfälische Weltfirma Bertelsmann etwa hat eine Mitarbeiterbeteiligung eingeführt, die auf den sozialreformerischen Gedanken des vormaligen Firmenchefs Reinhard Mohn (wir sind ihm bei den großen Stiftern begegnet) basiert – aber Mohn ist auch Protestant; das führt in ein anderes Terrain, in das der protestantischen Werteethik. Wir bleiben bei der Vorstellung, die Brüder Albrecht hätten ihr Imperium nach den Prinzipien der Verteilungsgerechtigkeit auf Mitarbeiterbeteiligung und Betriebsrenten aufgebaut – eine abwegige Vorstellung. Fragt sich nur, auf welchen Abwegen.
Nun ist es ja nicht so, daß Wohlstand ohne Ausbeutung zu haben wäre. Das klingt womöglich angestaubt, hat aber des-

wegen nichts an Wahrheitsgehalt eingebüßt. Ausbeutung meint Ausbeutung von natürlichen Ressourcen, meint Dritte und Vierte Welt, die für die Erste und Zweite arbeiten. Der Vordenker Nell-Breuning hat sich hier wenig elegant, eher sehr vage aus der Verantwortung geschlichen: »Weil die Nutzung natürlicher Ressourcen des einen dem anderen entzogen werden, sollte man demjenigen, dem der Zugriff auf solche Güter oder deren Nutzen gestattet wird, ein Entgelt auferlegen, an diejenigen, zu deren Lasten oder auf deren Kosten sein Zugriff oder seine Nutzung geht.« – In der Praxis kann davon keine Rede sein; im übertragenen Sinn aufgeforstet wird nur, wenn die Katastrophe, die im Namen der Ersten Welt verursacht wurde, allzu schlimm ausgefallen ist, etwa bei Havarien von Supertankern, deren ausgelaufenes Öl – das schwarze Herzblut der Industrienationen – ganze Küstenstriche verseucht. Dann gibt es Reparationszahlungen. Solange die Umweltkatastrophe mit Gehältern abzugleichen ist, etwa im Falle Shell und seiner Zerstörung des Niger-Deltas, gibt es zwar weltweite Proteste, aber das war es dann auch. Kaum vorstellbar, daß der Irak für die Umweltschäden haftbar gemacht würde, die durch die Abfackelung der Ölquellen während des Golfkriegs verursacht wurden.

Die katholische Soziallehre ist neuerdings, das heißt im Zuge der allgegenwärtigen Globalisierungsdebatte, wieder ins Blickfeld des öffentlichen Interesses gerückt. Die Antworten, die sie gibt, klingen eher unternehmerfreundlich denn radikal kapitalkritisch. Und selbst im Zuge der allseits ausgetragenen Globalisierungsdebatte fiel den beiden christlichen Kirchen in Deutschland nicht allzuviel ein. Es bleibt beim Prinzip Hoffnung (und Glauben): Reichtum müsse ein Thema der gesellschaftlichen Debatte sein, heißt es im jüngsten Sozialwort der katholischen Kirche. Vielleicht haben Karl und Theo Albrecht Glück gehabt, daß sie im katholischen Glauben aufgewachsen sind. Eventuelle Verfehlungen im irdischen Dasein werden im Falle glaubhafter und tätiger Reue beim Übertritt in die nächste Welt verziehen.

Max Weber zitiert in seiner berühmten Schrift *Die protestantische Ethik und der Geist des Kapitalismus* eine Untersuchung, die ein gewisser Dr. Martin Offenbacher 1901 unter dem Titel *Konfession und soziale Schichtung. Eine Studie über die wirtschaftliche Lage der Katholiken und Protestanten in Baden* vorgelegt hat. Darin heißt es: »Der Katholik ist ruhiger; mit geringerem Erwerbstrieb ausgestattet, gibt er auf einen möglichst gesicherten Lebenslauf, wenn auch mit kleinerem Einkommen, mehr, als auf ein gefährdetes, aufregendes, aber eventuell Ehren und Reichtümer bringendes Leben. Der Volksmund meint scherzhaft: entweder gut essen oder ruhig schlafen. Im vorliegenden Fall ißt der Protestant gerne gut, während der Katholik gut schlafen will.« Nun, fast ein Jahrhundert später, zeigt sich, daß Dr. Offenbachers goldene Regel durch eine respektable Liste von Ausnahmen konterkariert wird.

Außerdem hat der amerikanische Religionsphilosoph Michael Novak endlich den Gegenentwurf zu Max Weber vorgelegt: *Die katholische Ethik und der Geist des Kapitalismus* (1993) weist nach, was ohnehin zu befürchten war – nämlich daß der Mensch nach dem Ebenbild Gottes geschaffen ist. Daher neigt er, so Novak, zu schöpferischen und also unternehmerischen Akten. Womit bewiesen wäre, daß sich Kapitalismus (als Ausdruck schöpferischen Unternehmertums) durchaus mit katholischer Soziallehre vereinbaren läßt. Max Weber habe die Sache unzutreffenderweise auf die Protestanten zugeschnitten – als ob nicht auch katholische Gemeinwesen zu den Gewinnern des Kapitalismus gehörten. Soziale Gerechtigkeit, wie sie Nell-Breuning als Ordnungsprinzip für die Gesellschaft wünschte, könne es nur geben, wenn die Wohlstandsmehrung so funktioniere, daß niemand davon ausgeschlossen sei.

226

Der Schöpfergott als unternehmerischer Unternehmer, mit einem Aufsichtsratsvorsitzenden, dem Heiligen Geist, und Jesus als Vorstandsvorsitzenden? Demokratischer Kapitalismus? Da hilft nur beten.

Verdruß im Überfluß

Daheim, in der Banana Republica, müssen sich die Bewohner einstweilen von ihren Politikern einiges anhören. Ein Volk von Jammerlappen seien sie: wollen Besitzstandswahrung, vollen Lohnausgleich bei 30-Stunden-Monat und so weiter. Man kennt die Litanei. Sechzehn Jahre nach der geistig-moralischen Wende, die die Regierung Kohl eingeläutet hat, geißeln die Medien Lähmung, Erstarrung, Reformunfähigkeit, Apathie der herrschenden Politikerkaste. Diese wiederum hat es sich in ihrem verfilzten Republikchen so schmusig eingerichtet, daß Leute wie der ehemalige Ministerpräsident Lothar Späth ungeniert sagen können: »Wir Deutsche müssen wieder lernen, auf niedrigem Niveau zu schuften, statt auf höchstem Niveau zu jammern.« Ja, doch, Cleverle, möchte man ihm zurufen, du hast deinen ruinierten Ruf mit Ost-Politur als Vorstand bei Jenoptik wieder aufpoliert, aber schweig still und saniere das dir anvertraute Unternehmen. Vergessen die Tage, als Späth wegen allzu großer Nähe zur Industrie seinen Hut nehmen mußte; geschenkt, daß er seitdem vom Land Baden-Württemberg satte Altersbezüge einstreicht. Die Liste der gewesenen Politiker, die bis heute flott von ihrem Engagement für das deutsche Volk zehren, ist lang und ärgerlich. Späth ist nur einer von vielen, die mit solchen dreisten Sprüchen von sich reden machen. Bundespräsident Roman Herzog – sein Hang zur Kanzelrede wurde bereits erwähnt – ist auch einer, der persönlich vollen Lohnausgleich bis ans Lebensende genießt, und zugleich von Solidarität und Toleranz redet. Kaum angetreten, versicherte er, das höchste Staatsamt garantiert nur eine Periode ausüben zu wollen – wozu denn auch länger, wenn es schon beim ersten Mal für den Ehrensold (knapp 30 000 Mark monatlich, ausgezahlt bis ans Lebensende) reicht. Während die Regierung gerade dabei ist, das Rentenniveau auf 64 Prozent zu drücken, ist bei der Präsidentenrente davon naturgemäß nicht die Rede. Plus kostenloses Büro, persönlicher Referent, Sekretärin, Dienstwagen und Fahrer, alles lebenslang. Selbstverständlich müssen die vornehmsten Repräsentanten eines Gemeinwesens entsprechend entlohnt werden. Aber offiziell die Mäßigung bei Tarifverhandlung predigen, und hintenrum zur Selbstversorgung schreiten – das bleibt mit einem Hautgout behaftet. Wie viele Parlamentarier haben sich bislang gegen eine Erhöhung ihrer Diäten ausgesprochen? Herzog verdient in etwa so viel wie der bestbezahlte deutsche Länderchef, Bayerns Edmund Stoiber (CSU). Dessen Gehalt hat sich – im Vergleich zu seinem Vorgänger Franz Josef Strauß – mehr als verdoppelt und also inflationsbereinigt. Bei dem Niedersachsen Gerhard Schröder (SPD) sieht es ähnlich aus. Besonders auffällig wurde die parlamentarische Staatssekretärin im Bundesforschungsministerium, Cornelia Yzer (CDU), die nach kurzem Gastspiel in der Politik auf einen Lobbyistenposten zur Pharmaindustrie wechselte. Erst nach massiven Protesten in der Presse war die Dame dazu zu bewegen, auf ein Übergangsgeld von 180 000 Mark zu verzichten – ihr Bundestagsmandet hatte sie, wohlgemerkt, behalten. Die Politikverdrossenheit des Wahlvolks bekommt ununterbrochen neue Nahrung. Vormalige moralische Aushängefrauen wie Rita Süssmuth statuieren ein Exempel nach dem anderen, um nur ja den Unmut in Volkes Stimme lauter werden zu lassen. Der Dienstwagenaffäre (der Gemahl benutzte Dienstwagen nebst Fahrer seiner Frau, als sei es das Normalste der Welt) ließ sie die Dienstflugaffäre folgen – übermäßiges Gejette mit staatlichen Flugtaxis aller Art, durchaus auch zu Abstechern familiärer Natur. Zuletzt machte die »Queen of Betroffenheit«, wie sie der *Stern* titulierte, mit einer Parteispende der besonderen Art von sich reden. Süssmuth überwies dem Koalitionspartner F.D.P. 12,4 Millionen Mark aus dem Topf für Parteienfinanzierung, obwohl die F.D.P., wie das Kölner Verwaltungsgericht alsbald feststellte, den Antrag nicht fristgerecht eingereicht hatte. Beide Augen zuzudrücken war im Falle des Regierungspartners aber eins – eine Leistung, die sie unliebsameren Parteien wie den Grauen, den Republikanern und dem Südschleswigschen Wählerverband verweigert hatte. Gefesselt von der Würde des hohen Staatsamtes geht da leicht mal die Bodenhaftung verloren.

Aufs volkswirtschaftliche Ganze gesehen sind das freilich Peanuts, um noch einmal Hilmar Kopper, den Meister des abgefeimten Diktums, zu zitieren. Das sogenannte Hochlohnland Deutschland ist immer noch eine der reichsten Industrienationen der Welt. Ohne jeden Zweifel aber haben die Massenarbeitslosigkeit und der permanent weiter ausgehöhlte Sozialstaat das Gefüge des Gemeinwesens ins Wanken gebracht. Dabei zeigt sich die begriffliche Unschärfe des Schlagwortes von der »Selbstbedienungsmentalität«. Wenn Politiker sich selbst bedienen, tun sie es auf Kosten der Mehrheit, die sie gewählt hat. Mündet die Selbstbedienung in eine Bauchlandung, erfolgt diese weich und wird mit schönen Übergangsgeldern abgefedert. Wenn Wirtschaftsführer ihr Unternehmen in den Sand setzen und Arbeitsplätze »freigesetzt« werden, tun auch sie dies mit erklecklichen Abfindungen und Übergangsgeldern. Zugegeben: Sie wirkt schnell moralinsauer, diese Klage über den stetig verfallenden Generationenvertrag, über das schwindende Miteinander. Aber der Unterschied ist so banal wie tiefgreifend: Wenn der gemeine Wähler, der normale Arbeiter oder Angestellte sich selbst bedient, tut er dies meistens in einem Supermarkt, an der Tankstelle, am Hotelbüffet. Er tut es vor allem, weil er keine wirklichen Alternativen dazu hat. Und er zahlt auch noch die Rechnung dafür.

Die – zurück zum Konsum – könnte bald höher ausfallen, als der aldisierte Jammerlappen es bislang gewöhnt ist. Noch sind die Einzelhandelspreise (im europäischen Vergleich) in Deutschland ungewöhnlich niedrig. Gefährlich wird es, wenn die drei größten Konzerne zusammen mehr als 50 Prozent des Marktes kontrollieren und somit ein Oligopol, die Herrschaft weniger Unternehmen, bilden würden. Dem Bundeskartellamt stoßen die Konzentrationsbemühungen der großen Handelsketten schon sauer auf. Wenn die Herren von Metro, Rewe und Aldi den Markt arrondieren und ihre Claims abstecken würden, wäre die Zeit der Preiskämpfe sehr bald zu Ende. Vielleicht bekämen wir dann Zustände wie an den Tankstellen – wo eine imaginäre Hand den Benzinpreis fallen und steigen, wenn möglich aber steigen läßt; wo ein Öl-Multi eine Preiserhöhung ankündigt, und die anderen binnen weniger Tage wie Lemminge und ohne erkennbares Bedauern diesem Beispiel folgen. Die Stoßrichtung ist eindeutig: Gleichmacherei soweit irgend möglich. Rolf Kunisch, Vorstandsvorsitzender von Beiersdorf (»Nivea«), gab in einem Interview eine richtungweisende Weltsicht zum besten. Auf die Frage, warum sich Chinesen wie Peruaner gleichermaßen mit »Nivea« eincremen sollen, antwortete Kunisch: »Die Haut ist weltweit erstaunlicherweise ziemlich standardisiert. Stärker noch als die Haare. Es gibt überall auf der Welt Menschen mit fettiger oder trockener Haut.« – Erst wenn der letzte Chinese gesalbt und der letzte Peruaner eingecremt ist, werdet ihr begreifen, daß man Nivea-Creme nicht essen kann.

Wie man es dreht und wendet, an allen Ecken der schönen neuen Aldi-Welt schimmert die Webart durch; und überall lauert der Kulturpessimiesler, der über das unschöne Bild jammert. Ein Lebensmittelriese, dem nur mit Superlativen beizukommen ist, hat sich mit seinen Regalen eingenistet in den Hirnen. Seine Tarnung ist so perfekt, daß das Geflecht seines wahren Einflusses nicht sichtbar wird. Wenn sich Aldi Lobbyisten gezüchtet oder gekauft hat, agieren sie so professionell diskret, wie es sich empfiehlt auf einem gesellschaftlichen Terrain, das so unübersichtlich geworden ist wie das unsere. Noch haben solche Herolde der Neuen Zeit wie Olaf Henkel, der Präsident des Bundesverbandes der Industrie, eher Unterhaltungswert, wenn sie sich fragen, ob unser Föderalismus überhaupt noch zeitgemäß sei. Die Hohenpriester der Industriereligion sind so weit an der Macht wie nie zuvor in diesem Land. Da kann man schon mal halblaut über die Zerschlagung des Systems nachdenken. Grundgesetz? Über Bord damit. Lean Management für den Staat und seine heimliche Herrscherkaste, Sozialabbau für den großen Rest. Ist schließlich alles nicht mehr zu finanzieren. Der gemeine Wahlberechtigte von nebenan, der Stromverbraucher, Renten- und Krankenkassenbeiträger, Kontoinhaber, Melde- und Schulpflichtige, Fernsehteilnehmer fragt sich langsam schon, welchen Platz ihm noch in diesem Immer-Weniger bleibt. Und bereitet sich, teils zum Trost, teils aus Eigennutz ein einigermaßen erschwingliches Leben, durch Stützkäufe bei Aldi. Dort geht es wenigstens noch reell zu, ist die Welt so, wie sie die letzten Jahrzehnte immer war. Voller erschwinglicher Waren, die einen satt machen, die ohne Werbetamtam verkauft werden. Die Aldisierung des Konsumverhaltens hat die Illusion eines perfekten Mittelwegs aufgebaut: Die Vortäuschung individueller Kaufentscheidung in einem extrem standardisierten Umfeld. Dieser bauknechtartige Glauben, zu wissen, was man hat, schafft eine angenehm einlullende Abhängigkeit. Angelockt von den wöchentlichen Schnäppchen zieht die Karawane nur allzu gerne in diese Oasen des Immergleichen. Wenn es eine politische Partei gibt, die diese Inszenierung auch beherrscht, ist es die CSU. Die hat in 40 Jahren kontrollierter Anarchie den Machterhalt zur Conditio sine qua non ihres Daseins gemacht.

Aber wer weiß, ob nicht die Besetzung des »Mindspace« einem Lebensmitteldiscounter langfristig viel besser gelingt als irgendeiner politischen Partei. Aldi erfüllt überlebensnotwendige Primärbedürfnisse, dieses Wissen sitzt tief im Stammhirn des *Homo sapiens sapiens*. Der Discounter übersetzt diese Instinkte in ein 1:1-Kaufverhalten mit einem Regelwerk, das dem Kunden nie das Gefühl gibt, etwas Falsches zu kaufen. Daß dabei in den Köpfen alles platt gemacht wird, was sich ohnehin mühsam dort verankern läßt – zum Beispiel jene Haltung, die wir der Einfachheit halber Umweltbewußtsein nennen –, sind die Kosten der grenzenlosen Einkaufsfreiheit. Aldi ist wie nicht wenige Unternehmen parallel zur Geschichte der Bundesrepublik gewachsen. Aber während es das Gemeinwesen nicht verhindern konnte, im Lauf der Jahrzehnte bananenbraune Altersflecken aufzubauen, ist der Lebensmittelmulti ein Strahlemann geworden. Aldi ist das Synonym für eine glänzende wirtschaftliche Karriere, deren Ende nicht abzusehen ist. Das Image vom Saubermann hat hie und da einen leichten Kratzer, aber das ist mit etwas Politur zu beheben. Dies ist wohl eine der größten »Leistungen« des Discounters: gleichförmig sauber zu sein und unangreifbar zu werden. Dieser Monolith hat das Gesicht der Gesellschaft zunächst unmerklich, später irreparabel verändert, indem er sie dort packte, wo sie täglich hinstrebt: am Kühlschrank und in der Speisekammer. Aldi hat das Billigprinzip zur Lebensweisheit verklärt. Nun ist die Aldisierung so weit fortgeschritten, daß Aldi als integraler Bestandteil der deutschen Identität fortlebt. Aus dem kollektiven Bewußtsein ist der Discounter nicht mehr wegzudenken.

Letzte Meldung

Unter der Überschrift »Zu guter Letzt« meldet die Tageszeitung *Die Welt* am 4. Dezember 1997:

»In Rielasingen am Bodensee hat ein Sonderangebot einen Polizeieinsatz ausgelöst. Weil die Discount-Kette Aldi den Verkauf von 70 Computern zum Preis von rund 1800 Markt angekündigt hatte, drängten sich schon um sieben Uhr morgens mehrere hundert Menschen vor der Filiale. Nach Geschäftsöffnung kam es zu einer Prügelei. Ein Mann verlor die Nerven, zog eine Schreckschußpistole und bedrohte einen Kunden, der bereits einen Rechner ergattert hatte. Zwölf Polizisten mit Maschinenpistolen und schußsicheren Westen umstellten den Markt und überwältigten den Mann.«

Die Welt als Aldi
und Vorstellung (IV)

Ich trete vor den Altar Gottes – hm? Einmal muß es sein. Das
Ende ist nah, wenigstens für diese Runde. Aber die wichtigste
Hürde kommt erst noch. Schließlich ist der ganze Parcours aufgebaut, damit sie dich am Ende, beim letzten Hindernis,
ordentlich barren. Der Trennriegel zeigt dir deine Grenzen.
Beim letzten Oxer patzt du immer, ohne es zu merken, und sie
ziehen dir deine Siegesprämie aus der Tasche. Anders kommst
du nie davon. Es geht immer gegen dich aus, egal, was du
glaubst, wieder einmal großartig eingespart zu haben. Dieses
alles bedenkend, dennoch mit einem Gefühl feierlicher Weh-
mut, gewürzt mit einem teuflischen Grinsen, nähert er sich der
letzten Ausfahrt. Er richtet sich innerlich auf, läßt ab von der
leicht gebeugten Jäger-Sammler-Haltung, heftet den Blick auf
die Rückenpartie der Vorderfrau und nimmt Witterung auf.
Gleichzeitig lugt er über deren Schulter vorbei auf die sich auf-
fächernden Kunden. Eine unsichtbare Hand schiebt sie wie
Playmobilfiguren auf ebenfalls unsichtbare Gleise. Douane
Zoll Maut Endstation. Die Wege werden schmal, ein schwarzes
Gummiband in Hüfthöhe, an dessen Ende eine Frau in hell-
blauem Kittel sitzt. Ihre linke Hand macht gleichförmige
Schaufelbewegungen, ein nach unten gekehrtes Winken, lieb-
lose Lockbewegungen. Laßt alle, die beladen sind, zu mir kommen. Hat aber nichts wirklich Verlockendes, denkt er. Keine
verborgene sexuelle Attraktion. Eine Abtörnung: Warum wird

ausgerechnet in diesem sensiblen Bereich auf Pheromon-Einsatz verzichtet. In die Tasche greifen bedeutet immer auch, etwas hervorholen zu müssen. Mann, sieh's nüchtern: Die ist da hingesetzt worden, um abzukassieren. Was soll denn da noch groß geschehen. Du bist ja hier kein Freier, und ein Preis wird schon gar nicht verhandelt. Du bist hier der Selbstbediener. Du machst dir dein Vergnügen selbst, wenn du dazu in der Lage bist. Zu Discountpreisen. Billiger geht's nimmer. Und wer denkt schon an Vergnügen bei Aldi? Perverse Vorstellung. Wir kaufen das ganze Zeug, von dem wir wissen, daß uns ein Drittel davon im Kühlschrank verfaulen wird, wir gehen hinein, um uns dem Kaufakt zu unterwerfen, und dann kämst du und erwartetest auch noch irgend etwas auch nur entfernt – ja was? Sexy Kassenfrauen? Schmusesound? Rotlicht? Ich bitte dich, komm zu dir. Du bist hier der kleinste gemeinsame Nenner einer einfachen Kosten-Nutzen-Rechnung. Du verursachst Kosten, aber der Nutzen, den sie aus dir ziehen, ist um ein Vielfaches höher. Deswegen spielen die dieses Spiel. Dein Zuckerl ist nur, daß du glaubst, du habest eine Siegeschance. Hast du aber nicht. Der unsichtbare Saldo spricht immer gegen dich. So philosophisch heute? – Fangfrische Schnittblumen für 3,99 quetschen sich in durchsichtige Plastikmäntel, hineingezwängt in einen anonymen schwarzen Kübel, warten darauf, herausgerissen, gekauft und als Gärtnerware weitergereicht zu werden. Och, das wäre doch nicht nötig gewesen. Warum sehen diese Hollandnelken immer so aus, als kämen sie aus Holland? So wie die Hollandtomaten und die Hollandgurken mehrere Stunden gegen den Wind daran zu erkennen sind, daß sie eben nicht riechen. Tun einem fast leid, wie Retortenbabies, die nie im Mutterleib waren. Chemiestengel. Nährlösungsderivate. Ob ich welche mitnehme, denkt er und beugt sich schon hinunter, er, der Bauernwiesenblumenkitschier, der beim Floristen immer schon vor dem Eintreten Aber-ohne-Folie! schreit (gedanklich jedenfalls), und hier beugt er sich – und da setzt seine

236

Kontrollinstanz wieder ein, sein zweites Ich tritt aus ihm heraus, verschränkt die Arme und sagt stirnrunzelnd: Was, diesen Chemiemüll? Darauf sein wahres, sein trotziges Konsum-Ich: Warum denn nicht. Glaubst du denn, in Blumenläden kämen die Tulpen woanders her? Ist doch alles das gleiche, bloß hier ist es billiger… billiger… billiger…

Wohin soll ich mich wenden, denkt er noch, als er die tropfenden Blumen – da ist tatsächlich noch ganz konventionell Wasser unten drin – aus der Bedrängnis befreit, schon wird ihm die Entscheidung abgenommen. Die Frau vor ihm schert nach rechts aus. Na gut, dann die linke Reihe. Sie ist so gut wie jede andere. Ein wenig willenlos läßt er sich hinübertreiben, kommt vor einer neuen Rückenpartie zum Stehen. Oha, das war die vielversprechendere Wahl. Eine Rothaarige. Gepflegter Haarschnitt, Nacken frei, schöne Halslinie. Verschwindet in einem schwarzen Sweatshirt, enganliegend, figurbetont. BH-Abdruck sichtbar, sehr gut, Schließe hinten, kein Vorderlader, schneidet nicht ein. Taille hervorragend betont, geht über in einen schlichten schwarzen Gürtel, der eine sandfarbene Leinenhose hält, schau an, schau an, geschmackvolles Unternehmen. Bei Aldi gibt es auch ab und an Damenunterwäsche, ja frage nicht! Was tust du hier, Schöne? Fesseln leider nicht wirklich zu sehen, barfuß auf jeden Fall in flachen Slippern. Todds-ähnlich, keine Marke zu erkennen, egal. Noch einmal von oben prüfen – ja, doch. Jetzt beginnt das Rätselraten. Wie sieht sie von vorne aus. Nichts schlimmer, als einer falschen Alters- oder Typschätzung aufzusitzen, keine herbere Enttäuschung, als wenn das Gesicht den Flurschaden einer Pubertätsakne zeigt oder gar einer verhärmten Endvierzigerin gehört, die Fit-neß-Studios bewohnt und im Urlaub ganztägig auf einer Liege in der Sonne bruzzelt. Der Einkauf deutet, soweit er das aus dem eingeschränkten Sichtfeld beurteilen kann, beinahe auf die Gattung Single hin: Krabben in Öl, Mehrkorntoast, eine Flasche Champagner – recht viel mehr ist im Moment nicht zu sehen, ah da, Papierservietten in weiß, neutral irgendwie. Das sagt nicht allzuviel. Keine Ohrringe. Scheint Naturfarbe zu sein, also vielleicht doch noch keine Vierzig. Es geht weiter, was steht denn da vor ihr – nein, verdammt noch mal, das hat gerade noch gefehlt: ein waschechter Hamsterkäufer. Turmhoch beladen, con tutto, als wollte er den ganzen Laden auf einmal mitnehmen. Dosenbier palettenweise, dann Mehl-Zucker-Butterschichten – was regst du dich auf? Laß es doch fließen, ob du die paar Minuten hier oder an der nächsten Ampel wartest… es kommt wirklich nicht darauf an. Das sind nur wieder diese atavistischen Instinkte, schneller zu sein, egal wo. Im Stau, am Skilift, am Büffet, beim Einchecken am Flughafen, an der Theatergarderobe, am Kartenschalter, an der Autobahntankstelle – überall, wo es gilt, Gleicher unter Gleichen zu sein. Das sitzt tief. Er weiß es. Aber er kann nicht dagegen angehen. Da greifen keine Vernunftargumente. Es ist unabänderlich: Die größte Gefahr überhaupt, die mit einem Einkauf verbunden ist, ist und bleibt die Wahl der richtigen Kassenschlange. Warum hat Hollywood zu diesem Thema so penetrant geschwiegen? Lubitsch? Wilder? Nicht mal die deutsche Komödie hat das Thema durchexerziert. Müssen unsere »Tatort«-Kommissare niemals einkaufen? Immer nur ermitteln, nie an der Kasse bei Aldi. Schimi hatte keine Zeit für so was, klar, aber die Neuen sind auch nicht besser, immer Handy und 5er BMW, niemals in der falschen Schlange. Als gäbe es eine Situation, die mehr Fallhöhe hätte: antikisches Ausmaß, wenn du die falsche Wahl getroffen hast. Der Mensch in der Revolte. Existentialisten kaufen nicht bei Aldi. Handke auch nicht. In der Niemandsbucht gibt es keine Aldis, nur Seinsverlorenheit. In der Uckermark bei Botho Strauß – keine Aldi-Filiale weit und breit. Nur wogende Wiesen und Beginnlosigkeit. Das haben die alle nicht nötig. Walser? Der Grass vielleicht; der hatte ja immer wieder mal einen Anfall von Wahrheit. Dann pfeffert er dazwischen, das schon. Grummelt so sehr, daß *Bild* ihn auf Seite 1 schlachtet. Andererseits Günter G. mit Frau Ute in einer Aldi-Filiale in Mölln? Ich weiß nicht. Unsere großen Dichter: Arno Schmidt hätte ihnen was gepfiffen. Und Simmel, etwas müde geworden, sitzt längst in der Schweizer Steueroase Zug und recherchiert nur noch in 5-Sterne-Hotels. Der einzige Beckett hätte es kapiert, was es bedeutet, die falsche Schlange gewählt zu haben. Und natürlich Joyce. Der hätte gleich einen Jahrhundertroman daraus gemacht. Porträt des Aldianers als junger Mann. Nein, nein, es herrscht ein Erklärungsnotstand. Die Politik gibt längst keine Antworten mehr, sie stellt nur täglich neue Probleme aus; der Wirtschaftsteil ist im internationalen Börsenfieber zu einer Zahlenkolumne verkommen, das Feuilleton – schrieb dagegen an, wurde aber nicht gelesen. Blieb der Lokalteil. Der war wie immer. Mittwochs die Aldi-Anzeige, sonst Todesanzeigen und Fotos von Geschäftseröffnungen, der örtliche Pope, der Gewerbeverbandsvorsitzende, der Inhaber mit Frau (die Inhaberin mit Lebensgefährten), der Bürgermeister, alle zusammen bewaffnet mit einem Glas Sekt und einem unnatürlichen Strahlen wg. Lokalpresse. So ist das Leben in Wirklichkeit: ein Vergleich von Waschmittelangeboten. Ein Horchen auf das Näherkommen der Einschläge: wieder eine Beerdigung. Geburt–Schule–Arbeit–Tod. Vor uns liegt ein weißer Strand. Und je weiter du von Bonn weg bist, desto belangloser ist dir der Kohl, denkt er plötzlich, als hätte er das nicht immer gedacht. Vielleicht, weil er sich zeitlebens gegen solches Denken gewehrt hat. Wenn er mit sich selbst dialogisierte, ging ihm gerne der Gaul durch. Gemach, gemach. Was regst du dich auf? Bleib ganz ruhig. Du bist bei Aldi. Alles ist gut.

Du hast wieder einmal nur eine Chance, die richtige Schlange zu erwischen. Das weiß er ganz genau. Das ist ein unumstößliches Gesetz. Das stand auf einer jener Tafeln, die Moses auf dem Berg vergessen hatte. Das Meer für einen Durchmarsch teilen, aber keine Normen für die Schlange im Tempel der Wucherer, so etwas hatte er gern. Denn in normalen Geschäften gehört er seit jeher zu den Tölpeln, die stets die falsche Schlange abonniert haben. Eine Karikatur, ein jämmerlicher Versager des Konsumzeitalters, weil er die »Essentials« nicht drauf hat, zum Beispiel den lebenswichtigen Charakterschnelltest über die Kassenfrau anzustellen. Wie schaut sie drein, macht sie einen fixen Eindruck, will sie nach Hause und ist also eher tempolastig, oder zieht sie ein Gesicht wie drei Abende Musikantenstadl intravenös, weil ihr der Job sonstwo vorbeigeht ezettera ezettera. Sitzt gar ein Mann dort, der nur mal eben schnell eingesprungen ist, will sagen unroutiniert, sorgsam darauf bedacht, keinen Fehler zu tippen? Hier ist unbedingte Menschenkenntnis gefragt; ein schnelles Auge, auch und gerade über größere Distanzen. Naturgemäß ist das keine Garantie, aber es hilft. Als Abwicklungshindernis treten für gewöhnlich auf: Ältere Herrschaften, die zur Haupteinkaufszeit der Berufstätigen das »Wo-ist-denn-dieser-Groschen-Spiel« spielen, Packgenies, die sofort ab Kasse ihre mitgebrachte Klappschachtel systematisch und ausbalanciert beladen wollen – und dann Mühe haben, das wg. Überlast im Einkaufswagen sich spreizende Konvolut aus den Fängen des Gitters zu befreien; Halbwüchsige, die Alkoholika ins Freie retten wollen und nach kurzem Wortwechsel zurückgeschickt werden; Kleinfamilien, die unter der Tarnkappe von einer Kiste Wasser und zwei Packungen Klopapier einen ganzen Wagen voller kleinteiliger Joghurtbecher, Thunfischdosen, Kaugummis, Butterpäckchen und so fort verbergen, die sie dann wahllos und unsortiert aufs Band baggern. In seltenen Fällen verschwindet die Kassenfrau selbst, weil sie frisches Geld aus dem Tresor holen muß. Oder der Super-GAU tritt ein, und du wechselst in einem taktisch ungünstigen Moment genau in jene Schlange, die exakt in diesem Moment mit dem Ruf »Bitte hier nicht mehr anstellen! Diese Kasse wird geschlossen!« zur Sackgasse wird.

Für den Aldi-Kunden, der gemächlich in seiner Umlaufbahn auf die Kasse vorrückt, haben solche perfiden Lügen Stummelbeine. Eines weiß er: Selbst im unwahrscheinlichsten Fall, wenn er trödelte, wenn er spielerisch sich zwischen den letzten Wühltischen mit Baumscheren, Freizeithemden oder Schnittblumen verschanzte, um einen gewissen Stau abzuwarten, es ginge selten schlecht für ihn aus. Denn immer naht ab einer bestimmten Schlangenlänge Rettung, zunächst in Form eines Klingelzeichens. Dieses Signal aktiviert irgendwelche unsichtbaren Mitarbeiter, die in irgendeinem Kämmerchen »Kaffeepause« oder irgend so etwas machen. Keine Atempause, Geschichte wird gemacht. Es ist kein schönes Klingeln, sondern ein schnarrendes, durchdringendes, keinen Aufschub duldendes Klingeln, das ihn da jetzt aus seiner Lethargie reißt, während er automatisch, versunken in seinen Phantasien aus Halsansatz und Kartoffelchips, Richtung Kasse gleitet. Getragen auf einer Welle von Mitmenschlichkeit, die nur ein Ziel hat: durch das Fegefeuer gehen, gereinigt werden vom Schmutz des Geldes. Kaum ist der Nachhall des gräßlichen Schnarrens verklungen, macht auch schon eine neue Kasse auf. Und du stehst in der falschen Reihe. Egal, der Hamsterkäufer hat bereits begonnen, seine Verpflegung für mehrere Hundertschaften von katholischen Jugendgruppen auf das Band zu legen. Will der damit noch durch den Atomkrieg kommen, oder habe ich irgendwelche Nachrichten nicht gehört? Ein leichter Duft weht ihn an, ein ferner Hauch von Parfum, das so gar nicht hierher passen will. Leider ist er nicht mehr so wirklich auf dem laufenden, was an Düften en vogue ist, auf jeden Fall ist das etwas eher Klassisches, eher Richtung Chanel, aber dann doch wieder nicht – ob er mal: Gestatten Sie? – keinesfalls, das könnte fürchterlich in die Hose gehen. Zum Glück ist diese traumatische Poison-Welle vorbei, die damals aus allen U-Bahn-Schächten quoll, ein Volk, ein Duft, eine Wolke aus brüllendem Moschus. Damals hatte er immer gedacht, im

nächsten Augenblick würde sich irgendein toll gewordenes
Weib in brünstiger Verzückung mit dem nächsten Busfahrer
paaren. Es war dann aber doch in der üblichen Überdosis ab-
geklungen. Wenn sie anfangen, damit zu gurgeln, ist Rettung
nah. Eines Tages verschwinden die Flacons, irgendwer gibt eine
neue Devise aus, und im Sommer drauf tun alle so, als hätten
sie immer schon mit Issey Miyake gebadet oder mit Paloma
Picasso geduscht – mamma mia! Ein siedend heißer Blitz durchfuhr ihn. Das Shampoo. Er hatte das Shampoo vergessen. Alle
Prüfungen so glänzend gemeistert, und dann kurz vor dem Allerheiligsten diese Schmach. An Umkehr war nicht zu denken.
Das hätte bedeutet, diagonal retour durch das ganze Geschäft,
gegen die Kaufrichtung zu schieben, wegen des Shampoos Caribic für einsneunundfünfzig. Guter Rat war nicht mal teuer, er
war nicht zu haben. Ein paar Tage würde die alte Flasche noch
reichen, mit Wasser gestreckt vielleicht noch eine Woche. Aber
der Unsicherheitsfaktor war zu groß. So viele Haare hatte er
zwar nicht mehr zu versorgen, aber dennoch – er zögerte, der
Film des Rückzugs zum Regal mit der Körperpflege lief rückwärts in rasender Geschwindigkeit, Abwägung sämtlicher Fürs
und Widers, dann, offenbar einen Augenblick zu lang gezau-
dert: ein stechender Schmerz durchfuhr seine linke Ferse. Der
Hintermann war aufgefahren. Er schnellte herum und blickte
einem barbarisch dreinglotzenden Hominiden ins triefende
Auge. Tschulligung, brummte das rotgesichtige Karohemd,
nicht ohne ihm gleichzeitig mit einem erklärend-unwirschen
Kopfnicken anzudeuten, daß die Karawane vor ihnen schon
wieder wertvolle Meter vorgerückt war. Mit einem ärgerlichen
Können-Sie-nicht-aufpassen-Mensch drehte er sich wieder in
die vorgesehene Richtung, schüttelte sein Bein, um das Ab-
flauen des Schmerzes zu beschleunigen, und entschloß sich,
von solchen durchschlagenden Argumenten überzeugt, auf die
Rettungsaktion Shampoo zu verzichten. Er hatte jetzt genug:
Der Auffahrunfall war eine zu weltliche Komponente in einem

sakralen Weihegang, so etwas konnte einem die ganze Andacht verderben. Profane Triebtäter allesamt, nur einladen husch, husch und wieder hinaus. Keinen Sinn für Choreographie, keinen Blick für die zugrunde liegenden Schrittfolgen einer solchen Konsumwallfahrt. Das war doch weiß Gott kein Zufall, wie sich die Menschen hier bewegten, auch wenn es ihnen vielleicht selbst nicht so bewußt war. Im Zeitraffer abgespult offenbarte sich doch erst die geheime Botschaft, flirrten auf den Steinfliesen die Nazca-Linien der gemeinsamen Treibjagd. Archäologen späterer Jahrunderte würden vermutlich einige Mühe aufwenden müssen, um diesen Ritus zu deuten. War ja auch ein merkwürdiges Spiel: Man versammelte sich zu einer festgesetzten Uhrzeit, meist drei Stunden nach Sonnenaufgang, zu Dutzenden vor einem billig gebauten Tempel, brachte vor dem elektrischen Tor das erste Opfer dar – ein kleines Metallstück, das in einen Opferstock auf Rädern geschoben wurde, damit dieser von der Gottheit freigegeben wurde. Dann begann der Kreuzweg. Die Tempelbesucher machten sich auf den Weg durch ein bemerkenswert simpel gestricktes Labyrinth, den fahrbaren Opferstock immer vor sich herschiebend, aber in einem komplizierten Muster mal nach links, mal nach rechts sich verneigend. Manchmal griffen sie hoch, manchmal gingen sie in die Knie, um kryptische Zeichen auf Flaschen oder Schachteln zu entziffern. Immer aber luden sie mehr und mehr in ihren Opferstock. Manche sparsam, als hätten sie heute mit der Gottheit kein allzu großes Geschäft vor, andere im Unmaß, auftürmend, raffend, ohne erkennbares Ziel. Am Ende aber vereinigten sie sich in geraden Linien und strebten dem Heiligtum zu. Dort verharrten sie minutenlang in stiller Demut, bewegten sich mit verhaltenem Schritt auf die Vestalinnen zu, die ihre Opfergaben ohne erkennbare Regung entgegennahmen. Sie berührten alle Speisen und Getränke mit flüchtiger Hand, ehe sie sie wieder in den Opferstock zurücklegten. Ob damit eine Segnung der Gaben verbunden war, läßt sich nur vermuten. Die Tempelbesucher wurden zumindest nicht entlassen, bevor sie den Dienerinnen der Gottheit wiederum, wie zuvor am Eingang, verschiedenfarbige Papierzettel und/oder Metallscheiben überreicht hatten, die jene, wiederum ohne erkennbare Regung, entgegennahmen und in einer ausfahrbaren Schublade versenkten –.

So gingen ihm die Gedanken aus dem Gleis, während er selbst sich technicolor in einem Historienschinken sah, barfuß in Sandalen, mit einem Leinengewande, auf dem Weg, dem Gotte Aldi in dessen Tempel zu huldigen. Er hatte sich oft gefragt, was in den Köpfen der anderen Kunden vorgehen mochte: War Einkaufen etwas geworden wie Zähne putzen oder Rasieren? Ein notwendiges Geschehen, über das nachzudenken sich nicht lohnte? Etwas, wo man seinen Körper hintrug wie zum Zahn- oder Frauenarzt, ein unvermeidliches Übel, ein technisierter Prozeß, der zwar seinsbestimmend war, dem die Großen (großes G) Denker keinen Gedanken gewidmet hatten. Die Banalität, der auch ein Nietzsche (wenigstens in der Vision Gottfried Benns) nicht entkommen konnte – »nach Aufschnitt jagen«? Aber das ist es doch, durchfuhr es ihn mit einem Maß an Verzweiflung, was die Shampoo-Katastrophe vergleichsweise spatzenhaft erscheinen läßt, das ist doch die Crux des sogenannten modernen Menschen, daß die Jagd nach Aufschnitt ins Reich des Bequem-Selbstverständlichen verwiesen ist. Gesetzt den Fall, es befände sich einer in Lohn und Brot, was ja nicht mehr allzu selbstverständlich ist – aber auch darüber schweigen ja unsere Großen leichthin. Wo war es denn, das Jägerdasein, Auge in Auge mit dem Mammut, nur du und dein Speer (und vielleicht dahinter noch die teuflische Falle – falls er die Umleitungsschilder nicht entdecken würde, der tumbe Büffel). Der Kampf mit gleichen Waffen, Zahn um Zahn, ein fintenreiches Anschleichen und Erlegen der Beute, im Einklang mit der Natur – komm, mach dich nicht lächerlich, du Konsumhanswurst: du und ein Mammut? Du, der du schon vor einem Dackel Reißaus nimmst, sofern er nur selbstsicher dir in die Augen schaut und die linke Lefze hochzieht? Du und Jagdtrieb, so domestiziert und fernbedienlerisch du geworden bist, immer schon gewesen bist. Sei froh, daß du kein Avocadopflücker im Kibbuz geworden bist, sogar das wäre dir doch schon zu beschwerlich. Du könntest, geht er mit sich selbst ins Gericht, ins Fertiggericht, noch nicht mal aus dem eigenen Garten überleben, weil: Kopfsalat nährt den Mann nicht, und geröstete Schnecken sind auf Dauer auch nicht abendfüllend. Der Lateinlehrer hatte in der 8. Klasse davon berichtet, daß eine der größten Blendungen der modernen Zeit Zahnpasta in Tuben sei. Daß man Zahnpasta jederzeit selbst, und zwar für einen Pfennigbetrag, herstellen könne. Aus Schlämmkreide, mit ein bißchen Wasser angerührt. Das schmecke zwar nicht so gut, habe aber den gleichen Effekt. Es sei weiß Gott überflüssig, Zahnpasta im Laden und in Tuben zu kaufen. Schlämmkreide, Wasser, ein Holzstückchen zum Umrühren. Basta. Zahnpasta, hatten sie damals auf dem Nachhauseweg gedacht, Zahnpasta: Diese Bastelanleitung hatte in ihm eine Art Zivilisationsschock ausgelöst. Die Erkenntnis, etwas so Alltägliches sei herstellbar mit eigenen Händen, etwas so Banales sei über Generationen anders hergestellt geworden als heute. Raunendes, unbewußtes Wissen, wie die Dinge funktionieren. Er hatte eine gewisse Scham empfunden, weil er niemals zuvor darüber nachgedacht hatte, wie die scharfe Substanz überhaupt in die Tube gelangte, geschweige denn, er hätte sich Gedanken gemacht, woraus das Zeug bestünde. Das war in den Tagen gewesen, als man noch die rote Tube Ajona (»Man verwende es sparsam. Eine linsengroße Menge genügt.«) benutzte; bevor sie irgendein Warentest als Höllenzeug verteufelte. Dieser Lateinlehrer war ohnehin eher dem Sinn des Lebens zugetan gewesen denn den Verwinkelungen des a.c.i.: Ein ehemaliger Wehrmachtsoffizier mit Ostfronterfahrung, nach dem Kriege sogleich der SPD beigetreten, dem die kulturellen Leistungen

der Römer stets mit Mörserangriffen in den Dünen der Ost-
seeküste durcheinander gerieten. Mit einer schönen Frau zu
schlafen, das sei ebenso Kultur wie ein gepflegtes Abendessen
bei Kerzenlicht, hatte er verkündet – das war es gewesen, was
uns damals tatsächlich mehr interessierte als alles sonst; wobei
ersteres noch in weiterer Ferne als ein Candlelight-Dinner war.
Consumo ergo sum. Ich verbrauche, also bin ich. Ich kaufe, also
bin ich. Ich ist ein anderer. Die andern, san mir die andern? Mir
san mir.

Es wurde nun wirklich Zeit, er spürte es an einem gewissen
Echtzeitverlust, die profane Wallfahrt mit einer symbolischen
Spende am Opferstock mit blaugewandeten Meßdienerinnen
zu Ende zu bringen. Apotheose. Durfte ja damals nicht Mini-
strant werden, zu niedriger Blutdruck für höhere Weihen.
Hätte frühes Aufstehen bedeutet, das wollte die Mutter nicht,
selbst von einem noch niedrigeren Blutdruck am Frühaufste-
hertum gehindert. Der Bruder war dann in die Bresche ge-
sprungen; hatte es bis zum Oberministranten gebracht, oder
wie das hieß, befehligte am Ende eine halbe Kohorte schwung-
voll in die Altar-Kurve biegender Kerzenträger im rotweißen
Ornat. Wäre doch hier auch eine schöne Maßnahme: Kerzen
am Altar. Ein bißchen lieblos ist es ja schon arrangiert. Wenig
feierlich. Kein Wunder, daß die Leute schauten, als ginge es
ihnen an den Geldbeutel. Das muß man doch eigentlich anders
rüberbringen, daß sich die Leute froh und dankbar fühlen, da-
beigewesen zu sein. Ich war dabei – nein, das war wieder etwas
anderes… Schönhuber Franz. Der Republikanerscheff. Die
Respublicaner. Marschierten mit den größten lokal verfügba-
ren Dumpfbeuteln in die Stadtparlamente und verschwanden
mangels Masse sei Dank sofort wieder in jener Versenkung, in
die sie erdgeschichtlich zweifellos gehörten.

Wir sind auf alles programmiert? Das hatten wir schon, sieh
jetzt zu, denkt er, und tut den entscheidenden Schritt: Bringt

seinen Einkaufswagen vor dem Heiligtum in Stellung – parallel zu dem schwarzen Band, das die Opfergaben zur Vestalin transportiert, mit unsichtbarer Hand. Jetzt darf nichts mehr schiefgehen. Jeder Handgriff muß sitzen. Tempo House. Schon trägt er Lederjacke, Bürstenhaarschnitt, Sonnenbrille, I' m the law, der Hirncomputer rastert das Zielgebiet, thermonuklearer Schweiß, schau nicht nach links, schau nicht nach rechts, fixiere mit dem Zielsuchgerät die Nasenwurzel der Tempeldienerin, ein infraroter Punkt, genau zwischen den Augen. Du könntest schießen, mit einer Hand die Pump-Gun, noch auf den rechten Hüftknochen gestützt, durchladen, krratsch-krrotsch, Feuerstoß: fump-fump, ausgelöscht. Durchladen. Schnelle Drehung. Den Typen hinter dir am Kragen gepackt, über die Nachbarkasse segeln lassen, mit einem Fußtritt den Wagen vor dir bis zur Wand treten, splitternd bleibt er im Fenster stecken. Fump-fump, das war die Deckenbeleuchtung, eine Feuersirene trötet los, Dunkelheit, Schreie, Panik. Schaffe Verwirrung, nutze das Chaos, hinten beim Klopapier hat in einem Uterus aus gleißendem Mondlicht ein Terminator der nächsten Generation materialisiert. Hasta la vista, baby. Es wird Zeit, die Rechnung zu zahlen.

»Die größten Hits der Flippers«. Irgend etwas ist schiefgelaufen. Es ist so neonhell wie eh und je. Der Terminator ist nicht zu sehen. Vor ihm klafft eine Lücke. Der Kunde, den er gerade noch ins Jenseits gefumpt hatte – wo ist die Pump-Gun abgeblieben? –, lauert noch immer hinter ihm. Verflucht. Jetzt aber dalli, die Einkäufe aufs Band. Nach Stapelgewicht sortiert. Erst die quaderförmigen Teile, H-Milch, O-Saft, Zucker, Mehl, Waschpulver. Dann Dosentomaten, Olivenöl – legen oder stellen? Wenn das Band ruckelt, gerät die Flaschenbatterie womöglich in Gefahr umzukippen. Wäre ja schade, ist ja Sekt dabei, Rotwein. Hardware nach vorn, Weichteile, nach Weichheitsgrad gestaffelt am Ende, Finale mit Klopapier, Küchentüchern… das zeigt erstens Selbstbewußtsein: Seht her, auch ich benötige solche Dinge! Sagt zweitens, hier kauft ein Umweltbewußter (Recycling, zweilagig). Und ist drittens der ideale Bodendecker, um den Korb vor fremden Blicken zu schützen – muß ja keiner wirklich sehen, was man da so alles einholt, ein bißchen Intimität in der Massendemokratie möcht' schon sein; hinterher zerreißt sich wieder einer das Maul wegen der Zahnpasta, bei der man ja gefälligst auf Markenware – eben nicht, eben nicht! Da vorne entschwindet der orangefarbene Trennriegel. Die Tempeldienerin schiebt ihn auf die Metallschiene neben dem Band. Mit einem Ruck befördert sie die anderen Plastikteile gegen die Laufrichtung des Bandes. Eine stumme Aufforderung, ein letztes Signal. Unabwendbar. Jetzt ist die Reihe an dir. Sammle dich und trete vor. Er bugsiert den Einkaufswagen als metallisches Schutzschild vor sich her, lenkt nach links und bringt ihn neben der blauen Frau in eine vorübergehende Parkposition. Sie bleibt wie angeschnallt sitzen, das Band setzt sich in Bewegung, die H-Milch-Tüten, die in wenigen Sekunden in seinen Besitz übergegangen sein werden, nähern sich ihr, transportiert von schwarzem Gummi. Er sieht alles aus dem linken Augenwinkel, mit dem rechten Auge hakt er sich schon an den Knöpfen des blauen Arbeitsmantels fest. Je weiter nach unten sein Blick wandert, desto dunkler werden die Schmutzränder um die Knopflöcher. Aus den kurzen Ärmeln ragen Arme in einer grauweißkarierten Bluse. Beine sind nicht zu sehen; nur eine Hand, die linke, die mit gestreckten Fingern nach den ersten H-Milch-Tüten greift...

Der Nagel des Zeigefingers ist eingerissen; ein malvenfarbener Nagellack, der schon bessere Tage gesehen hat, blättert unregelmäßig ab. Die Haut rissig, kein Wunder, denkt er, ist auch nicht der schönste Job... Warenbagger im Einzelhandelstagebau. Und dann sollste noch ein freundliches Gesicht machen. Macht sie ohnehin nicht. Sie macht gar keines. Jetzt hat er sich einen Augenblick den Luxus gegönnt, ihr Gesicht zu betrachten. Außer einer hochgezogenen Nasenwurzel und zwei konzentriert auf das Band gerichteten Augen kann er nichts behalten. Aber für Sozialromantik bleibt keine Zeit, die H-Milch-Tüten sind schon auf dem metallenen Trapez angelangt, welches das Gummiband abschließt, und drängeln sich in gefährlicher Enge. Er quetscht sich hinter dem Wagen durch und beginnt hastig die blauen Tetra-Packs in den leeren Gitterkorb zu schichten, achtlos, weil für Ästhetik des Stauens jetzt keine Zeit bleibt, weil die Flaschen schon herbeiklirren. Er hatte sich doch entschlossen, sie stehend auf das Band zu stellen. Da kommen sie, wie ein kleiner Trupp von angeheiterten Soldaten, verwegen aneinander stoßend. Das Olivenöl schunkelt verdächtig auf einer Außenseiterposition.

Programmhänger werden nicht geduldet. Was hast du erwartet? Jesus, die kennt wirklich keine Gnade. Schon fängt sie an, dir in den Arm zu fallen. Unmißverständlich ihre Zeichen: Sieh zu, daß du Land gewinnst. Räum deine Flaschen ein, es geht weiter, die Maschinen stehen nicht mehr still. Lebensmittel als Lebensmittelpunkt. Das ist ja schon steuerlich so festgelegt. Dort, wo du dein Brot verdienst, dort wirst du auch versteuert. Na, ist ja nicht erste Sahne, eher goldene Zitrone. Irgendwo da unten bei der Frau ohne Unterleib, jenseits des Saums ihrer Blaukittelkante, wo das Knie sich beugt, irgendwo da unten muß ein Geheimpedal sein, das dem Gummiband Stop & Go befiehlt; aber vielleicht ist da auch noch ein Geheimknopf für den Großen Alarm, für den Überfall auf Konsumland – brrr… jetzt geht alles fürchterlich schnell. Die Weichteile rücken näher, die Stapeloberteile wie Joghurtbecher, Butterquader, Mozarellatüten. Er ist in einer wilden Hektik. Seine Zeit im Elysium läuft ab. Er ramscht die letzten Kleinteile hinunter in den gar nicht mehr so offenen Schlund seines Leihwarengrabes, Aufschub wird nicht gegeben. Schon packt er mit der Linken die Packung Klopapier, wechselt sie in einer angedeuteten Wurfbewegung in die Rechte und legt sie als krönende Trophäe obenauf, da sagt eine Stimme tonlos: vierundfünfzig-neunundneunzig. Das finale Stadium ist fast durchschritten. Er hört die Ansage und beginnt mit der rechten Hand das Portemonnaie zu durchforsten nach Papiergeld, das dem Wort gleichkommen könnte. Ein brauner Schein taucht auf, er hält ihn dem Blaukittel entgegen, kramt sofort weiter im Kleingeldfach, vierneunundneunzig – Moment: vielleicht krieg ich's klein zusammen… nein, reicht nicht… da ein Fünfmarkstück, die ideale Lösung, nur ein Pfennig Kleingeld Retourgeld, beinahe eine Traumsumme… er fischt die silberne Münze heraus und läßt sie erleichtert in die offene Handmuschel fallen, die der Blaukittel ihm wie eine stumme Anklage entgegenhält. Ihr Blick, ihr mittelblauer Kittelschürzenblick, der nichts fordert, nur wartet, ohne Emotion, ohne Leidenschaft, hat nur eine apathische Botschaft: Her damit, möglichst schnell, möglichst passend, du bist Vergangenheit. Und noch während er den Fünfer hinüberstreckt, Aldis williger Vollstrecker, hat sie ihm ihrerseits eine Hand mit dem Kassenzettel entgegengestreckt. Darauf liegt, lange bevor sie es hat wissen können, ein Pfennigstück. Sie muß die Gedanken, die Rechenexempel, den Inhalt des Geldbeutels erstens erahnt, zweitens analysiert und drittens vorausberechnet haben. Woher konnte sie es wissen? Was gab ihr die Sicherheit? Zigtausende von solchen Abkassierungen? Sieht sie es an den zögerlichen Suchbewegungen im Papiergeldfach, daß der Kunde eher zur großen Geste neigt und notfalls die Kleingeldlawine akzeptiert – was gewiefte Hausfrauen nie tun würden: Zu oft hat er miterlebt, wie die Profis versuchten, mit dem Herausgabetempo Schritt beziehungsweise Griff zu halten. In seltenen Fällen war das von Erfolg gekrönt. Er macht sich da gar nichts vor: Die Demütigung ist immer im Preis enthalten. Der Rauswurf naht. Im Hintergrund gleißt schon das Tageslicht durch die Scheiben. Das wirkliche Leben nach dem Opfergang. Da draußen wartet die Gegenwart, da draußen parkt das Auto, das die Einkäufe aufnehmen soll, da draußen sind Menschen, die, genau wie du, in den Konsumtempel eingetreten und ihn wieder verlassen haben.

Der Blaukittel drückt ihm das Retourgeld in die nun seinerseits von ihm geöffnete Hand. Das besiegelt den Verlust. In diesem Augenblick verwandelt sich der Sieg des Einkaufs in einen Prozeß des Niedergangs. Ein schales Gefühl kriecht in ihm hoch. Es ist vorbei. Und noch während er versucht, den Pfennig im Portemonnaie zu verstauen, schiebt er den Gitterwagen weg vom Allerheiligsten, ohne Betreff für den Blaukittel ist er jetzt, ein Gewesener. Als hätte die Familie genug Geld zusammen, ihn auf einem Scheiterhaufen aus Sandelholz am Ufer des Ganges bestatten zu lassen – die Aldi-Welt hat er bereits verlassen, auch wenn er noch an ihrem Rand steht. Unentschlossen trudelt er in einer holprigen Traversale zur Umladefläche. Der Rest ist Umschichten. Opfergaben umladen aus dem Tempelwagen in die mitgebrachte Klappschachtel, sein treues Utensil, das ihm seit Jahren den Griff zum Pappkarton erspart. Dort hinten in der Ecke türmen sie sich zu einem unansehnlichen Berg. Den Gefallen tut er ihnen nicht mehr, auch noch die Kartonagen zu entsorgen. Die passen sowieso nie wirklich. Entweder sie sind extrem stabil, aber viel zu flach, oder sie sind zu klein, um wirklich etwas aufnehmen zu können. Zu Hause müßte er sie dann mühsam dem Altpapier zuführen. Nein, nein, in diesem Punkt ist er aus Aldi klug geworden. Mit einem Ruck wuchtet er seine Box auf den Wagen und schiebt das Gefährt auf die Ausgangstür zu. Die komplementiert ihn mit einem Schwung hinein in die Schleuse und spuckt ihn aus, genau so resolut, wie ihn die Eingangstür aufgesogen hat. Ene mene muh und draus bist du –

Frischluft. Gegenwart umfängt ihn. Er blinzelt und stellt seinen Blick auf das Symbol Sonnenschein. Da steht eine alte Frau, zu warm angezogen für die Jahreszeit. In der faltigen Hand hält sie ein Markstück, das sie ihm mit einem fragenden Blick entgegenhält. Es braucht keine Worte mehr. Sie will seinen Einkaufswagen, damit sie sich keinen aus der Schlange reißen muß. Ablöse des Eintrittsgeldes. Seine Ausbeute war zufriedenstellend, guter Durchschnitt. Jetzt ist es an ihr, ein Abenteuer, dessen geheime Windungen er nie erfahren wird, zu bestehen. Er läßt sich das Geldstück in die Handfläche drücken, nickt danke, krallt sich seine Schachtel und setzt sich Richtung Auto in Gang. Ein Windstoß treibt ein achtlos weggeworfenes »Aldi informiert«-Blatt quer vor seinen Füßen vorbei. Und obwohl er sonst keiner Versuchung widerstehen kann, Gedrucktes zu lesen, würdigt er diese Botschaft aus einer anderen Welt keines weiteren Blickes. Das Gewicht seiner Einkäufe zieht ihm die Arme lang. Er empfindet eine gewisse Erleichterung, trotz allem, aber auch eine flaue Ahnung von Leere. War schließlich bloß ein Einkauf. Nichts Besonderes. Wird nicht der letzte gewesen sein.

Nach Ladenschluß

Auch wenn nur (m)ein Autorenname auftaucht, ist dieses Buch doch das Ergebnis von vielen gemeinsamen Streifzügen durch die Aldi-Welt. Es wäre nie erschienen, wenn Matthias Landwehr nicht so hartnäckig geblieben wäre. Ohne meine Frau, Sonja Laubach-Hintermeier, hätte ich es nicht schreiben können, und ohne meine Tochter Johanna wäre es ein Jahr früher fertig gewesen – allen dreien danke ich ganz besonders.

Für wertvolle Anregungen und Unterstützung bin ich weiterhin zu Dank verpflichtet: Meiner gesamten Familie, Dietlind Berning, Manfred Bissinger, Dr. Christine Chwaszcza, Stephanie McGauran, Heinz Gorr, Professor Dr. Dietmar Herz, Dirk Linke, Dr. Hans und Ursula Riebeling, Dr. Stephan Wackwitz sowie Jessica Winter – und all jenen Bewohnern der Aldi-Welt, die aus grundsätzlichen Erwägungen keine Daten oder sonstigen Angaben zu ihrer Person machen wollen.

Hamburg, im Dezember 1997   *hh.*